前　言

富民之道，唯在乐业，就业是最基本的民生。更加充分的高质量就业是构建国内国际双循环新发展格局的关键之举，也是我国全面建设社会主义现代化国家、全面推进中华民族伟大复兴的重要基石。当今世界正处于百年未有之大变局，外部形势严峻复杂，我国经济正处于由高速增长转向高质发展的关键阶段，在毕业生总量压力、结构性矛盾凸显等因素的影响下，高校毕业生就业仍面临挑战。以习近平同志为核心的党中央高度重视就业工作，将就业摆在"六稳"工作、"六保"任务首位，同时对高校毕业生就业问题特别关心。国务院《"十四五"就业促进规划》强调，要"强化择业就业观念引导，推动高校毕业生积极理性就业"。高校毕业生就业不仅是高等教育行业为党育人、为国育才的具体抓手，还关系到学生前程、家庭幸福，是办好人民满意的教育的重要指标，更是服务国家战略和区域发展的具体体现，各级政府、各高校和社会各界都在积极努力，为毕业生搭渠道、拓岗位、稳就业。党的二十大报告特别指出，强化就业优先政策，健全就业促进机制，促进高质量充分就业。这为进一步做好就业工作指明了前进方向。

《国家职业教育改革实施方案》明确了职业教育与普通教育是两种不同的教育类型，具有同等重要的地位。新修订的《中华人民共和国职业教育法》规定，职业学校应当建立健全就业创业促进机制，采取多种形式为学生提供职业规划、职业体验、求职指导等就业创业服务，增强学生就业创业能力。因此，新时代高等职业教育将更加注重学生的全面发展、可持续发展和个性化发展。随着高等职业学校专业群产教融合、校企合作的不断深化，学生未来的职业方向与发展和专业群的依存度更高，学生的职业发展目标也更加明确。然而，我们也要清醒地看到，高等职业学校虽然开设了职业发展与就业创业类课程，但在课程体系设置、师资队伍建设及学生自我认知程度提高等方面还是存在一些局限性。同时，以大数据、互联网、云计算、人工智能等为代表的科技创新发展正推动着全社会快速进步，面对就业市场竞争加剧及社会对人才要求的不断提高，大学生群体应当调整发展路径，践行终身学习理念，拥抱灵活就业等多元就业形态，增添自己未来的选择。在新形势下，高等职业学校的就业创业指导工作必须结合国情社情，深入理解青年内在需求，服务立德树人，促进个人发展与素质提升，帮助大学生确立科学的就业创业观念，培养积极的就业创业心态，提高规划能力，掌握正确的求职技巧，练就过硬的就业创业本领，促进高校毕业生高质量充分就业。

在本书编写过程中，编者基于对高职学生就业现状所做的大量实际调研，紧紧围绕当今时代的人才需求及学生生涯规划与职业发展的需要，引入"知彼—知己—知彼"的职业策略规划理念，从"知彼"出发来洞察环境的变化，帮助学生思考探究"环境需要什么——我该如何体现我的价值""环境会怎样发展——我又该如何准备以适应发展"等问题。这样能够帮助学生先从外部"知彼"的过程中"知己"，再从"知己"的基础上重新"知彼"，通过这样的循环，学生以外部环境指引促进自我准备，并从自我准备回看当下的环境并调整发展规划。本书力求帮助学生建立策略规划思维，更

前言

加主动地探索外部世界,学会把外部环境的动态变化和自我探索进行整合与交互,化被动为主动,鼓励学生主动发现并把握机会,聚焦目标、明确价值、积极行动,培养随时调整与适应的能力。

本书本着提升教材吸引力、快速提高学生基本职业素养与就业创业能力的目标,进行了内容创新,以职业发展与就业指导前沿理论为基础,遴选我国大国工匠、高技能人才及就业创业先锋的先进事迹,为学生树立生涯榜样,引导其有意识地将个人发展与国家经济转型和产业发展同向同行;将中华优秀传统文化的精髓充分融入教材,丰富生涯教育内涵,坚定文化自信,培养能够担当民族复兴大任的时代新人。同时,本书积极引入学生就业创业实例,引发同理心和共情,激发学生的问题意识和探究兴趣。此外,本书吸纳行业企业元素参与到开发的全过程,从教育链、人才链、产业链和创新链深度融合的角度出发,结合产业升级和企业发展实际需要,以企业和市场视角对学生的求职择业、就业创业给予更具科学性、针对性和适用性的指导。

根据高等职业教育"校企合作、产教融合、工学结合、协同育人"的发展要求,基于体验式教学理念,本书采用"主教材+工作手册"配套开发的方式,将知识、练习、作业进行一体化设计,融做于学,将提升和涵养学生的职业素养、职业道德、劳动精神、创新意识等贯穿始终,充分体现职业教育特色;同时,采用线上线下资源相结合的融媒体教材设计,充分利用现代信息技术,增强教学活动的针对性和适应性,激发学生的学习兴趣及主动性,提高学生的学习效率和就业创业行动力。

本书是集体智慧的结晶,由郭天平、赵柏森、郑晓任主编,负责制定全书结构、大纲及统稿;由王丽、何弢、余梦婕任副主编,协同全体参编人员编撰书稿。本书具体分工如下:模块一、二由王丽、许媚负责编写,模块三、四由何弢、杨璐溢负责编写,模块五、六由冉富匀、张晶、谢春燕负责编写,模块七、八由余梦婕、熊淼负责编写,模块九由张涛、高秀娟负责编写。

本书在编写及出版过程中,参考借鉴了国内外学者的最新研究成果,吸收了很多有益见解和精彩案例,同时得到了高等教育出版社陈磊编辑的指导和帮助,在此一并表示衷心的感谢。

本书虽经团队反复研讨审读,但由于编者水平有限,加之时间仓促,不足之处在所难免,敬请广大读者批评、指正。

编 者

2023年1月

高等职业教育"双高"建设成果教材
高等职业教育新形态一体化教材

职业发展与就业指导

(配行动手册)

主　编　郭天平　赵柏森　郑　晓
副主编　王　丽　何　弢　余梦婕
参　编　许　媚　冉富匀　杨璐溢
　　　　张　涛　张　晶　熊　淼
　　　　谢春燕　高秀娟

中国教育出版传媒集团
高等教育出版社·北京

内容提要

本书是高等职业教育"双高"建设成果教材、高等职业教育新形态一体化教材。

本书编写深入贯彻落实党的二十大精神，全面贯彻党的教育方针，落实立德树人根本任务，坚持为党育人、为国育才，全面提高人才自主培养质量。本书以促进高职学生的全面发展和终身发展为目标，以帮助学生建立发展职业生涯的自主意识、树立正确的就业创业观、提升就业创业能力和职业生涯管理能力为主线，从职业发展与就业指导同思政教育、专业教育有效融合的角度出发，科学构建职业发展与就业指导新型知识体系。

本书以职业发展与就业指导前沿理论为基础，引入"知彼—知己—知彼"的职业策略规划理念，有别于传统的"知己＋知彼"生涯规划思维，先以现实环境（社会、行业、企业）认知为起点，再结合个体情况进行职业地图规划，以拓宽发展路径。本书通过"知识解码"与"任务挑战"将知识与能力进行有效衔接，先以外部环境指引促进自我准备，再以自我准备适应当下环境并调整发展规划，从而提高学生的行动力，化被动为主动。本书内容选取遵循"实用、有效"原则，注重学习与评估的一体化设计，力求知识新颖、案例贴合实际、体验活动丰富有趣，体现"学做结合、知行统一、德技并修"的职业教育理念。

本书采用纸质教材与在线课程相结合的一体化开发模式，配套了高度耦合的行动手册，引用了大量有效、实用的生涯规划工具，能满足不同教学场景的需要；同时，有机嵌入了丰富多元的数字化资源，开阔学生眼界、启发学生思考，起到辅助教学的作用。

本书既可作为各层次职业院校、普通高等学校职业发展与就业指导课程教材，也可作为职业指导与培训、职业生涯咨询等机构的参考资料和培训用书。

教师如需获取本书授课用 PPT、电子教案、习题答案等配套资源，请登录"高等教育出版社产品信息检索系统"（http://xuanshu.hep.com.cn/）免费下载。

图书在版编目（CIP）数据

职业发展与就业指导：配行动手册 / 郭天平，赵柏森，郑晓主编. -- 北京：高等教育出版社，2023.8（2024.9重印）
ISBN 978-7-04-060061-2

Ⅰ．①职… Ⅱ．①郭… ②赵… ③郑… Ⅲ．①职业选择-高等职业教育-教材 Ⅳ．①G647.38

中国国家版本馆CIP数据核字(2023)第036587号

Zhiye Fazhan yu Jiuye Zhidao

策划编辑	陈 磊	责任编辑	陈 磊	封面设计	王 洋	版式设计	张 杰
责任绘图	易斯翔	责任校对	窦丽娜	责任印制	刁 毅		

出版发行	高等教育出版社	网 址	http://www.hep.edu.cn
社 址	北京市西城区德外大街4号		http://www.hep.com.cn
邮政编码	100120	网上订购	http://www.hepmall.com.cn
印 刷	三河市华润印刷有限公司		http://www.hepmall.com
开 本	787 mm×1092 mm 1/16		http://www.hepmall.cn
本册印张	13.25		
本册字数	300 千字	版 次	2023 年 8 月第 1 版
购书热线	010-58581118	印 次	2024 年 9 月第 4 次印刷
咨询电话	400-810-0598	总 定 价	46.00 元

本书如有缺页、倒页、脱页等质量问题，请到所购图书销售部门联系调换
版权所有 侵权必究
物 料 号 60061-A0

目 录

模块一 把握时代变化
擘画职业蓝图 / 1
- 单元一 洞察环境变化趋势 / 3
- 单元二 走进工作世界 / 5
- 单元三 理解职业生涯规划 / 13
- 单元四 树立后现代生涯规划思维 / 18

模块二 提升素质能力
铺就职业坦途 / 24
- 单元一 构建自我全局观 / 26
- 单元二 重构发展兴趣 / 31
- 单元三 提升职业能力 / 38
- 单元四 树立正向职业价值观 / 43

模块三 讲求决策艺术
锚定职业目标 / 50
- 单元一 启动职业决策 / 52
- 单元二 善用决策工具 / 58
- 单元三 发展动态决策 / 64
- 单元四 实施行动计划 / 68

模块四 激发创业梦想
投身创业实践 / 75
- 单元一 建立创业思维 / 77
- 单元二 提升创新能力 / 82
- 单元三 发现创业机会 / 88
- 单元四 做好创业准备 / 91

模块五 掌握就业信息
做好求职准备 / 97
- 单元一 分析就业形势 / 99
- 单元二 获取就业信息 / 111
- 单元三 分析与应用就业信息 / 113

模块六 形塑自我品牌
开启求职模式 / 117
- 单元一 明确职业志向 / 119
- 单元二 调整求职心态 / 121
- 单元三 撰写求职简历 / 124
- 单元四 完成简历投递 / 129

模块七 突破认知局限
应对求职挑战 / 134
- 单元一 了解面试知识 / 136
- 单元二 做足面试功课 / 140
- 单元三 投身面试行动 / 147

模块八 通晓政策法规
维护就业权益 / 156
- 单元一 掌握就业政策与就业手续 / 158
- 单元二 比对就业协议与劳动合同 / 162
- 单元三 避免就业陷阱 / 168
- 单元四 维护就业权益 / 170

模块九 适应角色转换
达成就业愿景 / 178
- 单元一 转换生涯角色 / 180
- 单元二 促进团队协作 / 189
- 单元三 加强职业沟通 / 192
- 单元四 培养领导力 / 198

参考文献 / 203

志之所趋,无远弗届,穷山距海,不能限也。志之所向,无坚不入,锐兵精甲,不能御也。

——(清)金缨《格言联璧·学问篇》

模块一
把握时代变化　擘画职业蓝图

青年强，则国家强。当代中国青年生逢其时，施展才干的舞台无比广阔，实现梦想的前景无比光明。

——习近平

▶ 模块路径

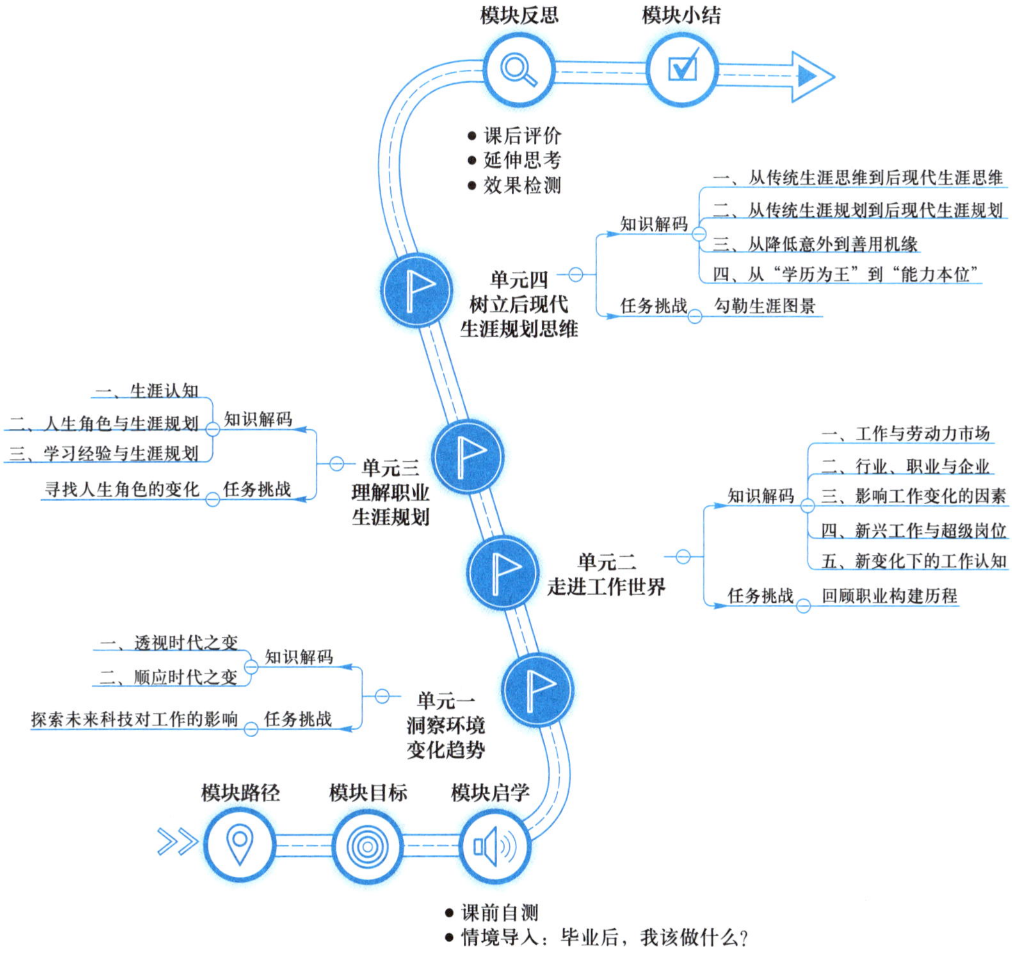

- 单元一 洞察环境变化趋势
  - 知识解码
    - 一、透视时代之变
    - 二、顺应时代之变
  - 任务挑战：探索未来科技对工作的影响

- 单元二 走进工作世界
  - 知识解码
    - 一、工作与劳动力市场
    - 二、行业、职业与企业
    - 三、影响工作变化的因素
    - 四、新兴工作与超级岗位
    - 五、新变化下的工作认知
  - 任务挑战：回顾职业构建历程

- 单元三 理解职业生涯规划
  - 知识解码
    - 一、生涯认知
    - 二、人生角色与生涯规划
    - 三、学习经验与生涯规划
  - 任务挑战：寻找人生角色的变化

- 单元四 树立后现代生涯规划思维
  - 知识解码
    - 一、从传统生涯思维到后现代生涯思维
    - 二、从传统生涯规划到后现代生涯规划
    - 三、从降低意外到善用机缘
    - 四、从"学历为王"到"能力本位"
  - 任务挑战：勾勒生涯图景

- 模块反思
  - 课后评价
  - 延伸思考
  - 效果检测

- 模块小结

- 模块启学
  - 课前自测
  - 情境导入：毕业后，我该做什么？

- 模块目标

- 模块路径

模块一　把握时代变化　擘画职业蓝图

▶ 模块目标

知识目标：理解工作的含义和演变历程；理解生涯的概念；了解生涯的影响因素；辨析后现代生涯规划观念与传统生涯规划观念的区别。

能力目标：能定义自己心中的成功；能建构自己的生涯故事。

素养目标：树立后现代生涯规划观，主动探索、积极应变。

▶ 模块启学

■ 课前自测

在开始本模块学习之前，基于自身已有的知识和经验，认真思考表1-0-1中的问题，并在"自测"列就相关问题的了解程度进行如实打分（最高分为10分）。

表1-0-1　模块一学习记录表

题目	自测 （1~10分）	自评 （1~10分）
我可以列举影响生涯发展的个人因素和环境因素		
我可以阐述工作演变的历程		
我可以列举近五年出现的新兴工作		
我可以列举三个以上传统生涯理论和后现代生涯理论的不同点		
我能够叙述自己心目中对成功的定义并说明原因		
总分		

■ 情境导入

毕业后，我该做什么？

某高等职业院校2022届大数据与会计专业毕业生江鑫在校期间经常去图书馆学习，极少参加班级活动，平常对于户外活动也提不起兴趣。寒暑假期间，许多同学积极参与实习工作和社会实践活动，他也不愿意同去。

临近毕业，江鑫看到很多同学打算备考升学，便也有了"专升本"的打算，虽然报了名，但并没有花太多时间备考，名落孙山后，江鑫只好开始找工作，但他并不知道要找什么工作，在备考期间也没有参加任何大型的招聘会，错过了招聘的"黄金期"，再加上没有任何工作与实习的经验，所以要找一份心仪工作的困难程度可想而知。

前一段时间，江鑫经同学介绍到一家生物制药公司做销售工作，因为需要经常外出拜访客户，他觉得工作很辛苦，本身又对销售不太感兴趣，于是仅工作了一周便辞职而去。后来，他听从家里人的安排，去亲戚的公司做了一名仓库管理员，两周后他又觉得这份工作无聊至极，每天就是不停地盘点进货出货，觉得跟自己的专业毫不相关,所以他不顾家人的反对又辞职了。有了两次辞职经历,他仍然不知道自己想做什么,于是又萌生了继续学习深造的想法,但是蹉跎了几个月后又放弃了。随后江鑫继续找工作,开始在网上海投简历,由于投的简历太多,当有公司打电话跟他约面试时间时,他常常想不起是哪家公司的哪个岗位,就这样过了两个星期,他平均每天要跑两家公司参加面试,但一直没有接到录用的通知。毕业半年了,许多同学已经开始上班,这时候江鑫倍感压力,对于未来的前景感到迷茫无助又不知所措。

◎ 思考与探究

江鑫之所以陷入困境,一方面是因为,在学涯(大学生涯)中,他没有培养任何的兴趣爱好、积累任何的能力经验;另一方面是因为,在临近毕业时,他未对自己生涯发展进行任何设计或规划。归根结底,缺乏职业生涯意识是掣肘其个人发展的根源所在。

回顾案例,尝试回答以下问题。
（1）如果你是江鑫的同学,那么你会给他怎样的建议?
（2）你觉得江鑫应该继续深造还是找一份适合自己的工作?

单元一　洞察环境变化趋势

知识解码

当今世界处于百年未有之大变局,新的科技革命浪潮的出现催生了很多新产业,世界多极化、经济全球化、社会信息化、文化多样化深入发展,改变了我们的工作方式、生活方式乃至生存方式。大学生作为实现第二个百年奋斗目标的主力军,正身处中华民族发展的最好时期和个人成长与发展的关键阶段,既面临多元化的个人理想选择机遇,又肩负"天将降大任于斯人"的国家建设使命,应当放眼看世界,学会洞察时代发展规律、抓住国家发展机遇,立足国情、扎根乡土、超越自我,在建成社会主义现代化强国的征途中实现自己的人生价值和理想追求。

一、透视时代之变

时代的车轮滚滚向前,不会为任何人停留,要想把握时代脉搏,跟上时代步伐,个人发展观念必然要围绕国家和民族发展大计迭代升级,把个人的理想追求和职业发展融入国家和民族的事业中。当前,我国正处于近代以来最好的发展时期,但百年变局和世纪疫情的相互交织、叠加和激荡,将世界带入乌卡时代①。面对波诡云谲的国际

视频连线:
乌卡时代——我们如何应对世界的复杂性

---

① 乌卡时代(VUCA)是 volatile、uncertain、complex、ambiguous 的缩写。四个单词分别是易变、不确定、复杂和模糊的意思。乌卡时代是一个具有现代概念的词,意指我们正处于一个存在易变性、不确定性、复杂性、模糊性的世界里。

形势和复杂多变的全球经济及商业环境，身处全球化浪潮中的我们既迎来巨大的历史发展机遇，又要面对世所罕见、史所罕见的风险挑战。

> **精训勤练**
>
> 结合《职业发展与就业指导行动手册》模块一单元一中的"课堂训练　观察趋势"，讨论当前社会和行业呈现的发展趋势和影响因素。

以互联网、大数据、人工智能、机器人、物联网、区块链等为代表的科技进步推动着世界的快速发展，也推进着全球产业的快速裂变与整合。现在的一年之变抵得上过去古老社会几十年、上百年甚至更长时间的变化。在乌卡时代背景下，产业和企业的发展不再是平稳和可持续的，行进的路径可能断裂，发展的曲线可能跳跃，人们的工作方式和内容也必然随之演进甚至迎来颠覆式改变：一方面，个人求职竞争会愈发激烈，一些长期稳定的技能会被时代淘汰，使得那些拥有一技之长的从业者也会时常感到恐慌，担心职业路径就此终结；另一方面，企业也担心是否能够雇用到可以帮助其保持市场竞争力的员工。面对时代巨变和日新月异的形势，个人和企业需要对职业和人才进行有效的谋划。

（1）就个人而言，面对依然复杂和严峻的就业形势，就业难问题既有外部冲击下的周期性因素，也有供需不匹配的结构性因素，在党和国家多措并举稳就业、保就业的同时，更需要广大求职者尤其是大学毕业生群体转变就业观念、把握就业机会、提升就业能力。要知道，当今的工作不再是依赖单一技能的终身职业，职业生涯也不再是线性的路径发展。一语以概之，"这个时代没有终身的职业，只有终身的学习"。

（2）就企业而言，其运营管理正面临着前所未有的人才挑战——关键技术的人才缺口、多元化雇用的人力困境、"人力再造"的不力，以及员工的职业僵局导致的人才流失的窘迫。破解这些难题的方法唯有得当的人才发展策略和人力资源规划。

在乌卡时代，现存的社会结构、科技发展、企业性质、用工形式、人力资本雇佣模式随时会发生改变，个人只有制定合理的职业生涯规划并不断进行优化调整，方能在这个变化的世界中安身立命、谋求发展。

> **深思明辨**
>
> 你所学专业有哪些职业发展方向和路径？

二、顺应时代之变

20世纪初，以人境适配论（Person-Environment Interaction Theory）和职业生涯发展论（Career Developmental Theory）为基础的传统的职业生涯规划，首先假设和默认了人和环境都是可以客观测量和分析的，其根据某个特殊的群体来做职业生涯发展的预测，总结了一组多数人应该如何发展的路径，为人们提供了恰当而稳定的方法和生涯目标。因此，人们形成了一个思维的定式，即职业路径是单一性的、稳定性高的，而且是连续向上发展的线性路径。

然而，如今的我们不得不重新思考职业生涯的定义与内涵。因为职业生涯不再是单一路径，而是一个人一生的工作集合。在一些传统工作岗位不断消失的同时，很多新工作岗位不断出现，企业为抵抗风险用工方式更加灵活，创造了更多灵活就业的机会，另外，同一工作的模式、场景和内容亦会不停地发生变化。所以，一个人的职业生涯应是其一生中所担任过的职务的总和。换言之，与其说职业生涯是某一个特定类型的工作（路径），不如说是一系列对于工作岗位（地图）的选择结果。顺应时代之变，职业规划需要从静态走向动态（关注社会和产业的变化趋势和流动态势），从局部走向全局，从确定路径到动态优化选择路径，从片段性走向系统性（提出新的概念和方法），从模仿性思考走向策略性思考（总结职业规划的新思维和新技能）。

综上，知时识势、应变制宜，每个人都需要以策略思维来思考自我的职业发展，以创新思维保持对发展的敏感度与适应性。

任务挑战

任务说明

请同学们完成《职业发展与就业指导行动手册》模块一单元一中的"单元任务 探索未来科技对工作的影响"。

通过本任务，请同学们思考未来科技发展趋势会给工作带来哪些深刻影响，进而厘清环境变化与生涯发展之间的关系。

单元二　走进工作世界

知识解码

职业的选择与发展是人生的重要主题之一，对工作世界的认识则是进行正确而合理的职业选择的基础。工作世界是由地域、行业、职业、企业构成的一套生态系统，对工作世界的探索必须要考虑到时代的因素，需要结合时代、地域的特点了解行业变化、人才需求状况、发展机会、竞争程度，了解企业用人要求及工作发展的普遍路径和规律，这样我们才能够清晰、全面地了解工作世界，并结合自己的特点找准定位，做出合理的生涯决策。

一、工作与劳动力市场

工作（work）是人们耳熟能详的名词术语，其定义貌似不言而喻，实则一直随着外部环境的变化而不断改变。人们对工作的观察、实践和认知是不同的，因此工作的含义在不同的人之间和不同文化之间也不尽相同。对大部分人而言，工作可能意味着离家去打卡上班,然而随着科技的发展和环境的变化,有些人选择居家工作。因此,人们不能再按照传统意义上工作执行的地点来定义工作,关注的重点应该转向多样化的工作活动。

在很长的历史时期内,大部分工作的变化是缓慢的,其工作形态几无变化。但进入 21 世纪以来,随着许多产业的转型升级速度越来越快、速率越来越大,甚至呈现出指数级的增长,不少工作的形态正悄然改变。因为留给我们适应的时间被大大压缩,对科技发展跟踪学习的时间变得更短,于是出现了一项新的技术发明创新就可能导致一些工作岗位呈现出断崖式的变化趋势。

第四次工业革命(21 世纪发起的全新技术革命)带给世界的深刻变革较之前几次工业革命更加明显,新兴需求的变化对工作的影响同样是决定性的。当下的劳动力市场呈现出以下新特点。

(1)人工智能将逐步实现简单的重复性劳动,取代传统的低附加值岗位上的人员。
(2)新技术在各个产业中的应用,会带来新的商业模式,也会产生很多新的岗位。
(3)职业与就业结构快速转型,与学校教育、劳动技能培训尚未做好有效衔接。
(4)现有的工作岗位将会被重新定义。

知识链接:
《人才迁徙报告 2023》

二、行业、职业与企业

对工作世界的探索可以从行业、职业、企业三方面入手。

(一)行业

行业是指从事国民经济中同性质的生产或其他经济社会的经营单位或者个体的组织结构体系,如林业、汽车业、银行业、出版业等。国民经济行业分类代码举例如表 1-2-1 所示。

表 1-2-1 国民经济行业分类代码举例[①]

代码				类别名称
门类	大类	中类	小类	
A				农、林、牧、渔业
	01			农业
		011		谷物种植
			0111	稻谷种植
			0112	小麦种植
			0113	玉米种植
			0119	其他谷物种植
……				……
B				采矿业

① 引自《国民经济行业分类》国家标准第 1 号修改单。

续表

代码				类别名称
门类	大类	中类	小类	
C				制造业
D				电力、热力、燃气及水生产和供应业
E				建筑业
F				批发和零售业
G				交通运输、仓储和邮政业
H				住宿和餐饮业
I				信息传输、软件和信息技术服务业
J				金融业
K				房地产业
L				租赁和商务服务业
M				科学研究和技术服务业
N				水利、环境和公共设施管理业
O				居民服务、修理和其他服务业
P				教育
Q				卫生和社会工作
R				文化、体育和娱乐业
S				公共管理、社会保障和社会组织
T				国际组织

（二）职业

职业通常指个人服务社会并作为主要生活来源的工作。在特定的组织内它表现为职位或岗位。每个职位都会对应着一组任务，作为任职者的岗位职责，而要完成这些任务就需要这个岗位上的人具备相应的知识、技能、态度等。较为常用的职业分类方法大致有以下两种。

1. 按劳动的性质、层次进行分类

按劳动的性质、层次进行分类可以把工作人员简单划分为"白领"工作人员（脑力劳动者）和"蓝领"工作人员（体力劳动者）两大类。

2. 按职业的主要职责或"从事的工作"进行分类

按职业的主要职责或"从事的工作"进行分类较为普遍，以下两种分类方法为其中的典型代表。

（1）《国际标准职业分类（2008）》（简称 ISCO-08）。ISCO-08 将职业由粗到细分为四个层次，即 8 个大类、83 个小类、284 个细类、1 506 个职业项目，总共列出职业 1 881 个。其中 8 个大类分别为：专家、技术人员及有关工作者，政府官员和企业经理，事务工作者和有关工作者，销售工作者，服务工作者，农业、牧业、林业工作

知识链接：
《中华人民共和国职业分类大典（2022年版）》

者及渔民、猎人，生产和有关工作者、运输设备操作者和劳动者，不能按职业分类的劳动者。

（2）《中华人民共和国职业分类大典（2022年版）》（简称新版《大典》）。新版《大典》将我国职业归为8个大类、79个中类、449个小类、1 636个职业。其中8个大类分别为：国家机关、党群组织、企业、事业单位负责人，专业技术人员，办事人员和有关人员，商业、服务业人员，农、林、牧、渔、水利业生产人员，生产、运输设备操作人员及有关人员，军人，不便分类的其他从业人员。

获取职业信息的渠道主要包括：一个是可以通过网络、书籍等查询，另一个直接的方式是对从业人员进行访谈。

精训勤练

结合《职业发展与就业指导行动手册》模块一单元二中的"课堂训练 寻找生涯人物典范"，进行生涯人物访谈，通过访谈获得该领域行业、职业和企业的有效信息。

（三）企业

企业是从事生产、流通、服务等经济活动，以生产或服务满足社会需要，实行自主经营、独立核算、依法设立的一种营利性的经济组织。企业主要指独立的营利性组织，并可进一步分为公司和非公司企业，后者如合伙制企业、个人独资企业、个体工商户等。

有经济学家认为，企业作为生产的一种组织形式，在一定程度上是对市场的一种替代。同一笔交易，既可以通过市场的组织形式来进行，也可以通过企业的组织形式来进行。企业之所以存在，或者说企业和市场之所以并存，是因为有的交易在企业内部进行成本更低，而有的交易则在市场进行成本更低。

识物善用

工作世界调查表

工作世界调查表（表1-2-2）能帮助人们更好地了解自己心仪的职业。具体操作步骤：首先，列举三个你心中的理想职业；其次，从中挑选一个你最希望了解的职业；最后，根据个人需求和收集到的有关信息，完成表格的填写。

表1-2-2　工作世界调查表

你心中的理想职业：_____，_____，_____。

序号	问题	记录
1	职业名称	
2	该职业属于哪个行业	
3	主要的工作内容是什么	
4	主要工作场所及环境怎样	

续表

序号	问题	记录
5	工作时间是如何安排的	
6	从业者所需要的教育背景是什么	
7	从业者所需要具备的技能有哪些	
8	从业者典型的人格特点有哪些	
9	从业者需要哪些资格认证	
10	从业者的升迁和发展机会怎样	
11	未来的就业市场如何	
12	起薪标准和计薪方式是什么样的	
13	从业者可能的压力来源有哪些	
14	对于职场新人有哪些忠告和建议	

三、影响工作变化的因素

我们该如何定义工作？首先，工作是人们从事的活动。这项活动可能相对需要大量体力劳动（如建筑工人），也可能主要依靠脑力劳动（如金融管理人员）。一般而言，这种活动往往是体力和脑力的结合，即不论地点和类型，工作是一种需要通过某种形式的脑力和体力的努力，为了达到特定的结果而进行的活动。

随着时间的推移，工作的形态从19世纪开始有了重大的转变，工作广泛存在于社会内部的方方面面，并受到许多社会力量的影响。这些力量主要包括物理事件（如自然灾害或修建新铁路）、社会影响（如媒体对事件的报道）、政府（如通过新的法规或为改变治理将一个地区并入城市）、人们的价值观（如当人们对国际化很感兴趣的时候）、经济状况（如股市的暴涨暴跌）等。

总而言之，影响工作变化的重要因素主要包括以下几个方面。

（1）早期人类的工作指保障自身的生存、抚养和教导孩子，依赖土地等资源（种植、渔牧）而生存，由此逐渐形成了特定类型工作的专业化及学徒制度。在人们落户、聚集和定居的地区，产生了一些因群聚社会而生的工作（法官、教师）。这个时代特定类型的工作逐渐专业化，经验积累、学会"更好的方法"能够更高效地工作，或者制造生产更好的产品或服务。这些特定类型的工作如果要传承的话，那么基本的方法是运用学徒制度。

（2）第一次工业革命显著地改变了人类的工作方式。蒸汽机、水力发电带来了运输业的进步和工厂的兴起。例如，纺织业等行业的工厂开始大规模生产和远距离输出，将布料或者服装向气候不适宜种植纺织原料、不适合纺织的地区贩售，以获取高额利润。同时，这个时期开始了城市化的进程，经济依赖天然环境的比例降低，不再受季节或环境的限制，加速了人群的居住地从农村过渡到工厂城区的进程。

（3）第二次工业革命推动了生产组织形式的巨大变革。以电力和机械化为特征的第二次工业革命催生出现代装配线，保障了低成本、高产量、生产时间缩短，大大提高了作业效能。工人被专门安排并训练从而完成一项特定的任务，他们只负责明确且特定的生产阶段，通过机械化的装配线、分工合作高效完成任务。

（4）两次世界大战对女性就业发展的颠覆性影响。战争对社会经济的影响是全方位的，也会是长期的。1914年第一次世界大战爆发，战争使得大批男性加入战争，女性则不得不加入职场，成为产业和商业的有生力量。这是女性第一次大规模投入职场的机会，她们通过工作和学习，掌握了新技能，但战后仅有部分女性获得留任。1939年第二次世界大战爆发，男性再次投入战争，女性则带着经验和对自己能力的认可重返职场，女性的职场意识显著增强，自此，女性成为社会生产不可或缺的主力。

（5）在第三次工业革命时期，电子计算机、电子数码产品、电子通信、太空技术及核能源快速崛起，为新的数字革命注入了强大而持续的活力。数字革命使得商业世界的交流变得更加容易，国际化程度提升，大量的企业得以快速发展。基于第三次工业革命对技术性劳工的迫切需求，这一时期产生了大量技术性劳工（受雇从事劳动工作以获取工资的人）。高新科技需要较高的学习成本，只有技术性劳工才拥有优势。技术壁垒拉高他们的薪资水平，同时也扩大他们与非技术性劳工的所得差距。这是第三次工业革命在职场上的一个典型现象和特征。

（6）第四次工业革命对人工岗位的冲击，以及带来的人类工作类型的调整与改变。随着第四次工业革命的到来，工作方面的困境与之前的每个时代都不相同。我们可以观察到，某些类型的工作逐渐消失，许多工作可能会在三五年内被淘汰。机器人和人工智能可能取代现在的人进行作业。

工业革命对工作岗位（职业）的影响是巨大的。它不仅改变了现有的工作世界，还影响了年轻人的教育。工作上的成功不再只是为了个人生计，而是与经济增长和生产力发展联系越发紧密。

当今世界，科技的进步对于工作的影响成为决定性的因素，改变了社会形态、人们的生活方式（如支付方式）、工作方式（如远程办公）等，人工智能和机器人也正在慢慢取代部分劳动力。可以预见的是，要想在未来的高科技竞争中取胜，工作者需要具有更多的数学和科学技能。

四、新兴工作与超级岗位

关于机器人未来是否会"抢夺"人类的工作岗位的话题众说纷纭，但随着科学技术不断地发展与进步，我们不得不接受一个事实与趋势：正如农业革命和工业革命一样，人工智能及其带动的现代机器人分支等一系列新的技术能够创造更多就业岗位的同时，也会导致众多岗位随之消失。例如，人工智能神经网络的细微进步都会威胁那些"只属于人类"的工作。

品文酌例

北京冬奥会亮相全球首个无人全自动餐厅

2022年,惊艳全球的北京冬奥会开创了首个无人全自动餐厅,即北京冬奥会主媒体中心智慧餐厅(图1-2-1)。该餐厅支持多种语言点菜,菜品种类中西合并、应有尽有。它不但点菜送餐无人化,而且烹饪也是无人化的,进入餐厅,人们只需要点餐,随后食物会自动地出现在面前,而且是从天而降的方式,实现了真正的无人餐厅。

图1-2-1 北京冬奥会主媒体中心智慧餐厅

尤为惊叹的是,智慧餐厅里有一台炫酷的智能调酒机。它借助灵巧的"手臂"取杯、冰杯、置杯,并像调酒师一样完成复杂的调配、摇酒等动作,可制作多款色彩缤纷、口味独特的鸡尾酒。在环境清洁维护方面,雾化消毒机器人、紫外线消毒机器人、"小白"巡检机器人即将上岗,更体现了机器人和人工智能的优势,能力越来越强,技能越来越娴熟。

世界经济论坛(World Economic Forum,WEF)2020年发布的《明日的工作:绘制新经济中的机遇图》确定了未来工作中具有前景的七个关键专业集群:大数据和人工智能(big data and artificial intelligence);大健康经济(care economy);绿色经济(green economy);工程师和云计算(engineering and cloud computing);人与文化(people and culture);产品开发(product development);销售、营销和内容(sales,marketing and content)。

全球专业服务机构德勤(Deloitte)在2019年的人才资本趋势报告中提出超级岗位(super job)的概念,并在标准岗位及复合型岗位的基础上对其做了定义:传统意义上的标准岗位是围绕重复性任务和标准化流程开展工作的岗位;复合型岗位则是结合了技能操作、数据分析等硬性技能和沟通、服务、合作等软性技能的岗位;而超级岗位上的员工除了具备复合型岗位所需的专业技能和软性技能,还要懂得如何运用智能设备、数据和算法,撬动生产力和工作效率的提升。岗位的进化如图1-2-2所示。

超级岗位要求员工具备适应变化及与技术交互的技能和能力。例如,能够推动远程工作的超级主管必须具备采用有效技术手段、建立实时联系、促进跨域合作的意识和能力。因此,未来的工作岗位将会有更多的数字化、跨界融合、数据驱动和信息驱动因素。

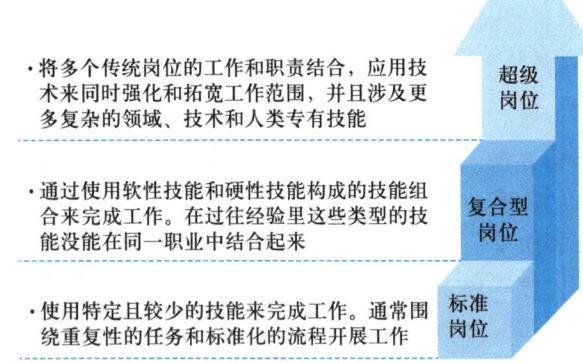

图 1-2-2　岗位的进化

精训勤练

结合《职业发展与就业指导行动手册》模块一单元二的"课堂训练 畅想超级岗位",拓宽对"工作"思考的视野。

五、新变化下的工作认知

当变化来临时,越来越多的人不得不去思考这样一个问题:当公司淘汰我所擅长的技术时,我应该转型成关键性的人才还是就此退休?

"35岁被裁员"是当前的一个热门话题,企业不愿意聘用"年纪大"的求职者究竟是因为年龄问题,还是认为"年纪大"的人自主更新的意愿或能力较差呢?经过分析和调查表明,后者为症结所在。

要提高自身的竞争力,求职者需要对工作有清晰的认知。

(1)认清工作是多样的、脑力劳动与体力劳动交叉的。前文有述,工作作为一项活动,可能需要大量体力劳动(如保洁员、外卖员等),还需要长时间的日复一日的重复性劳动(如停车收费员、地铁安检员等)。体力工作者难道就不需要脑力吗?答案是否定的。同理,一个科技产品的研发者每天都在大量动脑的同时,也需要付出体力从事艰苦的研发工作。足球运动员是个更为典型的例子,一名优秀的球员不仅仅要求身体素质出众、体能突出、技术精湛,更要求头脑清晰、思维敏捷且富有创造性。因此说,如果人们在工作中能不断体现思考力和创造力,就不容易被他人或人工智能所取代。

(2)认清工作是与地域紧密关联的。不同地区工作的形态、内容、岗位都不尽相同。同样是服务业,不同的社区情况和社群结构就会产生不同的工作。例如,同样是护士,工作性质大致相同,但是在发达地区从业与在欠发达地区从业存在薪资水平不同,工作环境、时间和强度不同等情形。

（3）认清工作是在不断发生变化的。第四次工业革命带来工作性质本质的变化，多浏览产业报告数据有助于我们预测工作世界的新动向和新需求。根据世界经济论坛分析的观点，未来我们可以看到有些工作会消失，同时有些工作会飞速发展，如人类智能专家、机器工程师、数据科学家、全栈工程师、销售开拓代表、信息工程师、营收长、网络安全长、心理健康专家等。

视频连线：职业教育前景广阔

（4）认清个人发展与时代发展的关系。个人的发展应顺应时代发展规律，更应与国家战略同频共振。党的二十大报告指出，当前我国制造业规模、外汇储备稳居世界第一；战略性新兴产业发展壮大；未来五年将建设现代化产业体系，推进新型工业化，加快建设制造强国、质量强国、航天强国、交通强国、网络强国、数字中国；加快建设国家战略人才力量，努力培养造就更多大师、战略科学家、一流科技领军人才和创新团队、青年科技人才、卓越工程师、大国工匠、高技能人才。据中华人民共和国人力资源和社会保障部（以下简称人社部）数据显示，截至2022年年底，我国技能劳动者超过2亿人，其中高技能人才超过5 000万人。但我国技能劳动者占7.5亿就业人员的26%，从整个就业和经济发展需求看，我国技能人才总量仍然不足。不管是实现经济增长方式由粗放型转向集约型转变、改造提升传统产业、发展壮大新兴产业，还是实现由制造业大国向制造业强国转变、由中国制造向中国创造转变，都需要更多高素质技术技能人才，需要更多能工巧匠、大国工匠的支撑。新兴岗位催生新需求，新需求需要新型人才供给，这一切都为我们当代大学生的生涯发展启迪了方向和路径。

任务挑战

> **任务说明**
>
> 请同学们完成《职业发展与就业指导行动手册》模块一单元二中的"单元任务 回顾职业构建历程"。
>
> 通过本任务，帮助同学们回顾自己工作想法的变化，加深对"生涯目标和想象都是动态变化的"这句话的深刻认知，从而避免自我设限。

单元三 理解职业生涯规划

知识解码

一个人若看不到未来，就掌握不了现在；一个人若掌握不了现在，就看不到未来。从人的一生发展来看，生涯规划是人们在一生当中不断探索自我、探索世界，结合探索的结果形成长期或短期的目标，然后不断积极行动、有效决策、行进发展的过程。生涯规划引领我们透过生活或职业中的行为、感受看到自己内心的渴望，并以此为动力建构自己的人生，这个过程帮助我们逐渐厘清生命的价值与意义，并用行动实现它。生涯规划可以帮助人们设立目标、带来希望，从内在激发动力和勇气去面对困难，敢于冒险，突破发展中的内在障碍，最终实现幸福人生。

一、生涯认知

（一）生涯的概念

在不同的时代、不同的环境和理论背景下，生涯的定义也不尽相同。

"生涯"一词在我国最早见于《庄子》，即"吾生也有涯，而知也无涯"，在这里，"生"为生命，"涯"为边际。《辞海》对生涯的释义为"从事某种活动或职业的生活"。因此，生涯常指职业生涯。

生涯的英文为career。在希腊，career这个词蕴含着疯狂竞赛的精神。世界职业规划与生涯教育领域最具权威性的代表人物、被誉为"超级思想家"的唐纳德·舒伯（Donald Super）对生涯一词做如下定义：生涯是生活里各种事态的演进方向和历程，它统合了人一生中的各种职业和生活角色，由此表现出个人独特的自我发展形态。也就是说，生涯是人从青春期到退休之后，一连串有酬或无酬职位的综合，包含任何与工作有关的角色。

从广义上讲，生涯是从职业能力的获得、职业兴趣的培养，选择职业、就业，直至最后完全退出职业劳动的完整的职业发展过程。

从狭义上讲，生涯特指一个人一生中负担的职业和工作职务的发展道路。

（二）生涯的影响因素

影响个人生涯发展的因素主要有两大方面：个人因素和环境因素。

1. 个人因素

个人因素在人的生涯中起着基础性的作用，在相当程度上决定着人的发展方向。个人因素包含健康、性别、年龄、性格、兴趣、自我价值观、教育经历和专业训练等要素。其中性格、兴趣、教育经历和专业训练极为重要。

（1）性格影响一个人未来职业和道路的选择，人们要根据性格特点来规划生涯。一个性格内向安静的人大概率会倾向从事少与人打交道的职业（如会计、工程师等），如果从事与自身性格不合的职业（如推销员），则会常常因为被迫交际感到苦恼。

（2）个人的兴趣在无形中影响着个人的成长及发展。"兴趣是最好的老师"，是一种强大的精神力量，可以使人集中精力去获得所喜欢的职业知识，启迪智慧并创造性地工作。

（3）职业进展还深受教育经历和专业训练的影响。社会上很多的行业要求从业人员具备一定的专业知识，正规或非正规的教育经历是我们从事相关行业的基础要求。

2. 环境因素

在急速变化的社会环境中，环境因素对人的生涯发展发挥着越来越大的作用，它左右着人所从事的行业、改变着人生的发展轨迹。环境因素有地理环境因素、行业环境因素、社会环境因素之分。

（1）地理环境因素对事业的影响常常被人们低估，在符合地理环境需要地区的人比在不利环境中尝试推销其能力的人拥有比较多的机会。居住在欠发达地区的人最能理解地理环境因素对机会的影响，所以，发展事业的人应该选择能提供其所寻找之机会的地点居住。

（2）行业环境因素将直接影响企业的发展状况，进而影响个人的生涯发展。行业环境因素包含行业发展现状、行业发展前景预测、企业内部环境等。选择发展前景更好的行业和职业有助于个人职业目标的更好实现。

（3）社会环境因素对每个人的生涯乃至发展都有重大的影响。通过对社会大环境进行分析，了解所在国家或地区的经济、法治建设发展方向，可以更好地寻求发展机会。影响生涯的社会环境因素包括社会阶层、经济发展水平、社会文化环境、政治制度和氛围。政治和经济是相互影响的，政治不但影响一国的经济体制，而且影响企业的组织体制，从而直接影响个人的职业发展。政治制度和氛围还会潜移默化地影响个人的追求，从而对生涯产生影响。分析和了解影响职业的社会环境因素，有助于个人制定正确的生涯规划，从而在变化的社会环境中不断取得生涯的新发展。

生涯与人的一生有着密切关联，是个人安身立命之所在。生涯规划主要受个人因素和环境因素的影响，它们相互关联、相互制约，共同影响人的一生。如果想要寻找一个合适的生涯规划，则一定要充分考虑这些影响因素。

了解了生涯的影响因素，那么阻碍生涯发展的不利因素可由此分析得出。从个人因素上看，性格上的弱点，如优柔寡断、缺乏信心和动力、自卑或自负都会让我们在生涯发展中处于不利地位；从环境因素上看，经济下行、就业岗位减少会增加寻找合适工作的难度，就业政策的导向也会影响我们的生涯选择。

品文酌例

艾爱国："好焊工"的不老传说

右手焊枪、左手面罩，他是"钢铁缝纫师"——焊工。他能在紫铜锅炉里、电机轮骨架上"修补缝纫"，还能给导弹、战车、潜艇"把脉问诊"……他叫艾爱国，现任湖南华菱湘潭钢铁有限公司焊接顾问，50多年来，攻克技术难题400多个，改进工艺100多项，在全国培养焊接技术人才600多名，创造直接经济效益8 000多万元……荣获"七一勋章""全国劳动模范""全国十大杰出工人"等称号。

艾爱国在20世纪80年代采用交流氩弧焊双人双面同步焊技术，解决了当时世界最大的3万立方米制氧机深冷无泄漏的"硬骨头"问题；20世纪末，他带领团队10年攻坚，打破国外技术垄断，填补国内空白，实现大线能量焊接用钢国产化；花甲之年的他再次带领团队解决工程机械吊臂用钢面临的卡脖子技术难题，大幅度降低中国工程机械生产成本。他用50多年的时间，实现了自己最初写下的"攀登技术高峰"的目标，将自己活成了一座高峰。

二、人生角色与生涯规划

发展心理学认为人的一生是连续的、分阶段的。在不同的人生阶段，每个人所主要扮演的角色和任务是不同的，因此在讨论生涯规划的时候不能忽略自身所处不同发展阶段的人生角色。

在当今社会中，越来越多的人意识到工作者角色并不是我们人生唯一的角色。从广义来说，职业只是生涯的一部分，职业角色与家庭角色、社会角色是息息相关的。因此，当代大学生应从宏观的角度进行生涯规划，把生涯规划的广度扩展到动态性的个人成长线、家庭成长线乃至家国情怀的社会责任和生命的意义。

（一）生涯发展阶段

舒伯于1953年依照年龄层次将每个人生阶段与生涯发展结合，把生涯发展划分为成长、探索、建立、维持和退出五个阶段。

（1）成长（growth）阶段。这一阶段的儿童很容易认同身边的人，而且开始注意到自己与专业领域有关的兴趣和技能。

（2）探索（exploration）阶段。这一阶段一般对应青少年时期和大学时期，处于这一阶段的人开始在学校或和朋友测试各种职业幻想（occupational fantasies），出现对各种职业的偏好、做出暂时的选择。

（3）建立（establishment）阶段。处于这一阶段的人选定了某种职业领域投入发展并逐渐晋升。

（4）维持（maintenance）阶段。处于这一阶段的人需要维护过往的专业成就，同时避免形成僵化。

（5）退出（decline）阶段。处于这一阶段的人的特征为重视个人活动、对退休产生兴趣，以及思考该怎么打发闲暇的时间。

（二）生涯彩虹图

舒伯为了综合阐述生涯发展阶段与人生角色间的相互影响，创造性地描绘出一个多重人生角色生涯发展的综合图形——生涯彩虹图（图1-3-1），进而提出了一个更为广阔的生涯发展观。

视频连线：画出你的生涯彩虹图

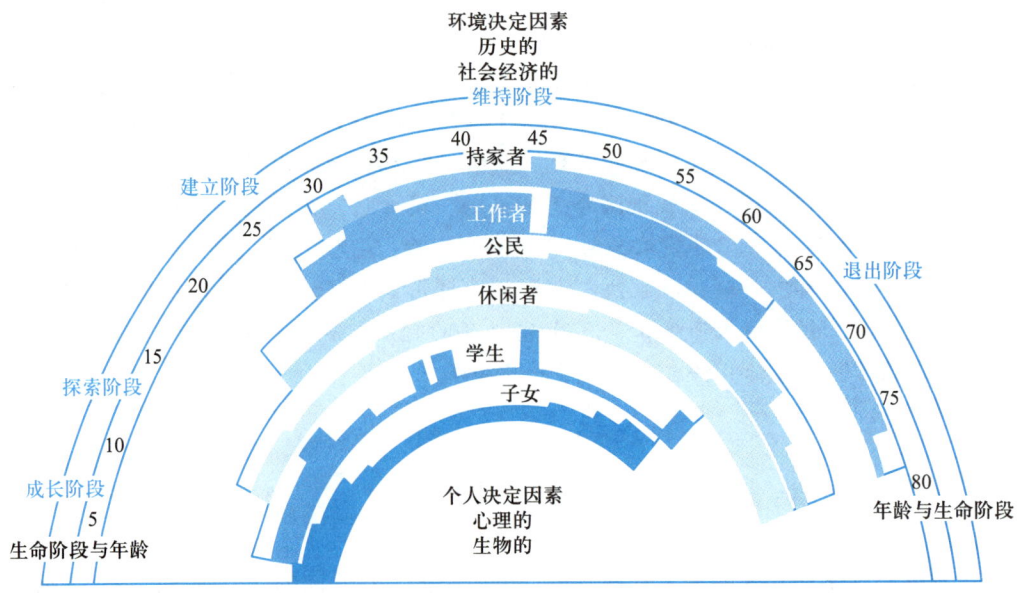

图1-3-1 生涯彩虹图

1. 生涯长度——当下的一切都是在为下一个阶段做准备

生涯彩虹图用长度（时间）体现生涯发展的五个阶段，每个阶段有相应的主要任务，上一个阶段都是在为下一个阶段做准备，同样的道理，现阶段也在为下一个阶段做准备。在这五个主要的生涯发展阶段内，各个阶段还有小的阶段，舒伯特别强调各个阶段的年龄划分有相当大的弹性，应依据个体不同的情况而定。如果人们发现自己在某一阶段的有些能力和工作还不匹配，则可以把眼光放长远一点，积极为下一个阶段的匹配做准备。

> **深思明辨**
>
> 大学阶段的角色有哪些，大学生应该完成哪些事情来为下一阶段做准备？

2. 生涯广度——角色平衡是生涯成熟的表现

生涯广度是指生涯中的不同角色，也就是生涯彩虹图中不同颜色的部分。人生有多种舞台，有多个角色，我们要学会平衡各种角色。角色平衡是生涯成熟的表现。角色过于单一不利于生涯的发展，角色过多有可能导致失衡或者混乱。人在一个角色上的失败并不代表人生的失败，在一个角色上的失意可以在别的角色中获得补偿。角色越多，生涯广度越广，越能在别的角色中找到代偿和替换。角色如同一盏盏灯，可以照亮我们的人生，使人生精彩纷呈。

3. 生涯宽度——时间任务管理是自我管理的核心

生涯宽度指在不同的阶段，不同角色的分配比重也是不同的，也就是说我们要根据事件的重要程度和紧急程度来管理好时间与精力。

舒伯认为人的行为方向受到三种时间因素的影响：一是对过去成长痕迹的"审视"；二是对目前发展状况的"审视"；三是对未来可能发展方向的"展望"。这三种时间因素是相互影响的，过去是现在的成因，现在又是未来的基础。生涯彩虹图形象地展现了这一动态变化的生涯历程。

总之，生涯是一种发展的历程，以"自我概念"为主，强调个性化发展。我们要站在全局的角度看人生，当我们看到人生还有更多的选择、更多的平衡方式时，内心就会减少很多的纠结与不安，获得更多的自在和坦然。

> **精训勤练**
>
> 结合《职业发展与就业指导行动手册》模块一单元三中的"课堂训练 测评你的生涯成熟度"，检验你是否具备了相应的态度、知识和能力，以应对当前的生涯发展任务。本次训练有助于同学们了解自己的生涯规划能力和水平，及时发现差距和不足。

三、学习经验与生涯规划

传统的职业教育聚焦就业能力的提升和获得高薪职位的条件，往往忽视了个体长期的自我发展和开放的生涯适应力。当代大学生不应该过分地追求学历、资质和证书，而应该同步自身应对外界变化的意识和能力，有意识地筹划培养日后进入社会的知识、职业素养和技能。面对不断变化的现代社会，同学们应持续保持学习和对新事物的好奇心，学习新观念、新技能，提高个人适应和掌控环境的能力。

生涯理论大师克朗伯兹（Krumboltz）提出的社会学习理论认为，影响个人生涯历程的因素主要有四个：遗传因素、环境因素、学习经验和处理任务的技能。在个人发展的历程中，这四种因素相互作用，从而形成了个人对自我和世界的推论。一般所谓的个人兴趣、价值观等实际上是学习的结果。个人学习经验的不足或不当，可能会导致形成错误的推论、单一的比较标准、夸大式的灾难情绪等问题，从而有碍于生涯的正常发展。因此，克朗伯兹特别强调丰富而适当的学习经验的重要性。

进行生涯规划并不仅仅是为了找一份工作，更需要关注创造有意义的生命。在现今快速变化的时代中，我们必须在改变中学习，尤其在"互联网+"的时代下，更加要急速地进行改变。对于关注自我学习发展方向，同学们可以从以下三方面着手。

（1）提高自己的能力和扩展自己的兴趣。生涯发展不仅基于现有特质，还基于个人的能力锻炼和管理。

（2）职业世界是不断变化的，各行各业的工作内容不是一成不变的，人们必须要培养自身的职业应变能力。

（3）必须积极行动，而不是坐以待毙、坐等结果。

总而言之，生涯规划不仅需要将个人特质与工作相匹配，还需要通过各式各样的活动获取学习经验并将学习到的技能用到未来的工作中，同时需要开拓自己的兴趣，培养个人的自我效能感和价值观。

🡪 任务挑战

> **任务说明**
>
> 请学生完成《职业发展与就业指导行动手册》模块一单元三中的"单元任务 寻找人生角色的变化"。
>
> 通过本任务，帮助学生完成自己的生涯彩虹图的绘制工作，学会从人生角色的广度思考生涯，进而获得对未来的透视能力。

单元四　树立后现代生涯规划思维

🡪 知识解码

后现代主义世界观和方法论涉入生涯领域后，给生涯理论带来新的观点和变化，后现代生涯理论的特征有：接纳生涯的不确定性，强调生涯的发展变化性；弱化生涯发展的规划力，强调生涯发展的适应力；重视生涯的主动建构，强调生涯的多元性。

建立后现代生涯规划思维，可以帮助大学生积极接纳生涯的不确定性，用预测和变化的眼光看待世界，通过各种生涯探索活动，创造积极的生涯事件，提升生涯适应力，更好地促进学生发挥个人潜能，实现抱负。

一、从传统生涯思维到后现代生涯思维

在新的时代背景下，生涯思维特征发生了较大变化，现通过对传统和现代的时代特征与生涯思维的异同进行总结和比较，帮助学生梳理、理解后现代生涯思维[①]。

视频连线：聚焦目标 积极行动——建立后现代生涯思维

（一）从线性转向非线性

在数千年的历史文化长河里，职业的表现形态犹如一条呈螺旋式上升的路径。从入行，到熟手，再到行家，随着年龄和资历的增长，以及经验的积累，人们逐渐在生涯中获得进展、达到应有的高度。一个人在一条职业的路上不断努力，该职业所需要的技术的发展是相对稳定的、线性增长的。

现代产业在数量和产量上的增长不再是线性的，而经常是指数级增长。例如，集成电路产业长期遵循摩尔定律，使产业的进步连续几十年呈现出令人难以置信的指数级增长。线性的变化易于把握和预测，其发展的规模和速度是有限的。非线性的变化则不同，从量变到质变，短短的几个发展周期下来，面貌就可能完全不同了。在同一个领域，职场所需要的知识和技能可能每年都在更新换代，"一招鲜，吃遍天"的经验不再有用武之地。

（二）从经验积累转向敏捷适应

在历史上的许多时候，生涯规划是一个积累和传承的过程。知识和技能的传递通过师徒传授进行。师傅将代代相传的经验技巧（一代接一代垂直积累下来的大数据）传授给徒弟。例如，中医等行业，优秀的师傅带出来的徒弟具备他人所不能拥有的核心竞争力。

然而，现在许多行业需要的技能和手段日新月异，传承不一定有优势，反而有可能限制思维创新。例如，新型医学的检测手段（如基因的检测和改变等）需要人们具有快速的学习能力。这时职业竞争力就体现在学习力、敏捷性和适应能力上。

（三）从连续性转向突变性

传统的职业总是长期延续的，如理发师、果农、木匠等，千年不易。但是，在新的时代，职业路径可能不再连续，而会出现断裂与跳跃，一些行业和职业很快就消失了。机器人和人工智能在一些领域可以完全替代人进行工作。这样一来，一个人职业技能或某个日常产品可能在发展进程中突然断裂，或者说，岗位逻辑从根本上被颠覆了。例如，无人驾驶技术在未来可能取代司机的职位。

（四）从单一路径转向职业地图

以往人们一旦从业之后，终身就在这条路径上长期耕耘，路径是单一的，选择是

[①] 后现代生涯思维接纳生涯的不确定性，强调生涯适应力和主动建构，鼓励个体主动适应新的或发生改变的环境，主动建构并理解其经验，形成内在现实（能力、兴趣、需求、价值及人格特质等），并以此预测外在现实（职业与生活方式）的选择，更符合当代个体生涯的本质特征。

稀有的。在新时代，一个人一生的职业不再是单一路径，而是一张职业地图，或者说是职业路径的集合。这就需要我们通过策略性的规划扩大可行性集合，灵活地自我导航，不断地进行路径优化。

（五）从静态转向动态

传统职业的工作形态是静态的、长期稳定的，所需要的技能是变化不大的。现在一些工作岗位的职业名称虽然相同，但是随着工具的改变，工作的形式、内容和性质都不同了，形成了动态的趋势。

（六）从厚重性转向敏感性

传统的职业希望从业人员有厚重的经验积累，强调"内功"的打造，以形成竞争的优势，对于入职、入行、入市的时机不是特别强调，一般的职位早一天入行、迟一天入行关系不大。在新的时代，时间因素已经成为一个敏感因子，对于一个企业来说，把握窗口期，选择合适的时机生产合适的产品非常重要。例如，"双减"[①]背景下，教育智能硬件站上了"风口"。对于个人来说，职业的成功对于时机的敏感度很高，选择的时间点至关重要。

（七）从局部转向大范围

传统的许多职业（如农业、手工业等相关职业）只可能影响周边的小区域，其兴衰也只受区域环境的影响。在新的时代，随着经济一体化的进程加快，"蝴蝶效应"更加明显，互联网和电子商务的发展将全球的产业和供应链更加紧密地连接在一起，全球的政治经济变化都会反映到地方产业中，影响企业和职业的发展。

（八）从确定性转向随机性

传统职业的边界是确定的、清晰的，工作的性质和内容、生产的产品、服务的客户及发展的路径与前景都很明确。时代的发展让许多职业的边界内涵变得混沌、模糊、多变，随机性增强；新生事物让人目不暇接，需要边走边看；决策评估也不再是非黑即白、非"0"即"1"；许多估计和预测不再有确定的值，而是呈现为概率分布。

传统时代是大者生存，当今时代是适者生存。貌似强壮，但行动迟缓者必然如侏罗纪时代的恐龙一样被淘汰。只有灵活、敏捷、主动适应变化的人才能生存。互联网思维要求人们反应敏捷、快速迭代。面对变化，人们需要时刻具备充分的精神准备、前瞻性思维、快速而敏捷的反应、更大的知识范围和更强的技能迁移能力，也必然更加需要灵活的生涯规划思维和工具。

二、从传统生涯规划到后现代生涯规划

传统生涯规划理论通常将生涯看作一个终身努力的过程，强调个人因素与职业环境因素的匹配，"一个萝卜一个坑"，找到一个可以终身从事的工作并从中实现人生的价值。

传统生涯规划的理论与实践有其成立的时代背景，在当时的时空环境下起到了不可或缺的作用，但是，它已经不能完全适用于现有的情况，主要体现在以下三个方面。

[①] 在我国教育领域中，"双减"是指要有效减轻义务教育阶段学生过重作业负担和校外培训负担。

（1）传统生涯规划理论大多秉持一种静态的思维，对应当时社会变化相对慢的现实。

（2）传统生涯规划理论的许多假设已经不再适用。例如，家庭的规模、交往的方式、个人的能力都发生着变化。

（3）传统生涯规划理论不可能了解新的技术、知识和发展趋势。人工智能、机器人、5G通信与物联网等技术对于社会发展的推进是难以预测和想象的。

我们可以把传统生涯规划比作"耕种"，即为了生产粮食而种植作物，需要埋下种子，付出长期的努力，然后等待一个确定的结果。后现代生涯规划类似于"捕鱼或狩猎"，即一个人为了获得某种动物作为食物而使用的做法。对狩猎者来说，需求相对紧迫，需要以更直接的方式获取食物。猎手的成功取决于个人的经验、工具、能进入理想捕获环境的能力、适应环境的能力，以及成功抓住目标的能力。

当今时代，某些设备与方法（生产产品的设备与方法）的淘汰期在迅速缩短。与类比中的捕鱼或狩猎一样，工具很重要，但其重要性不及在目标环境中使用工具的人。个人必须以更快速的方式去适应，否则目标将属于另一个搜索者。同样，在后现代生涯规划中，重点是确定个人的下一个策略进程。兴趣、价值观等都是讨论的一部分，但这些考虑仅限于当前特定的时期，而不是确定一个单一的、终生的目标。每个人都需要用新的目光和新的技巧，即后现代生涯思维来对自己的生涯进行构建。

✦ 精训勤练

结合《职业发展与就业指导行动手册》模块一单元四中的"课堂训练 定义'成功'"，通过列举成功词语、成功人物等，加深同学们自己对于成功的理解和认知。

三、从降低意外到善用机缘

在日常生活中，我们常常感到"计划赶不上变化"，每个人的生涯都可能遭遇意外事件的冲击，这些事件并不在我们的规划之中，却对我们的生涯规划起到不可忽视的作用。虽然我们试图尽可能地降低生涯中的不确定因素，但是偶然的事件或意外难免会发生，这被克朗伯兹称为"偶发事件"。这些事件有时候对我们的生涯有正向的助益，如遇到一个欣赏自己的前辈老师；有时候是负面的不可抗力，如意外地错过一次考试。对于这些生命中的意外，克朗伯兹鼓励人们用积极的态度看待，从变化中看到机会，乃至主导创造幸运的机会，在日常生活中主动为生涯目标做一些小的尝试，用克朗伯兹的话说就是"善用机缘"。拥抱变化意味着在尽可能去规划世界、规划生活的同时，让更多的可能性产生，对于不确定因素要不断进行感知，采用积极的态度应对。

在实际应用时，同学们应注意以下原则。

（1）开放心胸。将犹豫不决的心态重新定位为开放心胸、主动探索的态度。

（2）葆有好奇心。对新事物好奇是开启新大门、导向未来潜在职业生涯的第一步。

（3）寻找线索。勇于尝试新事物，以创新来创建机遇，增加正向的、不可预知的惊喜发生的机会。

（4）累积小行动。把精力放在现在或近期可做的小事情上。

生涯规划理论从20世纪早期发展至今，经历了从静态到动态，从社会安置到主观幸福，从确定到不确定的一系列变化，其中最具有代表性和后现代精神的生涯发展论、社会学习生涯决定论、生涯建构论、善用机缘理论等对当下的生涯规划有很强的指导意义。使它们融会贯通将有助于基本生涯思路的形成，建立面对挑战、解决问题的多样化思维。

四、从"学历为王"到"能力本位"

在比拼学历的洪流中，我们人生中大约1/3的时间都用来获得学位，以便满足求职的需要，这些学位就是我们获取职业的"入场券"，刻板印象影响下的人认为学历可以为我们剩下2/3的人生铺平道路。这个传统观念意味着我们工作的性质及所需的技能、知识都将一生保持不变。

虽然我们的父母可能会终生从事同一份工作，但我们这一代大多数人会有好几份工作或斜杠（多重）专业，这不仅体现在工作上，还体现在兴趣或生活形态中，人们从事跨领域工作的机会也非常多。这个时代的年轻人有可能在职业生涯中从事许多工作和职业，动态的职业规划已经是常态。从事这些工作和职业的能力和能量并非完全通过学校教育和学历而来，未来的机会和工作并不完全与大学学位有关，而是与工作技能有关，拥有合适的技能将比仅有学历更重要。

根据世界经济论坛推测，到2025年，自动化和人机之间全新的劳动分工将颠覆全球15个行业中的8 500万个工作岗位。随着经济和就业市场形势的不断变化，到2025年将会出现9 700万个新的工作岗位，涉及关怀经济、人工智能、内容创造等多个领域。相较机器而言，人类仍能够在管理、咨询、决策、沟通和互动交流等领域维持相对优势。这些工作需要具有相关技能的人才，即使没有大学学历的人也可以学习这些技能。这个趋势凸显了职业教育的重要性，实践与操作的应用重于纯理论的学术性学历或文凭。

国家的发展、进步离不开高素质的劳动者，离不开适应社会主义现代化建设需要的高素质建设者和专门人才，而教育是保持和提高劳动者整体素质的根本保证，其中职业教育为大多数群体提供了接受教育保障乃至就业保障，为国力增强、国家强大提供了更多、更丰富的人才，做出了应有的贡献。

➲ 任务挑战

> **任务说明**
>
> 请同学们完成《职业发展与就业指导行动手册》模块一单元四中的"单元任务 勾勒生涯图景"。
>
> 通过本任务，帮助同学们将生涯想象具象化，进而勾勒出自己未来的生涯场景。

▶ **模块反思**

■ 课后评价

回顾本模块所学内容,在开篇表1-0-1"自评"列中对自己的学习成果进行评价,并与"自测"列的得分进行比较,分析分数变化的原因。

■ 延伸思考

(1)学习经验是如何影响生涯规划的?

(2)预测你所学专业及其对应岗位的未来发展趋势。你认为未来这些岗位会被机器人和人工智能取代吗?你该如何应对?

■ 效果检测

把握时代变化　擘画职业蓝图

▶ **模块小结**

概念	方法	工具
· 乌卡时代 · 工作、行业、职业 · 超级岗位 · 生涯 · 传统生涯理论 · 后现代生涯理论	· 定义"成功" · 勾勒生涯图景 · 畅想新岗位 · 在经历中学习和成长	· 生涯彩虹图 · 工作世界调查表

模块二

提升素质能力　铺就职业坦途

不论学习还是工作，都要面向实际、深入实践，实践出真知；都要严谨务实，一分耕耘一分收获，苦干实干。广大青年要努力成为有理想、有学问、有才干的实干家，在新时代干出一番事业。

——习近平

▶ **模块路径**

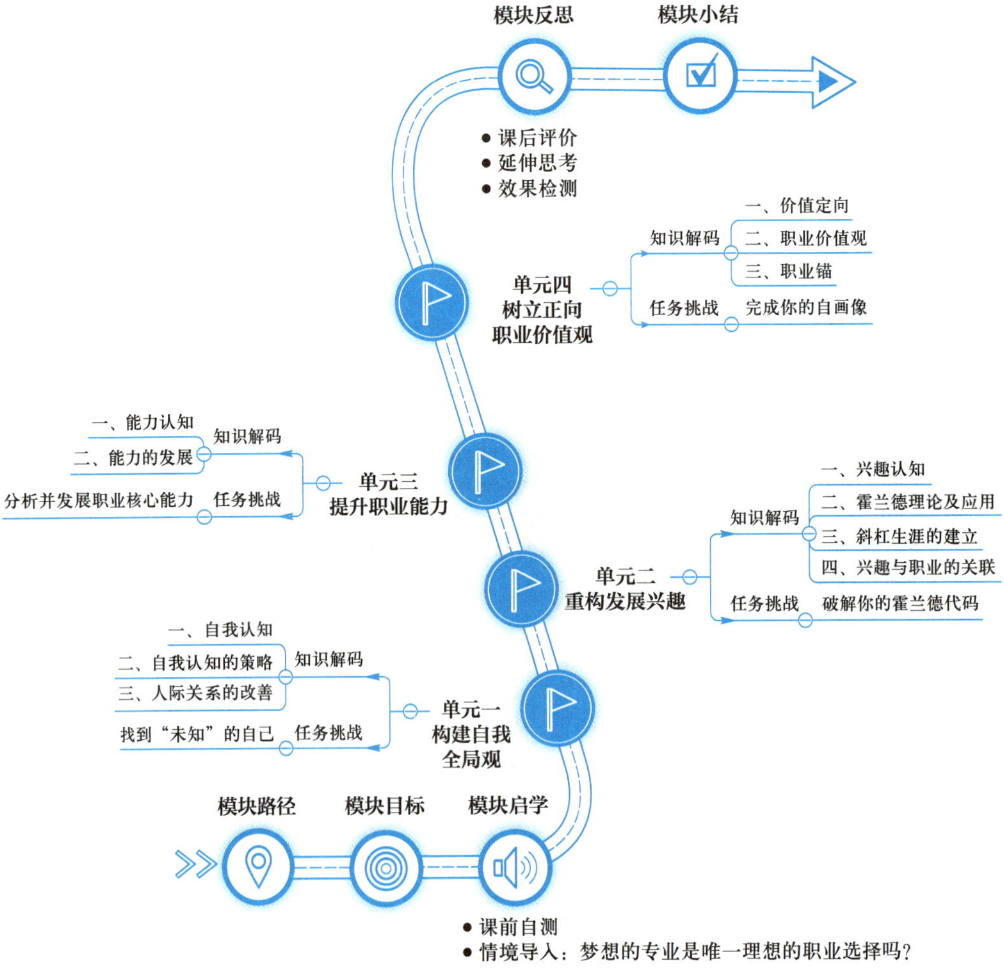

模块反思
- 课后评价
- 延伸思考
- 效果检测

模块小结

单元四　树立正向职业价值观
- 知识解码
  - 一、价值定向
  - 二、职业价值观
  - 三、职业锚
- 任务挑战：完成你的自画像

单元三　提升职业能力
- 知识解码
  - 一、能力认知
  - 二、能力的发展
- 任务挑战：分析并发展职业核心能力

单元二　重构发展兴趣
- 知识解码
  - 一、兴趣认知
  - 二、霍兰德理论及应用
  - 三、斜杠生涯的建立
  - 四、兴趣与职业的关联
- 任务挑战：破解你的霍兰德代码

单元一　构建自我全局观
- 知识解码
  - 一、自我认知
  - 二、自我认知的策略
  - 三、人际关系的改善
- 任务挑战：找到"未知"的自己

模块路径　模块目标　模块启学
- 课前自测
- 情境导入：梦想的专业是唯一理想的职业选择吗？

▶ 模块目标

知识目标：从多个角度理解自我；掌握霍兰德理论，了解自己的兴趣倾向；掌握职业锚理论，了解自己的价值倾向。
能力目标：能找到自己的能力优势和劣势，明确发展和努力的方向。
素养目标：树立将社会发展与个人发展结合的积极职业价值观。

▶ 模块启学

■ 课前自测

在开始本模块学习之前，基于自身已有的知识和经验，认真思考表 2-0-1 中的问题，并在"自测"列就相关问题的了解程度进行如实打分（最高分为 10 分）。

表 2-0-1　模块二学习记录表

题目	自测 （1~10分）	自评 （1~10分）
我可以阐述自己的价值观		
我了解自己的性格特点		
我知道自己的兴趣		
我知道自己的能力强项		
总分		

■ 情境导入

梦想的专业是唯一理想的职业选择吗？

大一新生于敏由于未能被心仪的第一志愿——现代教育技术专业录取，不得已学了学前教育专业，选这个专业也是遵从父母的意愿，并非她的选择。由于学前教育专业不是自己的第一选择，她对该专业的课程设置、就业岗位、就业前景等内容无意深入了解，只是单纯地认为学前教育专业就是在幼儿园做看护类的工作——照顾小朋友的生活起居等，不具备教师的专业身份，于是只想转专业，尽管她对其他专业的理解也不甚清晰。

大一学期期末，于敏提交了转专业申请书，但未能通过转专业考试。新学期开学不久，于敏情绪低落，上课积极性不高并拒绝参加集体活动，偶尔会在朋友圈发表一些消极的言论，感叹人生的阴霾时刻。辅导员老师约于敏谈心，想了解她对自己未来生活和规划的真实想法。在聊天的过程中，老师发现于敏其实说不出为什么对现在的专业如此抵触，只是反复强调这不是她的第一志愿，这个专业是父母替她所做的选择。对于自己是否还有其他兴趣爱好，或是对什么事情好奇，她也说不上来。谈及毕业后的职业规划，她认为自己已经没有职业规划的必要，因为她对于毕业后的专业对口工作一点兴趣都没有,也无心考虑其他发展的机会……

◎ **思考与探究**

于敏的状况体现了部分学生专业认识不足、专业认同感不强、职业规划意识薄弱的问题。不少学生会因所学的专业不是第一志愿而懊悔,但倘若我们对专业缺乏认真投入的学习和了解,即便是如愿读了第一志愿的专业,也可能会因实际工作的"事与愿违"而产生落差。这是因为学生对自己的兴趣与价值观没有认知和拓展,缺少对于未来就业环境的全面认知。针对于敏的境况,尝试回答以下问题。

(1)假如你和于敏一样,在面对非第一志愿的专业时,你会如何安排自己的学涯?

(2)你有什么好的建议和做法可以帮助于敏深入了解自己所学的专业?

单元一 构建自我全局观

➔ 知识解码

"自知者明"语出《道德经》,意思是能够了解自己的人是明智的、聪明的。"认识你自己"本是希腊德尔斐神庙门楣上的箴言,西方哲学的奠基者苏格拉底却将其作为自己哲学原则的宣言。

一、自我认知

你是否问过自己诸如"我是谁""我是怎样的一个人""我喜欢做什么""我擅长做什么"此类的问题?当我们像看着一个陌生人一样观察自己,你会对自己说出哪些你认为的特质、特征、性格和兴趣爱好?在自我探索的过程中最重要的就是了解自己具有的特质,不论好坏都能够自我接纳,知道这是自己的一部分;其次能通过情绪认知,了解如何与不同的情绪共处,并找到自己纾解情绪的方式;再者就是通过了解自己的价值观来检视哪些方面是自己所重视的。每个人的家庭背景、成长环境不同,造就人们内在的价值观也大相径庭,但还是有些价值观或欲望是大众普遍重视的,希望学生能够通过厘清价值观来了解自己所重视的价值观,进而学会衡量自己的人生观。

> ⚙ **精训勤练**
>
> 结合《职业发展与就业指导行动手册》模块二单元一的"课堂训练 评估你对自己的了解程度",评估自己的自我觉察与认知能力。

(一)自我的含义

新时代的年轻人乐于主张"自我",那经常挂在嘴边的"自我"又是什么呢?简单来说,我们可以从以下三个方面进行理解。

（1）物质我。物质我包括最内层的身体，接着是衣物、亲族、家庭、财产、创造物等。

（2）社会我。社会我包括友伴的认可、尊重、注意，亲友之赞美或荣誉及名声等。

（3）精神我。精神我由一个人的内在与主观部分构成，包括心理倾向、思想、感受和行动的意识。

（二）自我概念的形成

人们了解自我、树立正确的自我意识及职业上的自我概念主要可以通过以下四个方面进行。

（1）自我评估。自我的理解和认知可以是通过一些测评工具获得的，或是纯粹主观对自己的看法。人们透过自己的感官知觉、情绪反应与外显行为来认识自己，了解自己的外表、兴趣、能力等设计自我期望能达到的自我形象。

（2）他人反应。我们由他人对自己的反应能感受到自我的特质与能力，想象别人对自己的看法，尤其是重要的他人（如父母等）的看法，这对我们的自我概念的影响力更大。

（3）社会比较。与他人进行比较也是发展自我概念的方法，我们常常通过与别人进行比较来评估自己的表现。

（4）文化影响。文化的期望与标准常在不知不觉中影响我们对自我的看法。当表现出所属文化所期望的行为时，我们会认为自己是成功的。

无论我们通过哪些方面来了解自我，一定要记住一个非常重要的概念，即自我并非与生俱来的和一成不变的，自我是通过后天的生活经验与学习过程塑造而成的。在塑造的过程中，自我评估、他人反应、社会比较与文化影响等都是重要影响因素，而这些因素会随着我们年纪的增长、生活阅历的丰富或社会经历的积累不停地变化与成长。

因此，个体自我概念的形成是一个连续不断的动态过程，一方面，随着年龄的成熟，我们本身的认知能力也逐渐成熟；另一方面，我们在与社会环境互动的过程中，会不断地产生交互作用，建构出自我的世界观和自我生命的意义与价值。于是，自我与环境两者的交互作用使个体逐渐形成自我概念。在大学时期，我们能更加独立地思考，自我概念会相对扩大，由于性别意识的提升和生理成熟度的增加，自我概念的发展相对更容易受到社会文化与同级团体的影响，所以大学时期是对自我探索与理解的关键时期。

总的来说，个人的觉知、意见、能力、态度、价值观等共同组合而成为具有独特性的"我"。

精训勤练

结合《职业发展与就业指导行动手册》模块二单元一中的"课堂训练 构建生涯故事"，通过讲述生涯故事从不同角度思考自己的人生故事（从不同的侧面认识自己）。

二、自我认知的策略

乔哈里窗由美国社会心理学家乔瑟夫（Joseph）和哈里（Harry）于1955年提出，也被称为"自我意识的发现–反馈模型"。根据"我自己知不知道"和"别人知不知道"，乔哈里窗可以分为"公开我""盲目我""隐藏我""未知我"四个部分。乔哈里窗说明一个人的自我认知与行为举止和他人对自己的认知之间，在有无意识中会形成差异，由此展示出四个区域（图2-1-1）。

图2-1-1　乔哈里窗

（一）公开区（open）

公开区——我知道，别人也知道的信息（别人跟自己都知道的相关信息）。例如，基础信息、学历、工作、外表，或具体行为可展现的技术或能力等信息。我们可以此为出发点来梳理自己被公开认知的优劣势，更多地在优势领域发挥，规避劣势领域。

需要注意的是，公开区的认知都是真的吗？还是只是我们被贴上的标签呢？而这些标签真的是我们需要的吗？如果不是，那需要做出怎样的调整和改变？随着跟他人渐渐变得熟悉，大家对我们的理解更多，这个区域也会扩大。在生活与工作中，每个人的公开区越大，人与人之间的沟通就会越顺畅，不容易产生摩擦和误会，并且可以加深人与人之间的信任，增进人际关系。因此，"公开我"是我们在人际相处中最关键的一个部分。

（二）盲目区（blind）

盲目区——我不知道，别人知道的盲点。可能包括一些很明显的心理特征，或者一些小动作、口头禅、行为习惯等，来自别人对我们的观察或反馈。"盲目我"可能会是一个人的优点或缺点，是需要他人告知或者自我觉察才会知道的一些性格上的特质。例如，当你与别人沟通时，是否无意识地皱眉，我们看不见自己脸上的微表情，但是对方却获得皱眉的直接信息，而产生不同的感受。又或是当你紧张时，你会产生什么样的小动作呢？别人可以通过动作感知你的情绪。

盲目区是自己不知道但别人知道的部分，那怎么才能知道别人知道的那部分呢？我们可以把他人当作镜子，来看清真实的自己。达到这样的效果有两个方法。一是通过观察别人的反应和态度来反观自己。二是主动寻求反馈。例如，可以问身边的人："在你眼里，我是一个什么样的人？""与我交往你有压力吗？""我这样表达你有什么感受？"。盲目区的大小与自我观察、自我反省的能力有关，如果你是一个比较擅长自我觉察的人，盲目区就会比较小。

（三）隐藏区（hidden）

隐藏区——我知道，别人不知道的秘密。这块区域可能有一些隐私，即个人的秘密或不愿意让别人知道的事情。一些兴趣嗜好、一些不愿意太随意与人分享的事情或梦想，都有可能是隐藏区的内容。在与人越来越熟、互动越来越多，或信任程度越来越高的时候，我们会开始向他人说自己的事情，在这个过程中隐藏区会慢慢变小。

我们可以通过了解自己隐藏区的信息，深入思考隐藏这些信息的原因，觉知潜意识深处的信息，在与人沟通时可以进行适当的自我揭露，也就是在沟通时可以把自己的信息适当地透露或显示给他人，恰如其分地自我显露，能够快速拉近彼此的距离。适度的自我隐藏是正常的心理需求，但当隐藏的部分过多时，可能会影响你与外界的有效交流或形成被动的人际关系。因此，隐藏区变小代表人际关系的信任度相对提升。

（四）未知区（unknown）

未知区——我不知道，别人也不知道的潜能。这个区块是有待挖掘和发现的部分，因为人的潜能是无限的。我们可以通过一些训练或者启发学习得到一些知识或能力，在一些特定的情形中展现出来。

未知区是他人和自己都不知道的区域，这个区域隐藏着我们的潜能，等待着我们进一步开发。对未知区的探索和开发，能帮助我们更全面而深入地认识、发展、超越自我。通过尝试一些全新的领域，挖掘未知潜能，会让我们看到不一样的自己。

三、人际关系的改善

我们在使用乔哈里窗时，四个窗口不用分成四个相同区块。大多的性格可能会在"公开我"或者"隐藏我"，因为都是自己知道，并且比较明显外露的行为或表现。"盲目我"部分的特质一定要尽量公开，"盲目我"是别人知道自己不知道的部分，是自己的盲点。我们要愿意倾听别人的想法，接受他人对我们的建议。

如果你有与人沟通或相处的困扰，那么"盲目我"和"隐藏我"的区域是比较大的，即处于"待改善状态"[1]（图2-1-2），若想要改善人际关系，我们就要努力拓展"公开我"的面积，让自己多被旁人更多地了解，努力达到"理想状态"[2]（图2-1-3）。当别人看到更开放和真实的你，对你的了解程度增加，对你的好感程度也会增加，或

---

[1] 待改善状态——第1窗口"开放我"是最小的，而第3窗口"隐藏我"是最大的。这种状态说明你尚未开放自己，或未与人交流，也可能代表还没有机会表现出来。对于第2、4窗口较大的部分，则代表我们对自己的了解还不够。
[2] 理想状态——第1窗口"公开我"尽量延伸为最大，第3窗口"隐藏我"尽量小，愿意开放自己与人交流。"公开我"越大，自我了解越多，别人对自己了解得越多，会对我们自身越有利。

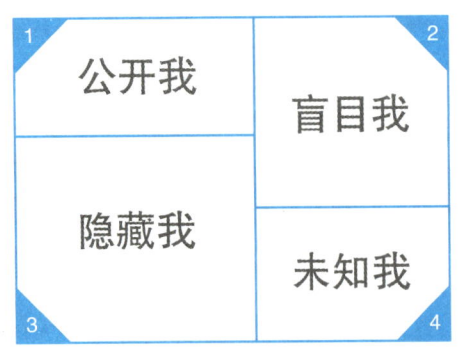
图2-1-2 待改善的乔哈里窗

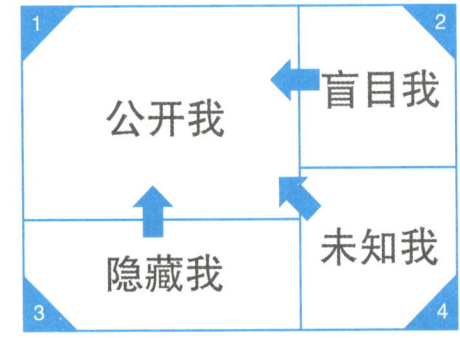
图2-1-3 理想状态的乔哈里窗

是更愿意增加与你来往的频率跟深度。换言之,我们关注的重点是要尽量拓展"公开我"的面积,去突破一些自己的盲点,也让自己愿意更开放,展现真实的自我,使更多的人了解自己,从而改善人际关系。

综上,通过改变自我的认知,这四个窗口就会发生变化。因此,我们可以通过积极改变自己,来充分地了解自我,以下提供三个方法。

(1)开放心胸,自我坦诚,让别人更了解自己,减少"隐藏我"。

(2)多与他人交流,通过他人的反馈,多了解别人眼中的我,增加对自己的了解,减少"盲目我"。

(3)积极尝试新事物或培养新兴趣,通过多方面探求,发展更多的可能性,减少"未知我"。

认识自己的过程可能是复杂而困难的,也可能是痛苦的。因为你可能会发现一个并不完美的自己,但要学会接受自己,正因为不完美才能让人生过得更完美。我们要通过积极行动,多尝试未曾参与过的、具有挑战性和困难的活动、事务,进而知道自己的能力与极限。因为人对陌生和未知的事物有恐惧心理,所以限制了我们的行动。我们要勇于对这些未知发起挑战,去迎接一个新的自我。例如,一直很羡慕别人画画,与其羡慕,不如尝试参加个培训班学习一下。你会发现其实很多障碍是自己给自己设的,而且自己并不是想象得那么差。

你的自我认知越清晰,越能发现自己真正感兴趣的是什么,哪些东西能让自己产生动力并坚持不懈,自己的优势和不足在哪里,什么才是自己最重要的。只有发现了这些,才能给自己制定一个清晰的奋斗目标和奋斗路径。

➡ 任务挑战

任务说明

请同学们完成《职业发展与就业指导行动手册》模块二单元一中的"单元任务 找到'未知'的自己"。

通过本任务,帮助同学们学习运用乔哈里窗的方法,从而更加深入地理解和认识自我。

单元二　重构发展兴趣

➡ 知识解码

《论语》有云："知之者不如好之者，好之者不如乐之者。"兴趣是人们内心动力和快乐的来源，对职业的发展有驱动作用，它可以调动人的全部精力，促使人深入钻研、进行创造性的工作和学习，促进能力的发挥。职业生涯有了兴趣的力量可以走得更长远。

一、兴趣认知

何谓兴趣？心理学家伍尔曼（Wolman）在《行为科学词典》中给出定义，兴趣是"一种持久的态度，包括对某事物或活动视为重要的感觉，并对该事物或活动带有选择性的注意"。另外，兴趣经常被理解为个人对某一事情、事件、事物或想法，感到有兴趣或趣味的心理状态。作为一种活动，兴趣的分类非常多元，因人而异，有静态类，如阅读、听音乐、创作等；也有动态类，如运动、爬山、摄影、旅游等。

兴趣是学习的动机，在可做自由选择时，它会促使个体甘愿从事某些活动。在生涯发展过程中，兴趣往往是启动我们行动的重要动力来源之一。如果能认清自己的兴趣、特质，同时积极发展更多元的兴趣，进一步思考如何能将兴趣发展与职业生涯结合，则更有可能取得职业生涯成功。

二、霍兰德理论及应用

（一）霍兰德理论

在20世纪，心理学家认为个人的心理特质与职业因素相匹配，职业指导专家约翰·霍兰德（John Holland）提出的职业兴趣理论就是为了评测个人兴趣与职业匹配所发展而来的，一直被应用至今。

霍兰德认为人的人格、兴趣与职业密切相关，职业兴趣与人格之间存在很高的相关性。他根据工作兴趣将人分为六种类型。

1. 实际型（R）

实际型的人适于从事使用工具、机器并需要一定技巧、力量和协调性才能承担的职业，如技术性职业（计算机硬件人员、摄影师）、技能性职业（电工、司机）。这类型的工作较多运用到某些设备或工具，处理与物接触的问题比处理人际问题还重要，如工程施工中的环境、器械操作或维护等。

关键词：循规蹈矩、谦恭、自然、害羞、直率、现实、执着、稳重、诚实温和、实用、节俭。

2. 研究型（I）

研究型的人适于从事包含较多认知活动的职业。这类人擅长运用心智能力去观察、分析、推理，如科研人员、医生等，喜欢与符号、概念、文字或抽象思考有关的活动。从事研究型的工作需要具有逻辑思考能力，对数据进行分析或运用抽象的思考能力来解决问题都是常用的工作方式。工作形态偏向静态与独立。

关键词：分析、好奇、内向、精算、严谨、独立、条理、理智、批判、书卷气、谦和、内敛。

3. 艺术型（A）

艺术型的人适于从事包含着大量自我表现、艺术创造、情感表达及个性化活动的职业，如画家、音乐家、设计师等。艺术型的人喜欢借助文字、声音或色彩等来表达内心想法和对美的感受，喜欢富有创意的工作环境，偏向跳跃性思维，具有直觉性和对美的事物的敏锐度，有时多愁善感、浪漫，内心的情绪比较丰沛，易激发灵感进行创作。

关键词：复杂、理想化、冲动、不顺从、情绪化、想象力丰富、独立、本色、善于描述、不实际、直觉、无条理。

4. 社会型（S）

社会型的人适于从事包含着大量人际交往内容的职业，如教师、外交官、咨询师等。从事社会型的工作需要对人的感知较敏锐，能察觉别人的感受，在团体中，乐于与人交流、沟通与合作。社会型的人喜欢的工作氛围强调人类的核心价值，愿意开放自我，快速融入群体中。

关键词：善于说服、慷慨、思想深刻、善于社交、合作、助人为乐、仁慈、世故、友好、理想主义、负责、理解。

5. 企业型（E）

企业型的人适于从事包含以影响他人为目的的语言活动的职业，如管理人员、销售人员、律师等。从事企业型的工作需要经常与人交流，力图达成双方的共识，交流涉及的内容广泛，以促成合作、交易、绩效为目标。这类型的人偏向多元兴趣，重视升迁、说服力或推销能力，强调自信与决策能力。

关键词：敢于冒险、乐观、承担风险、雄心勃勃、精力旺盛、自信、吸引他人注意力、冲动、受欢迎、善于社交。

6. 常规型（C）

常规型的人适于从事包含大量结构性的、规划较为固定的活动的职业，如会计、银行职员、行政人员等。常规型的工作一般呈现出具有规律性、流程性和标准性的内容，如数据记录、仓储盘点、财务记账、文书归档与管理等。从事常规性的工作需要注重纪律和规划，管控进度，与人有一定程度的沟通与交流。

关键词：严谨、保守、条理、内敛、一致、效率、执着、自我约束、清醒、顺从、实际、有板有眼。

霍兰德所划分的六大类型并非并列的，他以六角的模型（图2-2-1）来诠释彼此的关系。

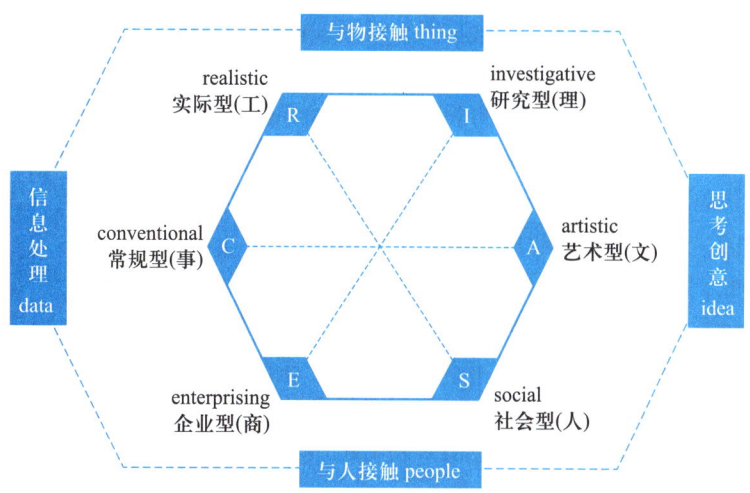

图 2-2-1　霍兰德所划分的六大类型

六种类型的相互关系可以从三个方面来看。

（1）一致性。分数最高的两个类型若在六边形上距离最近，则表示其心理上的相似度最高。一致性高的个体更容易从工作中满足所有的需求，而一致性低的个体则需要注意工作中无法满足的需求，需要通过别的方式进行补充，从而保障工作的积极性。

（2）分化性。分化性指六种类型之间的差异程度。高分代码与低分代码之间的差值小于 8，则分化性水平低。分化性水平高，表示六种类型中个别类型特别突出；分化性水平低，则表示六种类型差别不大。

（3）适配性。适配性指的是个人类型与环境类型匹配的程度。人与环境的匹配程度高，如 I 型从事 I 型的工作，其工作效率、生活满意度都相对较高，可以最好地发挥个人的潜能。当 I 型从事 E 型的工作时，人与环境的匹配程度较低，工作效率会下降。

根据霍兰德的假设，适配性在一定程度上可以预测个人的职业发展趋势。人在职业中的行为表现是个人特质和环境共同作用的结果。霍兰德类型论提供了一套很好的理论工具，使人们更容易在理解代码含义的基础上理解不同类型人的需求。行为背后都有动机，霍兰德理论在行为之外直观剖析不同类型人的动机来源，从根本上理解行为背后的深层原因，借此解决行为层面的问题。

精训勤练

结合《职业发展与就业指导行动手册》模块二单元二中的"课堂训练　重温你愉快的回忆"，梳理有关个人兴趣的代表性事件，提升自我觉察力。

（二）霍兰德理论的应用

根据霍兰德的理论，个体的职业兴趣可以影响其对职业的满意程度。当个体所从事的职业和他的职业兴趣匹配时，个体的潜在能力可以得到彻底的发挥，工作业绩也更加显著。

霍兰德职业兴趣测试是现有的最权威的测试类职业导向分析之一，通过测评获得的自身兴趣的三个代码与霍兰德职业代码对照表匹配后，就可以此结果作为职业规划。在霍兰德职业兴趣测试的帮助下，个体可以清晰地了解自己的职业兴趣类型和在职业选择中的主观倾向，从而在纷繁的职业机会中找寻到最适合自己的职业，避免职业选择中的盲目行为。尤其是对于大学生和缺乏职业经验的人，霍兰德的职业兴趣理论可以帮助人们做好职业选择和职业设计，成功地进行职业调整，从整体上认识和发展自己的职业能力，职业兴趣是职业成功的重要因素。

然而，我们必须特别注意：一方面，随着工作世界的巨大变革，职业岗位属性和工作内容因信息技术与互联网的介入而发生变化，如果我们对于职业岗位的属性定义只是片面地参考三个代码，而不深入去理解工作实质需要处理的内容，则可能会错失许多机会；另一方面，兴趣并不是一个不变的定数，我们会因为生活环境的改变，以及接触不同的人和事物，从而发现很多新奇的或过去没有机会接触的事情，产生新的兴趣。

可见，兴趣可以通过有意识地发展和学习而产生。虽然了解目前自己现有的兴趣很重要，但并不是把它作为一个有限条件，执意期望必须匹配上职业代码。

我们身处乌卡时代，行业产业正在快速变化与迭代，社会需要的人才和职岗也随时在改变。当我们应用霍兰德职业兴趣测试找到自己的三个代码后，需要更深入地去了解这个三个代码对自己而言，如何真正体现在我们的生活中；同时，对于没有出现的三个代码，我们更需要思考和寻找一些线索，我们是完全没有机会接触，还是对于这些类型不熟悉？所以，霍兰德职业兴趣理论很经典也很重要，但在后现代生涯建构论下，我们应该开阔我们的思维，重新检视我们对兴趣的认知，更积极地拓展自己的兴趣范畴。大多数人在进入大学时，才有更多的机会和时间去尝试一些过去没有机会接触的事物，所以，不要让霍兰德代码阻碍或局限了尝试新事物、兴趣的思维，要给自己留出无限的可能性。

品文酌例

如何理解职业兴趣代码

余小鱼今年大三，专业是商务俄语，在校期间，辅修电子商务。余小鱼个性热情、有众多爱好、爱交朋友，平常的爱好是跳舞，还获得过省级中国舞比赛奖项。她在暑期参加过实习，实习内容有互联网营销、KOL（关键意见领袖）及竞品分析，平常也喜欢找朋友探讨一些微型创业的机会，或者和同学尝试一些新的工作。

余小鱼测出来的三个霍兰德代码是ASE，她的舞蹈兴趣表现在A，个性热情、爱交朋友表现在S，对于商业、创业方面的思维表现在E。

甲公司是一家国内知名的智能电器制造公司，现在正在招聘一位市场营销的策划人员。工作内容包含品牌宣传、市场调研、产品营销策划、营销活动策划、自媒体营销等工作。在面试阶段，甲公司出了一份考题，希望余小鱼策划一个品牌与健康议题结合的营销活动，并以活泼、有趣的下午茶形式开展，活动内容需要包含主题规划、落地执行方案、活动流程、市场族群定位等。策划这次活动所需要的工作内容与霍兰德代码如表2-2-1所示。

表 2-2-1　工作内容与霍兰德代码

序号	工作内容	代码	序号	工作内容	代码
1	创意思维	A	8	活动流程管理	R、C
2	表达技巧	S、E	9	团队协作	S、A
3	活泼、感染力	S、E	10	沟通与谈判	S、E
4	策划能力	A、C	11	冲突解决	S、A
5	活动规划与执行	C、R	12	执行力	R、C
6	市场调研	I、E	13	问题解决	R、E
7	产品调研	I、E	14	时间管理	R、C

依据表 2-2-1 所呈现的工作内容和霍兰德代码，我们发现，如果想要胜任这份工作，余小鱼在发挥自己 ASE 的优势之外，还需要提升 RIC 的能力和经验。所以，如果只是关注自己仅有的代码，而不去扩展其他的能力，那么反而窄化了自己对职业的选择和机会。

总而言之，我们可以通过各种日常活动的回忆和总结，去探索、去假设、去挖掘更多的可能性。例如，我们曾看过的电视节目、动漫，关注的主题、热点，参加过的社会实践等，从中找出和没有出现的代码的关联性，探索自己更多的可能性。

三、斜杠生涯的建立

《纽约时报》专栏作家麦瑞克·阿尔伯（Marci Alboher）在撰写的书籍《双重职业》里首次提到"斜杠青年"这个名词，因为她发现身边不乏有人会用"斜杠"（slash）来介绍自己。例如，一位新闻记者介绍自己是"新闻记者/神经外科医生"，或者一位心理咨询师介绍自己是"心理咨询师/瓷器修复师"。"斜杠生涯"的核心不在于多重收入，也不在于多重职业，而是体现在多元兴趣和专业能力的多元生涯发展。如果兴趣不在你的主要事业上，则可以考虑扩展个人"兴趣"来检视生涯发展上的新定位，借着建立、发展及转化兴趣，我们可以灵活地把个人职业和兴趣做适时的配搭，以体现在生涯地图上，投入有意义的参与。

可以通过以下六种方式来尝试发展兴趣与职业的组合。

（1）投资模式。将自己的零用钱或打工赚来的收入拨出一部分投入自己坚持的兴趣上，有助于自己持续发展。例如，喜欢摄影的人可以存钱买一台好的相机；喜欢设计衣服的人可以参加设计培训。

（2）补偿模式。人们在现有的工作上未能获得满足感，但会运用下班后的时间发展补足生活的意义，投入嗜好，建立工作以外的趣味。例如，虽然不是以摄影为工作，但是可以在周末假日与摄影社团结伴去户外采风，拍摄作品获得生活满足。

（3）双轨模式。日常工作与兴趣各自分开发展，建立多元身份及探索截然不同的发展途径。例如，从事医护工作，但平时喜欢写文章，在微博平台上分享自己在工作和生活上的经历，培养"粉丝"。

（4）加值模式。通过日常工作得到的知识与技巧可以帮助兴趣持续发展，同时有助于工作技能的提升。例如，高校辅导员对生涯知识感兴趣，通过学习掌握相关知识后既可以指导学生，又可以向生涯咨询师方向发展。

（5）合一模式。集中投入发展自己最感兴趣的事，将兴趣发展成事业。例如，喜欢摄影就投入摄影行业，让自己成为专业的摄影师。

（6）增润模式。个人平常没有特殊的喜好，但会从日常工作中发掘乐趣及意义。例如，从事运动器材销售工作，并从中找到自己喜欢的运动类型。

发展兴趣活动可以成为促进我们为生涯发展做出个人抉择的重要资源。一方面，我们以兴趣相关或从兴趣中发掘的自我能力为核心角度，选取"横向性"的生涯探索及发展，并非以单一兴趣与工作结合为抉择个人未来发展的唯一准则。另一方面，若以坚持兴趣为核心"纵向"发展，则可持续地把初步培养的兴趣发展成为终其一生的爱好，坚持花上多年时间持续稳定地参与及接受训练，而逐步成为理想的兴趣为导向的工作。例如，一位平常非常喜欢化妆、造型的女孩，持续投入培训、练习、实习、参赛，最终结合个人兴趣及工作，成为知名的化妆造型师。近年，我们常常听到"达人"一词，即对某一方面专精的造诣者，如手工达人、音乐达人、烹饪达人等，他们拥有深度专注与非凡毅力的"达人精神"。因此，如果我们真的对某项事物或活动有兴趣，则我们应该深度学习，从而为个人累积可转移生涯发展的能力，开创多元人生，促进个人建立积极正面的事业身份，并投入有意义的参与。

> 💡 **深思明辨**
>
> 兴趣与生涯发展有什么关联？

四、兴趣与职业的关联

一个人职业兴趣的提升是需要巩固和培养的。兴趣的产生和发展需要经历一定的过程，一开始会由"有趣"产生好奇心，这是产生兴趣的第一个阶段，但它往往短暂易逝，非常不稳定。处于这一阶段的兴趣有可能随着这种新奇感的消失自然地逝去。如果这个新奇感能持续下去，则会把我们带入第二阶段，即"乐趣"阶段，它是在有趣定向发展的基础上形成的。在"乐趣"阶段中我们的兴趣变得专一与深入，慢慢形成一种自身的技能或行为。再更深一层就进入了"志趣"阶段，它是兴趣发展过程中的第三个阶段，当我们把兴趣与社会责任感、理性、奋斗目标结合起来时，乐趣便变成了志趣。志趣具有社会性、自觉性和方向性，是取得成功的根本动力和重要保证。

（一）寻找兴趣联结

事实上，多数人的择业与就业方式多种多样，并非一定经由缜密的匹配才去工作。有的人是被别人安排的，有的人是自己主动找到的，有的人是无心撞上的，有的人是被迫从事上的，很多就业来自机缘或被动选择。即使如此，我们也会对这些工作产生喜爱之情。我们刚开始从事某份职业的时候，可能没有什么感觉或毫无兴趣，但是随着从业时间的持续和职业技能的提高，我们会对这份职业赋予新的意义。进一步说，当我们能够在这些职业上取得一定的成就时，我们对这份职业的兴趣就会大大提升，甚至可能觉得是一份使命。所以，只要我们专心地、深入地从事某种职业，就会发现它有一种使我们倾心投入的魅力。

（二）扩大延展职业关联兴趣

我们在选择职业时，不要只是单一地解读职岗的名称后，就以"没兴趣"否定了机会。如果我们不能深入了解工作内涵和实际需要的技能，将职岗名称片面地从表面来解读，就算霍兰德代码匹配上了，最终在实际工作时，也会造成不适应的状况。因此，我们在就业前熟悉的职业种类越多，对职业的性质了解得越细致，你的职业爱好就会越广泛。职业爱好越广泛，你的择业动机就越强，择业范围也会相对更宽广。

（三）提升自我格局和社会责任感

"爱一行、干一行"还是"干一行、爱一行"？事实上，影响我们对于择业的满意度的因素很多，兴趣并不是唯一指标，所以单凭"喜不喜欢"来择业不科学也不合理。当我们还没有选择到自己满意的职业时，就必须尽快调整职业期望值，适应就业环境，在不理想的职位上培养职业爱好，干出一番理想的事业来。同时，我们也肩负着必要的社会责任，需要提升自我的生涯格局。

（四）实现兴趣专业化

如果我们真的坚持想把兴趣作为职业的唯一选择，那么最基本的条件是我们是否能将兴趣专业化，而不是把兴趣视为娱乐。兴趣专业化即把兴趣变为我们的才干。才干一般是指我们最拿手、最擅长的某些知识或技能。在通常情况下，才干与兴趣有着互相推动的效应，即兴趣产生才干，才干助长兴趣；同时才干也能产生兴趣，兴趣又会强化才干。

总而言之，在职业选择与规划时，一方面，我们尽量关联自己的兴趣，形成良好的职业兴趣品质；另一方面，也要衡量自己感兴趣的专业能力与职业的匹配度，并保持职业兴趣的相对稳定。首先以自己所拥有的才干，即擅长的知识和技能去选择职业作为第一维度，然后根据自己的才干适应职业的状况来择业，这样做形成的结果往往更趋向于"职得其人、人适其职"的最佳状态。除了顾及兴趣的发展，人们还需要具有强烈的社会责任感。兴趣只有与社会责任感结合起来上升为志趣，才能真正成为成就事业的动力。

本模块开篇"情境导入"案例中的于敏在面对所学非第一志愿的专业时，一方面可以在学习过程中深入了解专业的内涵、发展现状、就业前景，学会适应，唤醒自己对专业的兴趣；另一方面可以充分利用学校的资源平台，通过辅修、自主学习、社团活动等方式开辟第二通道，提升自己的能力和素质，为成为"斜杠青年"做学业准备。

➲ 任务挑战

任务说明

请同学们完成《职业发展与就业指导行动手册》模块二单元二中的"单元任

务 破解你的霍兰德代码"。

通过本任务，同学们能够利用霍兰德职业兴趣测试工具了解自己的兴趣类型，从而明确自我的兴趣方向，澄清行动方向。

单元三　提升职业能力

➡ 知识解码

"天生我材必有用"，如果人们能将自己独特的天赋充分发挥出来，那么每个人都可以是出色的。能力是一个人进入职业生涯的先决条件，是影响工作效率的重要因素，能力探索可以帮助我们认识自身能力，更好地发挥优势能力，实现自我价值。

一、能力认知

（一）能力的含义

能力是完成一项目标或者任务所体现出来的综合素质，也是一个人完成某项工作任务、从事一定社会实践活动的本领。不同的人在执行任务或活动时表现出来的能力有所不同，直接影响任务执行的效率与结果。对于能力的含义，可以从两个方面来理解：一方面是指个人到目前为止所具有的知识、技能，另一方面是指个体的可造就性或潜力。

（二）能力的检视

我们可以从两个方面来检视自己的能力。

（1）我们已经发展出来或可以具体表现出来的实际能力。例如，大学生在学生会里可能会执行一些任务，像学生会宣传部是一个展示学院风采的窗口和平台，因此在执行任务过程中可以具体表现自己策划、文字表达等能力。

（2）潜在能力，即在可预见的未来可能发展的能力。潜在能力是一个抽象的概念，它只是各种实际能力展现的可能性，只有通过学习和实践才有可能变成实际能力。

潜在能力是实际能力形成的基础和条件，而实际能力是潜在能力的展现。

高智商、高学历与高成绩并不等于高能力。我们在学校学习的专业知识固然重要，但是能否将专业知识转化成可执行和应用的能力更重要。例如，有的学生决定考公务员，那就整天都看公考参考书；有的学生想要做会计，就将所有精力投入这个领域的学习中。但专业知识其实只是一种工具，最终的落脚点在于如何应用所获的知识去实现高效价值——这正是能力的体现。

因此，在大学学习时，我们需要意识到，职场生存需要的并不只是专业技术和知识本身而已。例如，行政管理需要的不仅是管理的专业知识，还需要良好的沟通、表达、整合能力；市场企划需要的不仅是营销的专业知识，还需要组织协调、沟通、企划、调查分析能力等；产品研发需要的不仅是专业知识，还需要消费者研究、团队协作能力。

（三）职业能力

在 3A[①] 科技环境下，一切变化相当快速，任何技能都需要顺应大环境产业的发展，有些行业正在逐步消失，而一些新兴行业和职岗正在顺势而起。随着信息化、自动化发展，一些传统产业将会受到很大的冲击。对此，我们必须要学会主动观察变化和趋势。

若只是在学校里面学习专业知识技术，那么对于大多数的年轻人来说并不需要三年。此外，现在是网络时代，很多课程可以在线学习。大学不仅仅是学习程序设计、营销、护理等知识和技术，更重要的是在这基础上锻炼出思考能力和学习能力。因此，大学生应吸收多元知识，形成良好的知识结构，学会观察世界和社会，拥有良好的思辨能力，而后在成长过程中自然就能形成职业能力。所谓职业能力是从事一定的职业需要的能力，主要包括职业特定能力、职业通用能力和职业核心能力三个方面。

1. 职业特定能力

职业特定能力是从事某一具体职业所应具备的工作能力。每个具体的职业、工种和岗位领域都需要一定数量的职业特定技能。例如，钳工、车工应该达到的五级能力标准。因此，职业特定能力又叫专业能力、专业技能。

2. 职业通用能力

职业通用能力是每个领域或行业存在的一定数量的通用能力，其适用范围涵盖整个行业领域，可以叫行业通用技能。例如，现代酒店业的客户服务技能等。

3. 职业核心能力

职业核心能力则是从事任何职业或行业工作都须具备的、具有普遍适用性的能力。这些能力的适用范围更大，可以说是全覆盖，是所有从业者都必须具备的最根本、最基础、最关键、最核心的能力。

长期以来，大多数人特别重视职业特定技能的学习与训练，想要通过训练让自己掌握一门技术、一种技能，但对于职业核心能力的练习却有所忽视。实际上，职业核心能力的应用范围远大于职业特定能力，它们是具有共性的技能和知识要求。职业核心能力往往是人们职业生涯中更重要的基本技能，具有更普遍的适用性和更广泛的迁移性。因此，职业核心能力又被称作"可迁移能力"。

从职业能力的构建来说，每个职业都包含三种类型的能力模块，其主要成分是自身特定的能力模块，其次是可与其他职业通用的基本能力模块，再次就是与所有职业基本要求相一致的核心能力模块。核心能力模块是所有职业共有的，能适应岗位不断变换，是伴随人终身的可持续发展的能力。

> **✿ 精训勤练**
>
> 结合《职业发展与就业指导行动手册》模块二单元三中的"课堂训练 夸夸你自己"，列举自己所拥有的职业能力并尝试分类。

---

① 3A 是 automation（自动化）、analytics（安全分析）和 artificial intelligence（人工智能）的简称。

视频连线：提升职业能力

二、能力的发展

自我是持续发展的进程，其中对自我的认知、兴趣、能力等都会因外部因素与环境交互而形成一系列动态的发展。所以，能力也是动态的、发展的。

（一）挖掘自我优势

挖掘自我优势的方式主要有以下三种。

1. 理性列出自己的长处和短处

在对自我能力评估的时候，许多人不是高估就是低估自己的实力。例如，对性格上的认知，内向和外向哪一个是优势？其实这两个性格特征并没有好坏之分，只有在具体的情况中才会体现出优势和劣势。对于性格内向的人来说，在写文章时内向的性格就是一种优势。对于从事商务拓展工作的人来说，经常要跟人打交道、谈生意，这时候就需要变得外向，平易近人，并具有与人沟通交谈的能力。

所以，我们在评估能力的时候，需要把实际情境和能力做结合，优缺点在很大程度上取决于具体情况、我们的价值观，以及目标、兴趣和环境因素的混合。因此，理性与客观地列出自己的优势与劣势，除可以帮助自己发挥能力外，还可以客观地面对与调整需要补足的劣势。给予这些优缺点量化的指标可以帮助自己了解不同的程度。例如，给予 1~5 分的评估，"1"代表非常不熟练，"5"代表非常熟练。相比强/弱或会/不会的二分法，这种量化方式会让你得到一个更贴切的评价结果。

2. 在尝试和失败中获得学习

随着年龄增长，我们通过与外部世界的互动积累了较多的经验，而一个具备自我意识的人在遇到挫折或障碍时会有更多的思考，想去探究自己的表现和结果之间的联系。我们应时刻思考自己应该用哪些方法，以及明确哪些行为能跟外部世界产生良好的互动关系。

挫折与失败有时候是构建长期成功的基础。例如，当在恋爱关系中感受到失败之后，我们就能够学会承受和放手；当被老板解雇后，我们就应该了解到自己能力的不足及需要修补的地方。当说话无法引起别人的兴趣时，我们就应该意识到自己口才技能需要调整。通过对失败的反思和探索，我们变得更加有能力识别未来的危险，并能够把这些教训吸纳到我们的行事体系当中，以便自己从曾经的损失中看到收获。

如果我们缺乏自我意识，那么就很容易在失败的过程中看不到这些教训反而陷入自责和自我放弃学习机会。所以当你遭遇挫折与阻碍时，一定要懂得运用自我反思与正向思维做自我提问，如"我可以采取什么应对措施去改变这个不好的结果？""我还缺乏哪些技能、知识和实践经验？""我可以从什么地方学到这些技能、知识和实践经验？"

请记住，如果你能够给予失败足够的关注，就可以早早地找到自己身上那些导致失败的弱点。当挖掘出每次失败中可以改善的地方，我们就能够知道自己的不足。

> **深思明辨**
> 大学期间我们可以通过哪些方式提升自身的职业能力？

3. 持续不断地重新审视自我

随时认识"新"的我是人生中非常重要的事,因为自我探索是一个终身持续的行动,在生命中的不同时期和阶段我们会有不同的状态和能力。通过不断地回顾自己的优势和劣势,我们慢慢就会发现,其实并没有所谓的真正优势和真正劣势。有时,在不同的时机里,我们长年积累的经验和能力会融合成某种独特的技能,转变成我们独有的优势属性。

只有通过不断行动和实践、反复地回顾自我的成长和改变,才能真正地看到能力的提升。例如,当想提升社交能力、改善口才时,我们应该积极参加某些活动,身处其中就会了解自己的反应方式,以及和周围环境的互动效果,从而获得对自己的清晰的能力评估。值得注意的是,我们可以通过持续参与活动来练习自己的社交和沟通能力,而不是经过一次自我差评后,就把这个能力列为无法挽救的缺点。

通过上述三种方式,人们能够识别自己的长处和短处,从而知道怎么解决自己的问题,找到自己的发展方向。

> 识物善用

三圆技能定位法

同学们在不断认识自我的兴趣爱好、性格特质、能力倾向的基础上,可以通过一些引导性的方法找到自己的个人定位。其中,关于技能定位可采用三圈技能定位法(图2-3-1)。

(1)你喜欢做的。无论能力高低,也无论他人如何评价,你依旧乐此不疲的事情有哪些?无论是在工作中,还是在生活中,你喜欢做的事情都有哪些?

(2)你擅长做的。无论你是否喜欢,你擅长的技能有哪些?相对于周围的人,你在哪些方面有很好的表现?

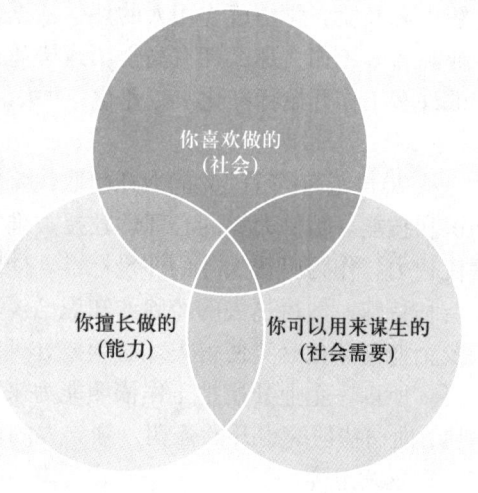

图2-3-1 三圆技能定位法

(3)你可以用来谋生的。哪些事情可以满足你生存的需要?假如有一天走投无路,你可以用来谋生的技能有哪些?

在三个圆中填写相关内容,看一看有没有同时出现在三个圆里面的(兴趣+能力+社会需要),这些内容就是你的核心竞争力。

同时出现在两个圆里面的内容通过努力也可转化为你的核心竞争力。

(二)开发自身潜力

在我们的职业生涯中,潜力的开发越来越被人们所重视,因为它与我们的职业生涯成功和再成功有非常密切的关系。大多数人并非命中注定不能够成功,如果发挥了足够的潜力，那么任何一个平凡的人都能获得自我职业生涯的满足与成就。

潜力、潜能均可以指潜在的能力，即个人能力发展的可能性，在外部环境或教育条件许可时，这种可能性可以通过一定的经验发展成为现实能力。科学家发现，人类贮存在脑内的能量大得惊人，而人类平常只发挥了极小的大脑功能，如果能发挥一大半的大脑功能，那么就可以轻易学会10种以上的语言、背诵整本百科全书、获得数个博士学位。任何成功者都不是天生的，成功的根本原因是背后无数的努力和拓展延伸的自我潜力。

我们受教育的目的是希望成为国家社会的人才和实现自我生涯目标，但高智商、高分数的毕业生并不一定都是国家、社会、企业所期望的人才。真实地理解人才的定义，通过自我的学习成长开发自身潜力，就会有用不完的能量，我们的能力也会越来越强。

（三）明确人才标准

人类在不同时期有不同的选才标准。

1. 第一个时期看体力

几千年来，身体优势一直是最重要的选才标准。从建造金字塔、修建运河、御敌打仗到农作收割，人们都会挑选最强健的人去完成任务。

2. 第二个时期看脑力

到了20世纪，智商成为选才（尤其是"白领"人才）的主要标准，人们看重的是智力和经验，学历成为用人的评估依据。如果要找到工程师、会计师、律师，甚至企业高管等工作，那么拥有高学历或毕业于名牌大学的人的成功率相对较高。这个时期的许多工作开始标准化、专业化；过去的表现好坏，成为未来绩效的最佳指标。

3. 第三个时期看能力

从20世纪80年代起，能力开始取代脑力。能力指的是与工作表现有关的某些态度、知识和技能。哈佛大学的心理学教授戴维·麦克利兰（David McClelland）主张以能力取代智力，作为筛选人才的评量标准。同时，随着科技演进、产业汇流，工作愈来愈复杂和特殊，使得过去的经验和知识已经不足以应对日新月异的变化。社会环境的复杂及企业全球化趋势使得人才必须要处理的问题更复杂也更多元，此时情商比智商更重要。所以，企业开始把工作依照能力来划分，在选才时，除了智力和技能，还要看特质；而一些研究也开始强调，领导人的情商其实比智商更重要。能力至上的选才思维一直延续至今。

4. 第四个时期看潜力

面对3A科技环境，许多基础性的工作已经可以被机器人所取代，国家、社会和企业对人才的需求趋向于高潜力和高认知，只有这样的人才才有能力处理更复杂的任务。所以，我们正迈入人才策略的第四个时代，也是迎向人才策略的新时代，选才的关键从聚焦在知识和能力转变为潜力优先。

潜力是适应不断变化的经营环境，并让自己胜任愈来愈复杂的角色的能力。因为市场、产业、组织和工作形态都在快速、剧烈变动，根本不可能预测未来会需要哪种能力，所以潜力就变得非常重要。企业在选才时，必须找出能够学会新知识、新技巧来适应变动环境的人才。

在乌卡时代，潜力人才的特质有动机、好奇心、洞见、参与和决心。

（1）动机。动机被置于首位是因为它不容易改变，而且通常是潜意识的流露——这是一种质量。如果某人的动机总是只考虑利己，那么这个人根本不会改变也不愿调整。

（2）好奇心。好奇心是个体学习的内在动机之一，个体寻求知识的动力是创造性人才的重要特征。具有好奇心的人遇到新奇事物或处在新的外界条件下，会产生注意、操作、提问等行为倾向，渴望获得新体验、新知识及别人的反馈，以开放心态学习和改进。

（3）洞见。具有洞见力的人总是能够深入全面地进行思考，并运用批判性思维看待问题，通过整合与收集来准确理解新信息后，推演出能够针对性解决问题的能力。

（4）参与。参与指善于运用感情和逻辑进行沟通，能够说服他人并与他人建立联系，传达具有说服力的愿景与格局，促进他人参与合作，实现双赢目标。

（5）决心。决心指面临挑战或在逆境中受挫时，依旧能坚持为达成目标而努力，通过自身的逆商（AQ）能力从逆境中爬起。

每个人的潜力都是无限的，然而能发挥多少全看如何认识自我、战胜自我、超越自我。有的人能充分发挥自己的潜力，能成功，主要是因为他能始终保持积极的心态来面对一切的挑战。我们应以积极的心态看事情，不以消极的心态做事情，因为积极的心态激发潜能，消极的心态抑制潜能。

➡ 任务挑战

> **任务说明**
>
> 请同学们完成《职业发展与就业指导行动手册》模块二单元三中的"单元任务 分析并发展职业核心能力"。
>
> 通过本任务，帮助同学们评估并找到自己的职业核心能力，结合未来的目标职岗，引发对发展能力方法的深度思考。

单元四　树立正向职业价值观

➡ 知识解码

由于个人的身心条件、年龄阅历、教育状况、家庭影响、兴趣爱好等方面的不同，人们对各种职业有着不同的主观评价。价值观指向我们内心最重要的观念，是我们决定行为和方向的驱动器。

一、价值定向

有一个人成了当地的首富，人们向其母祝贺的同时问道："你有这样的儿子，一定十分自豪。"这位母亲说："是的。不过我还有一个儿子，同样让我骄傲，他现在正在地里播种稻米。"在这位母亲看来，富豪与农民没有贵贱之分，只要孩子对社会和国家有贡献，就值得自豪。这就涉及一个人的人生价值观如何体现的问题。

价值观体现在人们赋予事物的重要性、优点或者使用性。人们可以从崇拜的人物的特征上发现自己具有什么样的价值观。古人讲"三岁看老"，价值观在一个人的童年早期开始形成，到成年的时候相对稳定。但当人遇到一些重要的事件时，价值观会发生一些改变。

人生本身即是一种价值形态。价值观可以是人活着的一种行为取向，是人有意识的选择与追求。人生价值观念通常与外部环境（包含社会、经济、政治和文化结构）密切相关。就每个人来说，价值观念首先来自我们所生存的社会体系中，它会提供给群体某种价值观念和生活目标，鼓励并引导他们去完成社会所期待的事业。人作为自然与社会的共同产物，个体的价值取向必须符合社会总体的基本价值目标。

然而，在现实生活中，不同的人对价值的认定和选择是不一样的，不同的人往往会有不同价值目标的追求。至于什么样的价值目标是可取的，能够使人生真正具有意义，这就涉及人生价值的定向问题。

个人生涯的价值可以从两个方面体现：一是通过社会劳动达到个人需求的满足，二是个人充分发挥对社会整体的责任和贡献。我们认为，在这两个方面中，前者是基础目标，后者是根本目标。原因在于，从马克思主义理论出发，社会是人们共同创造的，每个人只有创造、贡献出集体价值，个人的权益和需求才能满足，个人的生涯价值才能充分实现。

在实践中，个人价值选择和定位的过程并不是一次完成的。因为人生的发展会经历不同阶段，社会在变，时代在变，个人的需求和对需求的认识也在变，人生的价值目标或多或少也会有一定程度的调整。所以，人们必须不断地根据已经变化了的条件来确立自己新的生涯目标和价值锚点。在这个变化着的世界中，我们要学会适应社会的变化，学会不断完善自己人生价值的定位，使之更加符合社会的要求，符合我们自身的发展状况。

当想要实践自我人生价值观、把理想变为现实时，我们需要付出实际的行动，只有靠实实在在的实践与奋斗才能达成理想。路虽远，行则将至；事虽难，做则必成。在实现人生价值的过程中，人们或多或少会遇到来自方方面面的挑战、困难、阻碍等。从这个层面上来说，人生就是一个努力不懈、奋斗升级的过程。

许多人在面临职业选择时，核心的冲突经常来源于价值观的矛盾，当鱼与熊掌不可兼得时，重要性的选择需要依赖我们的价值体系来调适和决定。如何理解和澄清自己的核心价值观，树立生活的重心，看清心中真正渴望的目标，是我们生涯规划中很重要的步骤。

二、职业价值观

在全球化浪潮下，工作无疑占据人们生活相当大的比例，但工作对于每个人的意义不尽相同，为生活而工作（work for life）抑或是为工作而生活（life for work），取决于个人工作价值观的内涵,工作价值观驱使个人做出对工作的选择与定位。俗话说:"人各有志",当这个"志"体现在职业选择上的时候,就是职业价值观。

我们可以理解为职业价值观主要体现在职业选择上,是展现人生目标和人生态度的具体表现,也是一个人对职业目标的追求和向往。职业价值观具有明确的目的性、自觉性和选择性。例如,如果一个人追求的职业成功是自我价值的实现,那么他就会选择最能发挥自己特长的职业;如果一个人的职业目标是实现财富、成就和名利,那么他在选择职业时,就会优先考虑目前所选取职业的地位和薪资收入。

为什么在进行职业选择时要考虑价值观?原因有如下三点。

(1)价值观在人们的生涯发展中往往起到极其重要的、决定性的作用。

(2)一个人越清楚自己的价值观,越了解自己在工作和生活中想要寻求什么、什么对自己来说是最重要的,他的生涯发展目标也就越清晰。

(3)当我们的职业选择存在矛盾冲突或妥协与放弃时,常常也是出于价值观的考虑。

舒伯在1962年完整地阐述了职业价值观的结构理论,将职业价值观划分为三大类,分别由内在价值、外在工作价值和外在报酬三个维度构成,并据此开发出共计15种职业价值衡量因子(表2-4-1)。

表2-4-1 职业价值观列表

序号	职业价值观	工作的目的或价值
1	利他主义	为社会大众谋福利
2	审美	使世界更美好,增加艺术气氛的重要性和加深人们的感知程度
3	创意	发明新事物、设计新产品或发展新观念
4	智能激发	能独立思考、学习与分析事理
5	独立性	能以自己的方式及步调进行工作
6	成就感	能看见自己工作的具体表现,并从中获得精神满足
7	声望	致力提升个人身份名望,并且声望来自他人的敬佩
8	管理权力	策划并分配工作给他人
9	经济报酬	可获得优厚酬劳,从而购买物品满足己欲
10	安全感	能使生活有所保障,不受经济景气影响
11	工作环境	在不冷、不热、不吵、不脏乱的宜人环境下工作
12	与上司关系	能与主管平等且融洽共处
13	与同事关系	能和志同道合的伙伴愉悦共事
14	变异性	能尝试不同内容、富于变化的工作
15	生活方式	能选择自己生活方式,并自我实现

综观大多专家学者对职业价值观的分类,我们大致将其分类为内在价值、外在价值与附带价值三大类。内在价值方面有独立性、自我实现与成长、成就感、创造力、

利他主义等；外在价值方面有安全、经济、地位等；而附带价值方面则有升迁、工作环境、与上司关系、与同事关系等。这三大类职业价值观为我们对职业的基本需求定了一个选择框架，我们通常会依照这个框架去做出符合自己需求的职业决定。

职业价值观是个人从事工作所持有的信念，是用以评断工作相关事物、行为或目标的准则，它可以反映个人的需求及偏好，并引导个人对工作的态度倾向及行为表现。所以，定义自己在职业上的价值观，询问自己"在工作上，什么对你来说是最重要的？"它既能在我们拼搏事业的过程中发挥重要的作用，又能确立我们的事业目标和达到目标的途径，还能给我们提供无形的动力，从而实现职业梦想。

精训勤练

结合《职业发展与就业指导行动手册》模块二单元四中的"课堂训练　厘清价值观"，通过价值观清单，澄清自己的职业价值观，为未来的职业选择建立锚点。

知识链接：
社会主义核心价值观

大学生的职业理想选择不仅仅关系着自身事业成败和人生道路，更是关系着中华民族伟大复兴、后继有人的大事。当代大学生是理想远大、奋发向上、能够担当重任的一代，在人生目标确立的过程中，我们要践行社会主义核心价值观，做到"三个联系"：理想联系现实，对理想有追求，要认真思考与自主把握，坚定自己理想奋斗的信念；职业选择联系职业理想，在选择职业时不为眼前的物质诱惑所左右，择业不可功利；个人理想联系社会理想，每个大学生都应该承担一定的社会责任，大学生要将个人意愿和需要与国家发展需要紧密联系在一起。

知识链接：
红岩故事两则

品文酌例

洪家光：毫厘之间　精心雕琢

洪家光始终秉持"国家利益至上"的价值观，以实干践行初心，在生产一线创新进取、勇攀高峰。航空发动机被誉为现代工业"皇冠上的明珠"，其性能、寿命和安全性取决于叶片的精度，洪家光潜心研究叶片磨削加工的各个环节，自主研发出解决叶片磨削专用的高精度金刚石滚轮工具制造技术，经生产单位应用后，叶片加工质量和合格率得到了提升，助推了航空发动机自主研制的技术进步。

凭借该项技术，洪家光荣获2017年度国家科学技术进步二等奖。在工作岗位上，他先后完成了200多项技术革新，解决了300多个生产难题，以精益求精的工匠精神为飞机打造出了强劲的"中国心"。

洪家光以国家级"洪家光技能大师工作室"和省级"洪家光劳模创新工作室"为平台，先后为行业内外2 000余人（次）进行专业技能培训，亲授的13名徒弟均成为生产骨干。他先后完成工具技术创新和攻关项目84项，个人拥有8项国家专利，团队拥有30多项国家专利，助推航空发动机制造技术水平提升，积极为实现中国梦、强军梦、动力梦贡献力量。

三、职业锚

职业锚是指当一个人进行职业选择时，无论在任何情况下都不会放弃自我对职业中的至关重要的东西或价值观的追求，即人们选择和发展自己的职业时所围绕的核心。

职业锚一词是美国著名的职业指导专家埃德加·H. 施恩（Edgar H. Schein）在1978年《职业动力论》中提出的。施恩认为职业规划实际上是一个持续不断的探索过程。在这个过程中，每个人都在根据自己的天资、能力、动机、需要、态度和价值观等，慢慢形成较为明晰的与职业有关的自我概念。随着我们对自己越来越了解，我们会对自我的职业定向和选择明显地形成一种强烈的倾向，这就是我们的职业锚。

在现今多变且存在不确定性的年代里，我们职业的变化会随着环境改变而变动。如果我们变换了行业、职岗或产业，则可能会出现一种以职业锚为中心的职业状态，这是一种在内心深处对职业的要求和自我认知，即使没有机会去实践，也依然会存在。例如，一个具有艺术感和追求美的人，无论从事的职业是与数字打交道的会计，或是逻辑性强的程序工程师，在他的工作表现与行为上，仍会有不同程度对艺术的坚持与追求。具体可表现在记账的风格上，如具有强烈的规整感和美感、使用多色彩的分类模式；或者在写程序代码时，要求具有美感的界面设计或用户体验等。即使他不从事任何文艺类型的工作，也能强烈地展现对于设计与美的追求。

职业锚理论同时关注个人与组织的发展，所以，每个人都应该了解自己的职业锚是什么，以便对自我的职业选择做出更好的规划。职业锚可分为以下八种类型（图2-4-1）。

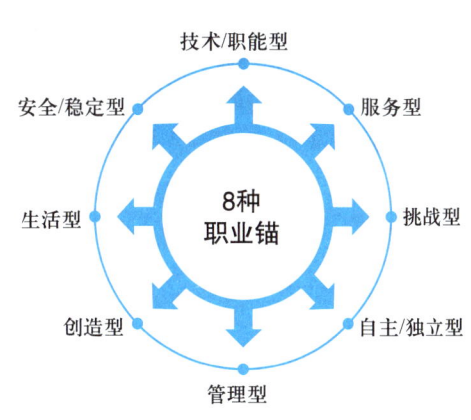

图2-4-1　八种职业锚

（1）技术/职能型。把职业锚定位于这种类型的人追求在技术、职能领域的成长和技能的不断提高，以及应用这种技术、职能的机会。他们对自己的认可主要来自于自身的专业水平，喜欢接受专业技术的挑战，喜欢从事一般的管理工作。

（2）服务型。把职业锚定位于这种类型的人追求自己认可的核心价值，如帮助他人、倡导环保等。他们一直在追寻这种机会，即使薪水很低也在所不惜。他们不会接受不能实现自己价值的职业，即使面对高薪酬和高职位的诱惑也不动心。

（3）挑战型。把职业锚定位于这种类型的人喜欢解决"不可能完成的任务"，战胜强硬的对手，克服无法克服的困难和障碍。对他们而言，从事某项职业的原因是工作允许他们去战胜各种困难，新奇、变化是他们实现终极目标的动力。

（4）自主/独立型。把职业锚定位于这种类型的人希望可以随心所欲地安排自己的工作方式、工作习惯和生活方式，能摆脱组织的限制和制约施展个人能力。

（5）管理型。把职业锚定位于这种类型的人以获得承担较大责任的管理职位为最终目标。他们通常具备三方面的能力：分析能力（在信息不完全及不确定的情况下发现问题、分析问题和解决问题的能力）、人际沟通能力（在各种层次上影响、监督、领导、操纵及控制他人的能力）、情感能力（在情感和人际危机面前只会受到激励而不会受其困扰和削弱的能力，以及在较大的责任压力下不会变得无所作为的能力）。

（6）创造型。把职业锚定位于这种类型的人以自己的能力创建属于自己的企业或完全属于自己的产品，整个职业发展都围绕某种创造性而努力。他们大多是创业者，可能正在别人的公司工作，但一旦感觉时机成熟，他们便会走出去开创自己的事业。

（7）生活型。把职业锚定位于这种类型的人希望工作环境能够平衡并满足个人、家庭和职业的需要，并且希望将生活的各个主要方面整合为一个整体。正因为如此，他们需要一个能够提供足够的弹性让他们实现这一目标的职业环境，甚至可以降低他们职业的一些要求，如薪水、职位。

（8）安全/稳定型。安全意味着所依托的单位具有安全性，有长期稳定的职业环境、有保障的工作、体面的收入及可靠的未来生活，而可靠的未来生活通常是由较高的退休金来保证的。

通过积累工作经验，我们方能慢慢稳定自己对职业锚的认知与理解。在我们尚未获得实际的工作经验之前，不容易界定自己的职业锚。换句话说，职业锚在某种程度上由我们实际工作所决定，而不是取决于潜在的能力和动机。同时，职业锚是自我发展过程中的动机、需要、价值观、能力相互作用后与自我价值观逐步整合的结果。职业锚是个人稳定的职业贡献区和成长区。但是，这并不意味着个人将停止变化和发展。我们在职业生涯的中、后期可能会根据变化了的情况，重新选定自己的职业锚。

任务挑战

> **任务说明**
>
> 　　请同学们完成《职业发展与就业指导行动手册》模块二单元四中的"单元任务 完成你的自画像"。
> 　　通过本任务，帮助同学们完成自我画像的绘制工作，以加深自我认知。

模块反思

课后评价

回顾本模块所学内容，在开篇表2-0-1"自评"列中对自己的学习成果进行评价，并与"自测"列的得分进行比较，分析分数变化的原因。

延伸思考

（1）如何发展自己兴趣类型中偏弱的部分？
（2）自己所学专业和未来发展与国家发展方向相结合的发展路径有哪些？

■ **效果检测**

提升素质能力　铺就职业坦途

▶ **模块小结**

概念	方法	工具
· 乔哈里窗 · 霍兰德兴趣类型 · 斜杠生涯 · 高潜力人才 · 可迁移技能 · 职业锚	· 运用乔哈里窗探索自我 · 评估自己的兴趣类型 · 找出自己的职业锚	· 霍兰德职业兴趣测试 · 三圆技能定位法 · 职业锚测评

模块三

讲求决策艺术 锚定职业目标

单是说不行，要紧的是做。

——鲁迅

▶ 模块路径

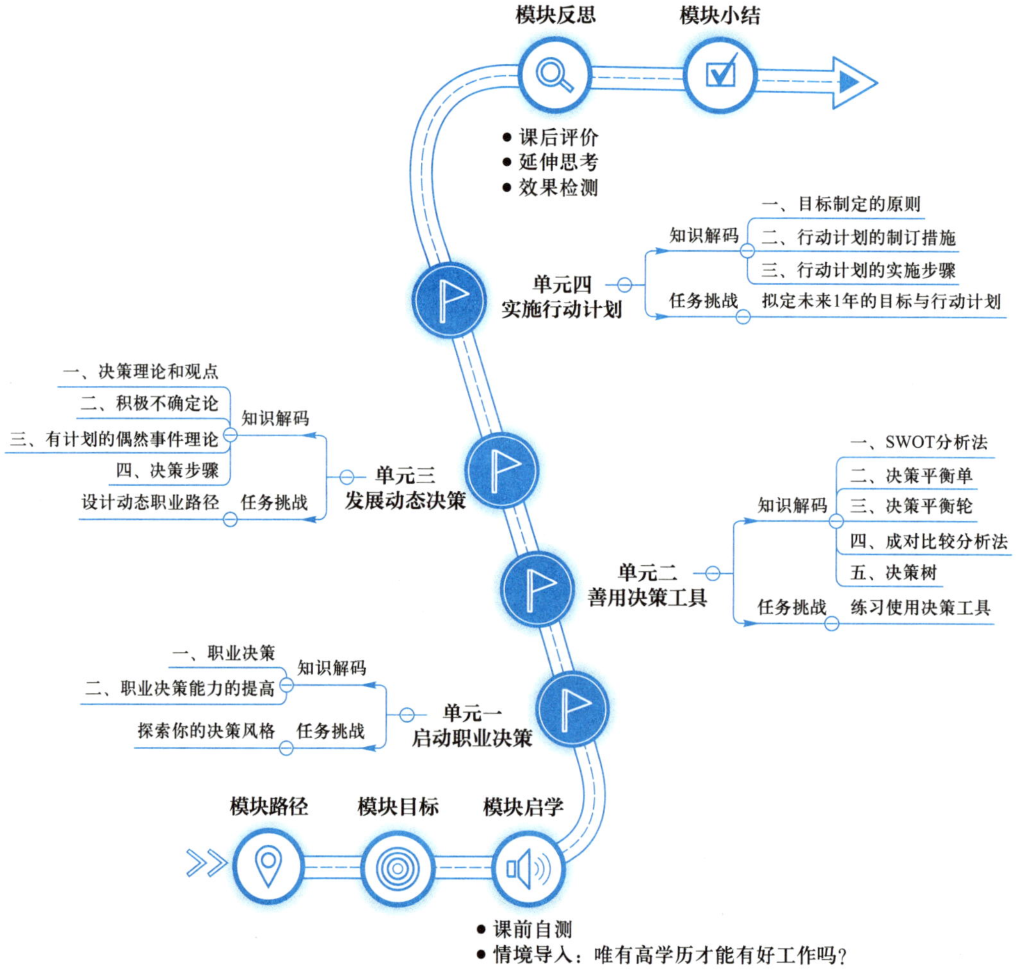

模块反思
- 课后评价
- 延伸思考
- 效果检测

模块小结

单元四 实施行动计划
- 知识解码
  - 一、目标制定的原则
  - 二、行动计划的制订措施
  - 三、行动计划的实施步骤
- 任务挑战：拟定未来1年的目标与行动计划

单元三 发展动态决策
- 知识解码
  - 一、决策理论和观点
  - 二、积极不确定论
  - 三、有计划的偶然事件理论
  - 四、决策步骤
- 任务挑战：设计动态职业路径

单元二 善用决策工具
- 知识解码
  - 一、SWOT分析法
  - 二、决策平衡单
  - 三、决策平衡轮
  - 四、成对比较分析法
  - 五、决策树
- 任务挑战：练习使用决策工具

单元一 启动职业决策
- 知识解码
  - 一、职业决策
  - 二、职业决策能力的提高
- 任务挑战：探索你的决策风格

模块路径　模块目标　模块启学
- 课前自测
- 情境导入：唯有高学历才能有好工作吗？

模块目标

知识目标：理解职业决策的含义。

能力目标：能够使用决策平衡单等决策工具进行科学决策；能够拟定恰当的目标和行动计划。

素养目标：培养动态决策的理念，提高行动力和执行力。

模块启学

■ 课前自测

在开始本模块学习之前，基于自身已有的知识和经验，认真思考表3-0-1中的问题，并在"自测"列就相关问题的了解程度进行如实打分（最高分为10分）。

表3-0-1 模块三学习记录表

题目	自测 （1~10分）	自评 （1~10分）
我可以理解职业决策的含义		
我能够使用决策工具进行科学决策		
我能够拟定恰当的目标		
我能够制订可执行的行动计划		
我可以列举本专业可能的职业方向和发展路径并提前采取行动		
总分		

■ 情境导入

唯有高学历才能有好工作吗？

在某高等职业院校读电子信息技术专业的大二学生张宁，其学习成绩一般，但个性开朗活泼、兴趣广泛，热衷于参加学校活动和社团，平常也会广邀同学一起组织学生会活动，暑期他还申请参加了"千名志愿者强百乡"文艺演出等。他认为，这样的活动既可以积累自己的社会实践能力，又可以满足自己喜欢参与节目、布置场地等兴趣的需要。

因为张宁的父母从商，家庭经济情况尚可，所以父母并不着急让他毕业后立马工作，而希望他能继续升学。但是张宁却想找一家公司做实习生，希望在毕业前能积累更多的工作经验。大二刚结束，父母就希望他积极为专升本做准备，或者补习英语，准备出国计划。张宁觉得自己的成绩不够理想，升学考试对他来说不是易事，要达到出国要求还需要补习英语，他没有兴趣花那么多时间在准备考试这件事情上面，他更希望毕业后直接就业，体验更丰富的生活。但父母一直劝说他专心准备考试，提升学历后再找工作会更有竞争力，他觉得也有一定道理。此时，他开始犹豫，一方面他争取到了一个管培生实习的机会，另一方面他也在思考父母给他的两个建议，即国内升学或者准备英语考试出国留学。面临这三个选择，他不知道该如何为自己做出一个正确的决定。

◎ 思考与探究

张宁的案例体现了他面对"高学历"和"父母期望"的迷茫。在职业规划里，学历是其中一项影响因子，同时我们也会面对父母"望子成龙、望女成凤"的期待。从张宁的案例中可以看到，他乐观进取、兴趣广泛，从他大学生活中，我们是否发现了张宁在能力或兴趣上的优势呢？尝试回答以下问题。

（1）在我们的职业选择上，学历和社会实践经验对你的影响是什么？你会如何选择？

（2）针对张宁面临的问题，你会给他提供怎样的建议？

单元一　启动职业决策

➲ 知识解码

对于每个人而言，若想取得事业发展上的成功，则确立明确的职业生涯目标是至关重要的，而这一目标的确立需要我们对自己的职业生涯进行科学的决策。职业决策（career decision making）是一个复杂的认知过程，要想做出有利于职业发展的决定，必须先了解职业决策的要素与方法。

一、职业决策

决策被视为人生的基本技能，它是一个过程，从收集信息开始，最后做出决定，并且由个人担起责任。决策不等于解决问题。在解决问题时，使用的解决方案没有主观色彩，决策过程则复杂许多，牵涉一个人的价值观、兴趣及技能。

不论在什么情境下，选择职业都少不了决策这个要素，也就是职业决策。职业决策是个体在职业选择和发展过程中抉择的活动。一个人在冒险或做出基本决策时的反应会受到个人性情的影响，有些人会感觉主导，有些人会犹豫不决，有些人会理性客观，有些人会依赖他人协助。做决定即在两个以上的选择当中做出抉择，任何决定都会受到三个因素的影响，即个人能力（可以做什么）、动机（想做什么）与情境（所处境况）。

（一）职业决策过程的障碍

影响有效职业决策的因素有很多，有些可能会使人们感到焦虑，降低最终做出最佳选择的信心。这些因素会影响自我认知与自我感受，使我们缺乏信心、误解决策流程或有不切实际的期望。

（1）信息因素。信息缺乏、过多或有误。

（2）经验和信心因素。欠缺知识或对职业决策技巧缺乏信心。

（3）个人因素。个人存在敌意、焦虑、价值、兴趣与能力相冲突，缺乏拟订执行计划所需的技巧，社交角色太过复杂，专业兴趣太多或太少。

（二）影响职业决策的因素

人们无时无刻不在做决策，小到今天吃什么，大到人生岔路的选择。越是重要的决策越需要审慎对待。狭义上，职业决策是从几个职业选择中选择一个的过程，这意味着职业决策中包含三个要素：明确的目标、确定的几个方案、最终的决定。这一过程受到诸多因素的影响，更需要我们运用科学的方法做出明智的选择。

（1）遗传和特殊能力。性别、外表、智力、个人天赋等在某种程度上影响个人生涯。

（2）学习经验。每个人在成长中都积累了无数独特的学习经验，影响了未来的职业选择。

（3）环境和重要事件。例如，家庭的社会经济条件和家庭期望在很大程度上影响个人的求学和发展方向。

（4）任务取向的技能。个人面对问题时表现出来的习惯、能力、心态、情感等叫作任务取向的技能。不同的反应会产生不同的结果。

🛠 精训勤练

结合《职业发展与就业指导行动手册》模块三单元一中的"课堂训练 找出影响决策的因素"，通过回顾过往的决策经历，分析哪些因素对决策结果产生了重要影响。

二、职业决策能力的提高

（一）职业决策风格

风格是指不同的人在做事方式上所表现出来的偏好。职业决策风格是指我们在面对职业决策情境时所表现出来的行为偏好和心理倾向，它反映了一个人在职业决策过程中习惯性的反应模式。一般而言，职业决策风格不仅会受到个性特征、任务和环境的影响，还可能会因年龄的增长、阅历的增多、环境的改变等而发生变化。

职业决策风格的类型通常与四个方面的因素有关，即做决定的快慢、做决策时是否依赖他人、做决策时对信息的掌握程度、决策过程中是否犹豫不决。每一种职业决策风格都具有多方面的特征，为了更好地进行区分，学者丁克里奇（Dinklage）按照个体决策时对自己和环境认知的多少，总结出常见的四种职业决策风格。

1. 冲动型

冲动型职业决策属于风险型决策或不确定性决策。带有这种职业决策风格的人不愿意思考太多，往往基于第一想法做出决定，或选择第一个能够得到的选项，从而不再考虑其他的选择或进一步收集信息进行比较分析。由于缺少必要的思考与调查，人们容易在其他更好的机会来临时后悔，决策风险较大。冲动型职业决策出现的原因可能是基于人的性格，也可能是出于对困难的回避，不愿意花时间和精力去探索。

2. 直觉型

直觉型职业决策即根据感觉而非思考来做决定，常忽略外在因素，容易产生先入为主的偏见。在紧急情况下需要快速决策时，这个策略很有用。它一般适用于人际关系、社交场合或情绪高涨的情况，在这些情况下决策者无从得知事实，或者事实朦胧不明、不完整。然而，如果只是因为不想花力气收集所需的信息而采用直觉型职业决策，那么也可能产生负面结果。当重要情况牵涉情绪因素时，人们很难区分究竟是直觉还是个人的偏好喜好，所以如果有信息、有时间可以重新考虑，就应该重新考虑。

3. 计划型

计划型职业决策既倾听内心声音，也考虑外界因素，从而明智地做决定。它涉及了解需求与感受，考虑外在回馈与信息，理性地评估不同选项的成本与效益。这种职业决策方法需要花较多时间收集信息、探索、试验，仔细地考虑细节，提出问题，寻找答案，这些答案有助于预见问题，并且更有效地执行决策。计划型职业决策不见得总是最好的选择，因为可能需要花很多时间和精力，而许多决定其实没有重要到需要这样大费周章，有时信息也可能无从取得。将这种职业决策与其他决策策略并用效率较高。

4. 顺从型

顺从型职业决策指依赖他人做决定而不是独立地做决定，这看起来似乎是最简单的一种，因为它是交由他人来做决定。如果结果不是太重要，则这种方式可以节省时间与精力。许多人在做决定时（如在团体决策的情况下）会妥协。有些情况则需要在充分了解后做出依赖型的决定。例如，医师建议动手术，病人可能会想寻求第二意见，或者请医师巨细无遗地解释建议动手术的理由。病人知道自己的医学知识不足以做这样重大的决定，因此必须部分或完全仰赖医生的判断。在其他情况下，如果因为害怕负起全责或不愿意花精力来研究不同的选项而仰赖他人做出决策，那么这样的决策可能会对自身不利或产生不良结果。

每一种职业决策风格都没有绝对优劣，但是，我们希望你能够在充分了解自己和环境的基础上果断做出职业决策。如果不能做到，就要有意识提高自己的职业决策质量。

（二）职业决策的障碍

职业决策之所以困难，往往是因为受到两种心态的影响。一种是"生涯不确定"，即有一部分人因为不了解职业兴趣和自己的状况，所以无法进行职业决策。另一种是"生涯犹豫"，它往往由个人特质引起的，如个人兴趣和能力有差异、个人偏好与社会期待有冲突、非理性信念的桎梏等。

大学生在就业方面的困难不完全是能力或兴趣问题，更多是难在选择，也难在决策。现实生活中，我们发现许多人无法做出选择的原因可能是期望过高，想要满足的东西太多，却不知道什么才是自己最在乎和最重要的。这类人似乎有很好的知识储备，对自己也有足够的自信，但是总觉得应该还有"更好"的在等自己。他们总是不断地期望能做一个人生中最"正确"的选择，但是试问，这世界上什么才是最正确的？如果我们不经由行动积累经验，那么如何知道什么才是最正确合适的呢？

有些人做了大量的测验去了解自己的兴趣、价值观和技能，但不能对各种信息进行整合与延伸，只单纯相信"匹配"论。测验只是协助我们了解一个基本方向的工具，更重要的是将这些信息经由自己的经验发展后，做出更符合当下大环境的合适的行动，而不是被动等待"命中注定"的降临。还有些人则是对自己的能力取向、兴趣取向都知之甚少，他们盲目地相信周边权威人物的决定，太过依赖别人为自己做决定，无法为自己做出最合适的选择，被动接受指派，但是又不满意这个决定。另外一些人对自我和职业都比较了解，但受"好工作就是待遇好、舒适的工作"等错误观念的影响，而在职业决策过程中消极退缩。

（三）大学生职业决策困难的原因

1. 缺乏对外部环境的觉知与理解

我们在进行职业规划与选择时，首先要了解外部的大环境与行业的趋势，因为行业趋势影响岗位的需求。大部分大学生在封闭的校园里学习，对大环境经济情况、产业趋势和岗位需求的情况知之甚少，这是目前大学生在择业时的一项挑战。现在很多企业或用人单位更希望录用对工作主动热忱、对其公司文化有所了解或有一定相关经验的人。因此，大学生要主动了解职业、岗位信息。

2. 缺乏成为专业职业人的正确观念和认知

当我们在校园里的角色是学生时，努力学习和考试高分是身为学生的基本责任。但当我们开始进入社会，成为一名职场人士时，会出现许多观念上的冲突和不理解。观念的差异反映出我们的行为与实际理想也出现了某种不一致性。这种情况会导致选择与行为上的冲突状态。所以大学生在进行职业决策时要考虑重要因素之间的矛盾，如职业兴趣与能力的矛盾、自身能力与职业要求的矛盾、能力与薪资期望的矛盾、职业认知与工作时间的矛盾等。

造成这些矛盾产生的原因主要是没有认清自己的期望、需求与现实差异，缺乏调整心态与适应实际工作形态的方法，以及没有认知和平衡心理特征与职业要求的关系。在求职过程中，人们都希望求得工作地点优越、工资高、工作条件好、职位理想的工作，而现实的情况是，越是经济发达的地区人才越拥挤，毕业生想找到合适的工作越难。有些大学生缺乏艰苦创业的精神，表现出求闲怕苦的心理，这种择业观使他们对众多的就业机会熟视无睹，甚至对一些很好的就业机会也无动于衷。如果我们对职业的选择缺乏科学的分析与理性的思考，短视近利，只看到工作的环境和条件，而不能正确分析环境条件，这样的择业与决策就容易丧失未来职业发展的机会与资源。

3. 缺乏自我认知与合理期望

"人贵有自知之明"，自我认知一直是进行职业决策的一个重要前提。这里说的自我认知并不是简单地来自测评后的结果，而是指对自己的过去、现在和未来有一个清楚的脉络，尤其是对现在的自己有合理的期望，同时清楚掌握想要发展未来的方向和规划。

自我认知较差的人会由于缺乏对自身清晰的认知，在就业时显得比较盲目，决策时的困难也相对较大。无论对自己有过高或过低的期望，都会给自己造成压力或不满足的状态，从而容易在择业或就业时出现反复与不稳定，或对自己不自信等状况。因此，持续加强对自己的认识是生活中非常重要的事，大学生除努力学习外，还要在生活中尽量扩展自己的兴趣、尝试接触自己不熟悉的人事物，给未来的自己更多的空间和可能性。

4. 缺少职业规划

当面临毕业时，不少大学生在多家公司之间来回奔波，不停地投递简历、参加面试，耗费了很多时间和精力，但最后做决策时，又开始犹豫或举棋不定，心中没有衡量的标准或对未来发展的方向，这些都会形成无效决策。

或许有人认为职业规划对自己的生涯或择业帮助不大，然而对那些自我专业发展不满意或没兴趣的大学生而言，职业规划十分重要。生涯是一个动态的状态，而人也不是一成不变的，我们可以通过科学规划的方法，对自己将要从事的行业、职业做一个方向性的定位，同时针对未来自己的发展有意识地积累经验和资源。

另外值得注意的是，职业决策中还存在一些非理性信念："一生只有一次选择，我必须找到完全匹配的工作""我要找到那个完全符合理想的工作""作为女生我必须要找一份稳定的工作"等。这些非理性信念的不合理之处在于绝对化思想的束缚，将个人选择局限在狭小范围之内，既不符合当今工作实际的发展趋势，也不符合人们生活的变化轨迹，最终阻碍人的健康发展。

（四）大学生提高职业决策能力的方法

为了减少在择业过程中所面临的各种职业决策困难，大学生可以通过选修生涯课程、阅读相关书籍、参加社会实践活动、参加生涯辅导、参加心理咨询等方式来应对这些决策上的犹豫和不确定，也可以通过以下三种具体方法，来帮助自己提高决策能力。

1. 掌握产业信息，拓宽职业视野

大学生要尽可能多地增加社会阅历，给自我搭建各种平台，丰富自身的社会经验和职业经验。例如，改变搜索信息的方式和内容，现今互联网的信息广泛，专业的产业报告已经是比较普及且重要的信息来源，尤其要充分利用国家主管部门、学校就业指导机构发布的信息。大学生平常应重视教学实践和社会实践的机会，加深对职业和社会的了解；参加学校组织的供需见面会、招聘会及供需信息交流活动，或通过直接到目标单位自荐、寄发求职信、请亲友协助等方式收集信息。对于收集到的信息，应注意筛选、鉴别，获取有价值的信息，促进就业成功。

2. 树立正确的职业价值观

人生不同角色中，工作者角色几乎占据人生大半的时间，职业价值观不只是影响职业选择，长远来看更是影响着我们的职业生涯发展和工作心态。所以人们要通过参加职业辅导对自身的择业心理进行调适，树立正确的职业价值观，修正不合理的心理倾向，实现合理择业，兢兢业业地做好专业的职场人士。

爱岗敬业体现的是公民热爱、珍视自己的工作和职业，勤勉努力、尽职尽责的道德操守。任何一个社会的保存和发展都是以其成员勤奋工作、创造价值为前提的。职业会随着时代的变化而不断改变，谁能抓住机遇，谁就有可能获得更好的发展。不要幻想和要求第一次选择的就业岗位就是十全十美的，有些岗位现在看起来条件不太好，待遇也不丰厚，但却很有发展前途，在这样的岗位上坚持不懈一定会有好的未来。对所有人来说，只要把未来放在自己抓住机遇、艰苦奋斗的基础上，不做不切实际和不劳而获的梦想，端正自己的职业价值观，定能取得最终的成功。

3. 提升自我认知的水平

一个人的自我认知水平越有限，其想法就越单一，越缺乏判断力，人就会表现得越封闭与缺乏弹性。因此当遇到人生或职业问题时，我们所能提供的对策很少，甚至误认为这是无法解决的问题。反之，当我们的自我认知水平提高，见识得多、读到得多、经历得多、有独立思考能力时，我们就会获得越来越多的知识和经验，自我认知就会越丰富、越饱满，在同样的问题面前便不会执着于一种答案，而是有几种可能的答案。

提升自我认知水平是一生持续探索与发展的过程。职业决策并不是只有在择业或找工作时才发生，它伴随于我们成长的道路上，是在不同年龄阶段、不同情境下一连串平衡的选择。在面临职业抉择时，我们可以向自己提问，从答案中一步一步了解自己。例如，可以通过向自己提出一系列问题来逐步确定自己所面对的外在环境机会：我最有希望的前景在哪里？我是否尽了一切努力来让自己朝它靠近？什么样的培训和再教育能够让我增加更多的机会？高学历是否能够增加我的就业优势？技术和市场的变化、政府政策的变动，以及社会形态、人口状况、人们生活方式的变化是否会给我带来机会？

通过将个人优势和机会相结合，能够协助我们清晰地分析出自己选择这项职业是否具有相对优势，从而做出最优的职业决策。同时，通过向就业指导老师、专业人士寻求帮助，都能有效帮助自己提升自我认知水平。

☕ 品文酌例

如何选择职业方向

某高等职业院校生物环境学院2023届毕业生邓梓寒在接受访谈时谈到自己的求职规划，他如是说。

"通过三个月的实习我做出了一点成绩，所以在职业方面，我的首选是教师，其次是公务员或者是一些其他的企业的职位。

"就业地区的话，我是海南人，我想回到家乡，因此更倾向于在海口、三亚或者儋州这几个城市就业。

"优势的话，我认为我胆量比较大，比较擅长与人打交道，能很快适应新环境，另外，我特别喜欢运动，各式各样的都会一点。

"我觉得教师跟其他职业最大的区别就是能收获荣誉感。例如，本来底子比较薄的学生通过我们开展的有效教学成绩有所提高，这种油然而生的成就感，是从内在的精神上或者心理上给我们的一种无与伦比的满足。"

从案例中我们可以看到，价值观、兴趣、能力等都会影响职业目标的确立，对自己的认知越清晰，越容易确立目标。

4. 增强职业规划意识和能力

合理设计自己的职业生涯是迈向成功的第一步。提前做好职业规划可以减少就业焦虑与情绪波动，使生活与工作的效率更高，更易获得成就，从而更好地实现职业理想。大学生在职业规划中需要具备动态的职业观念，增强职业规划的自主意识，学习职业规划的方法，培养自我探索的技能。在自身不断努力学习的同时，大学生一方面要加强对社会各个行业工作内容的认知；另一方面要多参加实践活动，了解用人单位的工作内容，拓宽自己的眼界。大学生应从自身专业、兴趣、特长出发，挖掘自我潜能，探索发现新的具有潜力的职业机会，确立自己的职业发展蓝图。

做好职业规划可以帮助大学生更好地找到学习的动力。职业规划是学业规划的指挥棒，每个大学生都应将自己的职业规划和学业规划结合起来进行，从大一入学就开始进行职业规划探索，结合规划目标制订适合个人发展的学习路线和学习计划，以确保顺利完成学业、成功实现就业。

➲ 任务挑战

> **任务说明**
>
> 请同学们完成《职业发展与就业指导行动手册》模块三单元一中的"单元任务 探索你的决策风格"。
>
> 通过本任务，帮助同学们反思并发现自己决策中存在的问题。

单元二　善用决策工具

➲ 知识解码

决策工具可以帮助我们在做选择题时提升判断速度，也可以理性地评估与衡量，以尽量维持决策的正确性。本单元将分别介绍几种常用的决策工具，并说明使用方法。

一、SWOT 分析法

视频连线：
巧用 SWOT
轻松定决策

SWOT 是英文单词 strengths（优势）、weaknesses（劣势）、opportunities（机会）、threats（威胁）的缩写。其中优势和劣势是对内在个人因素的评估，而机会和威胁则是对外部环境因素的评估。通过 SWOT 分析法，个体能够综合自身的优势和劣势，认清周围的职业环境和前景，做出最佳决策。图 3-2-1 是一个简单的职业目标决策的 SWOT 分析模型。

填完 SWOT 分析模型，人们还需要针对列出的每一项优势、劣势、机会、威胁想出相应的应对策略（图 3-2-2），这样才是完整的 SWOT 分析。这样一轮思考下来，你将对自己内外两方面都获得一个更准确的认识和评估，减少浪费在选择上的时间。

二、决策平衡单

决策平衡单是最简单的一种职业决策技术。它通过你重视的衡量维度来评估各个

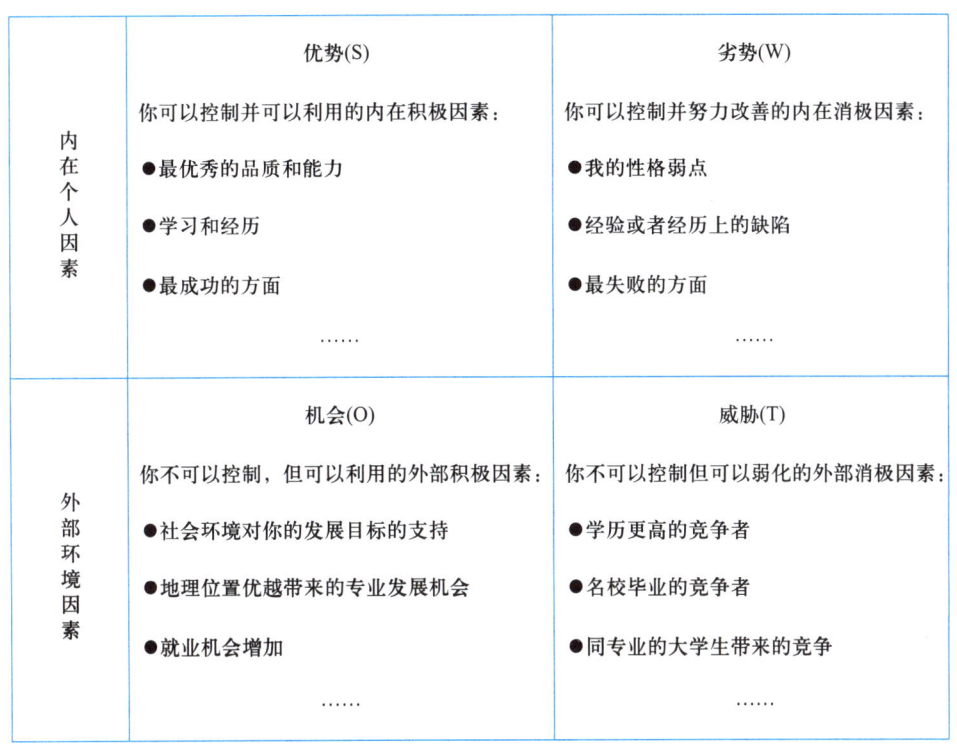

图 3-2-1 SWOT 分析模型

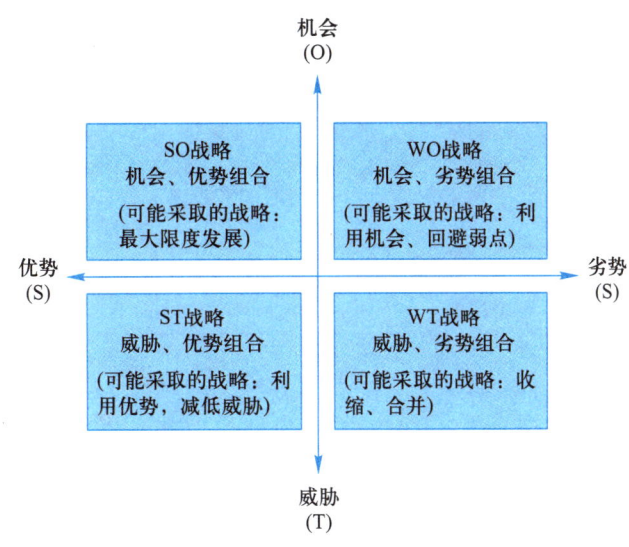

图 3-2-2 SWOT 战略矩阵

选择的好坏，通常我们会选用四个主要方面：自我物质方面的得失；他人物质方面的得失；自我赞许与否；社会赞许与否。具体操作方法是，首先根据自己的价值观为这几个衡量维度排序加权，然后在比较各个选择的时候，针对每项为每个选择打分，最后算出加权值。虽然看似很简单，但在关键的时候，它有可能成为让你做出决定的最后一个理由、一个坚定你决策信念的砝码。

决策平衡单的使用步骤大致如下。

（1）列出 2~3 个考虑的职业。
（2）从四个衡量维度出发，列出你选择职业生涯考虑的因素。
（3）为每个考虑因素设置权重。
（4）考虑每个职业选择中这些因素的得失程度，以–5~5 给予其分数。
（5）依分数累计。
（6）得出每个职业选择的总分，进行排序。

我们以某毕业生毕业去向决策平衡单（表 3-2-1）为例，加深对决策平衡单使用方法的理解和掌握。

表 3-2-1　某毕业生毕业去向决策平衡单

考虑因素/选项	权重	读研		考公务员		入职国企	
		+	−	+	−	+	−
因素1：工作收入	（×3）		3（9）	3（9）		2（6）	
因素2：生活稳定性	（×4）	5（20）		5（20）		5（20）	
因素3：就业机会	（×4）	5（20）			5（20）	5（20）	
因素4：支援父母	（×4）		3（12）	2（8）		3（12）	
因素5：个人兴趣	（×4）	2（8）			2（8）	3（12）	
因素6：独立自主	（×4）		2（8）	2（8）		3（12）	
因素7：家人满意度	（×4）	5（20）			2（8）	4（16）	
得分（每列括号内得分之和）		68	29	53	28	98	
总分（每列选项得分之差）		39（68−29）		25（53−28）		98（98−0）	
优先级（得分最高为1）		2		3		1	

深思明辨

给各职业选项的价值因素满足程度评分容易吗？如果有困难，会不会是因为缺乏对职业相关信息的了解？

三、决策平衡轮

决策平衡轮同样是用来评估多个选项的决策工具。但比起决策平衡单，它以一种图形的方式帮助我们更直观、更全面地了解和掌握情况，进而做出选择。决策平衡轮借助"轮子"这样一个形象的比喻，把生活中抽象的事情具象化：车轮从轴心发出一根根的辐条，每根辐条支撑着轮子的外缘，这样就能保证轮子均匀受力，顺利地前后滚动。

决策平衡轮需要借助一幅图来完成，首先模拟车轮的样子将一个圆分成若干等份（一般分成六至八等份），然后将会影响决策的因素一一列出，如工作、生活、情感、成长、健康等，填写在图中，每根辐条上填写一项。以金钱为例（图3-2-3），从圆心往外分成十个刻度，通过对该项目的打分，帮助自己明确目前对金钱的满意程度。

当我们把每个项目都打一遍分之后，就会从整体上对现状有个把控，觉察到平时忽略的部分，找出希望有所改变的内容。这些我们容易忽略和模糊的生活元素，通过这一张图的系统梳理，就会具象且清晰地有所呈现。在梳理的过程中，人们会有很多思考，很多满足和遗憾会随着思绪一点点地展开，而后就顺理成章地进入了制订计划、采取积极行动的环节。

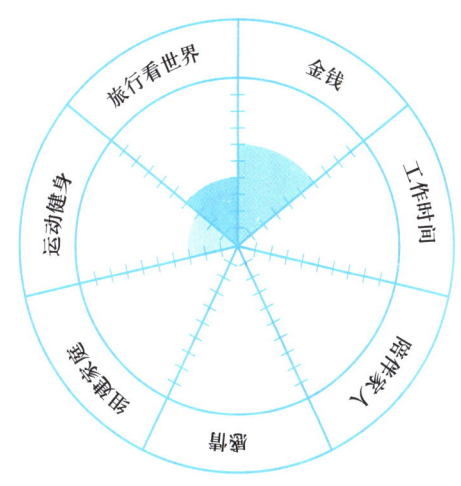

图 3-2-3 决策平衡轮样例

> **精训勤练**
>
> 结合《职业发展与就业指导行动手册》模块三单元二中的"课堂训练 运用决策平衡轮"，选取最近一件需要决策的事项进行练习。

四、成对比较分析法

成对比较分析法能够协助我们找出相对的两个选项的重要性。成对的比较分析可协助我们将许多彼此关联的选项依照重要性排序，尤其在没有客观的资料做比较时这是特别有用的。这样人们会较容易选择最重要的问题先解决，或选择出提供最大优势的解决方案。成对比较分析法可以帮助人们设定选项的优先顺序，特别是在资源的取得有冲突的时候。

成对比较分析法也是比较"橘子与苹果"这类完全不同的选项的理想工具，如是就业还是继续深造？本分析法适合具有多重选项或选项间无特殊关联时使用。

在使用成对比较分析法时，我们可以使用图3-2-4来一对一地比较两个选项。在

选项	A	B	C	D	E
A					
B					
C					
D					
E					

选项	总计	名次
A		
B		
C		
D		
E		

图 3-2-4　成对比较分析图

每个比较中决定哪个选项是最重要的，然后为它分配一个分数，显示它的重要程度。

成对比较分析图的具体使用步骤如下。

（1）列出你将比较的选项，并分配给每个选项一个字母。

（2）将各选项标记为图中的栏和列。

（3）将图中与自身比较的选项的储存格涂掉。

（4）将重复的储存格涂掉。

（5）在剩余储存格内，一对一地比较栏和列中的每个选项，决定这两个选项何者较重要。将较重要选项的对应字母写入储存格中，并对其重要性进行评分，评分范围为从 3（主要差异）到 0（无差异）。

（6）计算每个选项的所有值的总和，可以将这些值转换为百分比。

五、决策树

决策树可以通过推断预期成果来帮助人们做出决定，评估所有的选项。决策树可以让人们在几项行动方案之间做出选择。它提供了一个有效率的结构，可以让人们列出各种可行方案，并针对可能发生的结果找出最佳方案；也可以规划出每个可能的行动方案所构成的风险或回报的对照表。绘制决策树的方法如下。

（1）决策树绘制开始于需要做出的决定。在一张纸的左侧写出需要做出的决定，并绘制一个方框作为出发点（决策节点）。

（2）从这个方块向右延伸出若干条线（方案枝）并写出每种可能的解决方案。将每个解决方案保持纵向对齐，尽可能地分开每一行的距离，以便可以扩展你的想法。

（3）在每条线的末端推敲可能的结果。如果采取这项决定的结果是不确定的，就绘制一个圆圈（状态节点）；如果推论结果表示你需要做出另一个决定，就再绘制另一个方框（决策节点）。在方框或圆圈的后面填写所衍生的决定或结果，如果在线的末端完成了解决方案就代表决策终结。

简而言之，方框代表"决定"，圆圈代表"不确定的结果"。从方框开始画出选项，从圆圈再画线表示可能的结果。再次在线上写下原因简要说明。继续执行此操作，直到绘制出尽可能多的可能的决定和结果。由此可见，完整的决策树是从原始的决定一步步衍生而成的。

接下来，我们以职岗选择的决策树（图3-2-5）为例，加深对决策树使用方法的理解和掌握。

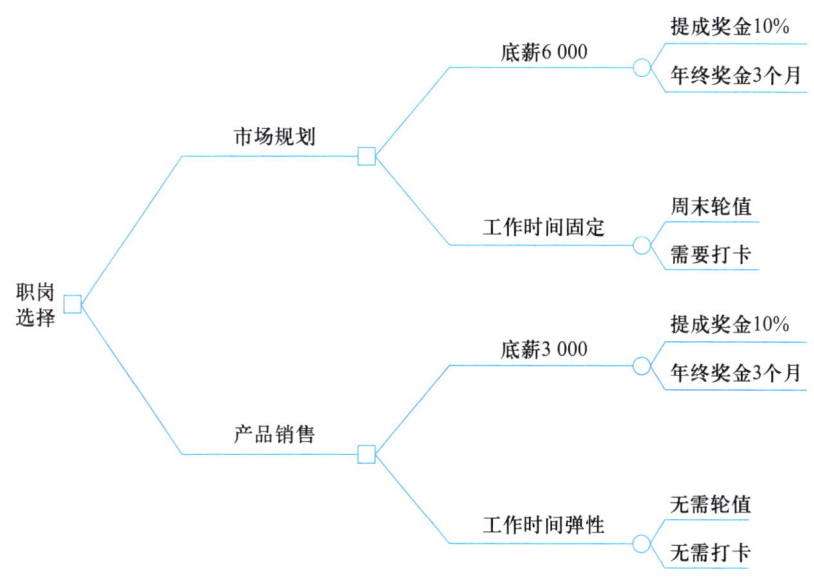

图 3-2-5 职岗选择的决策树

需要说明的是，上述决策工具执行起来都不轻松，需要我们以成熟理性的态度来使用，并且学习正确的使用方法。适当有效地运用这些工具，可以帮助同学们学会使用更有效率的思考方式，来应对生活中的挑战。

➡ 任务挑战

> **任务说明**
>
> 请同学们完成《职业发展与就业指导行动手册》模块三单元二中的"单元任务 练习使用决策工具"。
>
> 通过本任务，可以帮助同学们学习并掌握决策平衡单等重要的决策工具。

单元三　发展动态决策

🔵 知识解码

人的发展是动态的，职业规划自然也是动态的，通过实践，我们的价值观、兴趣、知识体系、能力等都会产生变化，因而职业目标也需要随之进行调整。我们要用动态思维去规划人生，也就是要用动态的目光去解决人生各个阶段所遇到的问题。

一、决策理论和观点

随着过去几十年的科技进步，工作职场经历了一场爆炸式的变革和演变。在当今的商业世界中，达至成功所需的技能通常在五年内便被更先进的技术所取代。企业和公司开始认识到，某些设备与方法的淘汰时间在迅速缩短。

在过往的社会中，一个人往往一生只从事一项工作。这种现象已经存在了很多年，人们需要大量的时间投入，才能取得成果。就如耕种一般，农民首先必须确定哪些农作物在其所在地区的气候条件下能成功生长；其次必须确保适合的种子在适合的时间被播种到地下；再次必须以充足的资源（如阳光、水和养分）来滋养作物；然后必须意识到并应对病虫害带来的潜在挑战；最后必须收割并储藏，直到这些作物售尽或用完。

人们若想获得职业发展，则须使用多种方法来考虑个人及其兴趣、技能和价值观。像在耕种中一样，人们还需要了解工作环境并找到适合自己的工作环境。人们常常会在年轻的时候，甚至在小学的时候，就开始努力确定个人与工作之间的理想匹配，这有助于节省将年轻人发展成为生产效率高的员工所需的资源。

总结来说，我们个人的特征（兴趣、价值观、目标）会随着时间的推移，根据个人背景、发展和经历而演变。环境处于不断变化之中，个人职业选择也受到整体环境和可用性及新技术快节奏化的影响。职业生涯不是"一生的工作"，职业决策不是一次性的决定。我们需要持续保持动态决策的思维，保持对环境的敏感和对变化的开放，不断寻找下一次机会。

二、积极不确定论

所谓积极不确定论，指以积极乐观的态度面对及接纳做决策时的不确定和成功概率的不确定，以直觉、开放的心态面对职业决策。这种理论认为决策是一种非序列性、非系统性、非科学性的人类历程。

多年研究发现，导致生涯不确定的要素有三个：危机或风险、模糊性、模棱两可。不确定指事物呈现的模糊、偶发、意外、难以预测等存在的本质或状态。同时，研究也发现，怀有兴趣性好奇的人倾向于正向看待不确定性，期望在与不确定性的互动过程中获得投入的乐趣或欢欣；反之，缺少好奇心的人则倾向于负向看待不确定性，容易对不确定性感到焦虑、生气、沮丧。

后现代生涯规划思维鼓励个人以积极正向、开放弹性的态度面对生涯不确定性。学者盖拉特（Gelatt）把做决策重新诠释为将信息调整与再调整以进入决定或行动的历程，倡议弹性而平衡的决策方式。同时，我们要保持对信息本身的开放度，有时信息本身并不完全可靠，要对信息保持怀疑，不断思考，不断求证，根据新经验、信息、价值、观点调整目标。职业决策并不是决定了就不可以变更，有时审时度势也要保持变通与深思熟虑，对决策保持适度的弹性。

三、有计划的偶然事件理论

视频连线：
你的幸运
绝非偶然

1979年，克朗伯兹提出有计划的偶然事件理论。例如，一次偶然的会面、一次失约、一次临时决定的假期旅行、一份临时替补空缺的工作、一个新出现的个人爱好等，都可能影响我们的生命方向和职业选择，并且这些意料之外的事件似乎比事先制定的目标或者事先安排的事项，对生活或职业发展的影响更大。很多研究也显示，职业生涯中并非全部是合乎逻辑的职业决策，或者完全符合匹配的结果。随着外部环境变迁，任何情境都无法完全避免不确定性。

（一）三个元素

（1）计划性。计划性是指针对学习、进修、精进、扩展、累积经验等，采取行动比做决策更加重要，因为决策是一种静态的逻辑思考，而行动中的个体在动态中体验与统整。

（2）机缘偶遇。机缘偶遇指能正向回应非预期的遭遇，视之为机会而不去逃避。

（3）心态看法。心态看法指保持着开放的心胸，愿意好奇地去探索的态度。

由三个元素可知，有计划的偶然事件理论同时包括人们持有的态度、心态和采取的行动。因此，人们可以通过自身的好奇心和偶发事件采取行动创造机会。

当出现面对抉择、想要改变职业及在工作上无法提升的困境时，这可能意味着我们过于依赖"绝对正确"的决定，或者执着于"完美的匹配"，这时候我们可以试着退一步看看这个大环境，以开放的心态去迎接机缘。"计划性机缘"不只是运气，亦不只是需要正确的时间、地点。它是一种有意识、有目的、持续的过程，将有助于你建立一个更满意和充实的职业生涯。

（二）五种态度

生命中的各种机缘都不只是偶然的巧合，而是有意义的相遇。有计划的偶然事件理论认为我们并不总是需要一个计划来创建事业。相反，我们需要一个计划来响应偶然事件，将偶然事件转化为就业机会。因此，我们需要持续不断地修正自己的计划，以在变化和新生涯中发现机会。克朗伯兹提出面对不确定需要有五种态度。

（1）好奇（curiosity）——探索新的学习机会。

（2）坚持（persistence）——尽管遇到挫折但还是尽力坚持到底。

（3）弹性（flexibility）——随情境改变态度。

（4）乐观（optimism）——将机会视为可能达到的新目标。

（5）冒险（adventure）——愿意摆脱因循的行为模式去尝试新行动。

其实，在生涯规划发展中，我们可以这样理解人生的"常"，它是指可计划的预期结果；人生的"无常"则是不可计划的机缘、偶遇、巧合。从微观来看，世界中的生命是无数个不同"瞬间片刻"的机缘偶遇，而非不变的永恒。从宏观的历史发展来看，人类生活的世界在不断演变。现代社会的发展为我们的选择提供了更多可能性，我们在做职业决策时应当意识到自己所做的不是一个终身的决定，我们永远跟随自身发展和环境变化而行动，随时可能需要寻找下一个目标。

> **精训勤练**
>
> 结合《职业发展与就业指导行动手册》模块三单元三中的"课堂训练 发展有计划的偶然事件"，增加偶然事件发生的可能性。

四、决策步骤

我们在做决策时必须注意，要想做出兼顾平衡的决策最好经过以下三个步骤：从内外部资源寻找可用信息；评估信息是否正确；拟定步骤或可行方案。同时，人们须根据他人的意见或建议来验证可行方案。决策者最后势必要考虑不同事项在个人眼中的轻重缓急，同时也要考虑决策后的短期及长期结果。

虽然制定出一个制式的决策架构很难，但有几个步骤可以考虑，具体如图3-3-1所示。

图3-3-1 决策步骤

（一）察觉问题

察觉问题指个人在生活或专业领域某方面感觉越来越不自在，感觉到有改变的触媒存在。有时当事人可能是隐约意识到，但当下还没有找出问题核心，因此改变往往无法立即出现。所以，在开始寻求解决方法之前，第一步是要找出问题症结。

（二）自我评估

自我评估与察觉问题一样，能够找出可行之道的人都是决策者本身。只有厘清信念、态度、价值观，才能找出适合的策略、目标与结果。自我评估就是想清楚自己想要什么，又愿意牺牲什么来达成期望的改变。此外，自我评估不仅涉及职业生涯，还包含影响个人幸福的所有方面，包括社交、情绪、生理与精神等。一个人越了解自己，就越容易做出正确决策。

（三）探索

探索的目标是收集足够的信息，以便找出完整目标及达成预期效果的方法，这就需要人们学习收集职业相关信息的策略。在探索时，人们可以记下关于不同做法的想法，把时间分配给各个选项，分析可能的结果，衡量成本与可能的正反面效果，如此一来就能做出正确决策。来自各领域的可用信息相当多，因此决策过程也较为复杂。了解到许多决策背后代表的要求与所需付出的心力，可能会让人对风险心生恐惧，害怕失败。

（四）信息整合

在决定采用某个方案、投入更多心力之前，人们须根据个人的个性与生活方式对前几个步骤所收集到的想法及选项加以评估。在分析如何把希望转化为现实的时候，必须要考虑生活方式的偏好、自我概念、外在因素（值得尊重的他人意见）、财务资源、时间及空间限制。

整合的过程不见得都很顺利，很多人只顾着把愿望与选项套在现实的某些层面，而忽略了其他层面的冲突：有些冲突出现在与家人、伴侣的关系里，而他们的意见也不容忽视；有些冲突则出现在情绪上，或是心里真正想要的与觉得自己应该想要的之间有落差从而造成情绪不安，或是因为罪恶感、恐惧、对他人的依赖、害怕批评等因素而无法做出抉择。

（五）抉择

在检视过自己、生活方式与个人专业以后，决策者就可以选定一个方案，把其他方案留作其他选项。走到这一步不见得就表示做出了最终决定，这个阶段常见的现象是：因为不确定性与疲累而使决心动摇。抉择是决策过程中的一个难关，或多或少会伴随着对失败的恐惧。

（六）实行

在抉择结束后，个人必须拟定新的行动方案来执行决策。人们可以学习新的知识或技巧、开始申请工作或接受工作相关的训练、改变既有的情况，或者利用现有的技巧与机会创造出新局面。如果经历了自我评估、探索与信息整合，那么实行所面临的困难都是可预见的。这一步骤中出现的中断甚至退步会令人灰心，如果出现过多负面的意外情况，那就表示探索做得不够完整，或者目标不切实际。

（七）重新评估

实行决策之后，要选择新行为来改变我们先前的习惯，就算决策一开始实施时效果不错，之后也可能出现变数。如果预期的改变没有出现或出现了负面的副作用，就必须重新评估，重复整个过程。

即使拥有充足资讯或专业经验，很多人也难以设定目标、做出决定。时间对于决策而言是一个非常重要的维度，而每个人对于时间有不同的感受，有些人觉得一年是长期，有些人则觉得五年是长期，这取决于个人特质、问题或目标本身，以及其他相关因素。总之，决策是非常个体化的，决策也没有绝对的对与错、好与坏，最终都是取决于当事人最后的目标。

任务挑战

任务说明

请同学们完成《职业发展与就业指导行动手册》模块三单元三中的"单元任务 设计动态职业路径"。

通过本任务，帮助同学们寻求实现目标的多种路径。

单元四　实施行动计划

知识解码

千里之行，始于足下。有了方向和目标，那么该如何去实现呢？这就需要我们通过职业规划勾画出人生蓝图，制订一份具体的、可执行的、又能激发梦想的行动计划并付诸行动，同时在行动执行中及时评估修正，保持动态调整。

一、目标制定的原则

（一）SMART 原则

制定恰当的目标是顺利行动的前提。SMART 原则（图 3-4-1）是目标管理理论的一项"黄金准则"，SMART 是由五个英文单词——specific（明确的）、measurable（可衡量的）、attainable（可实现的）、relevant（相关的）、time-bound（有时限的）的首字母构成的。

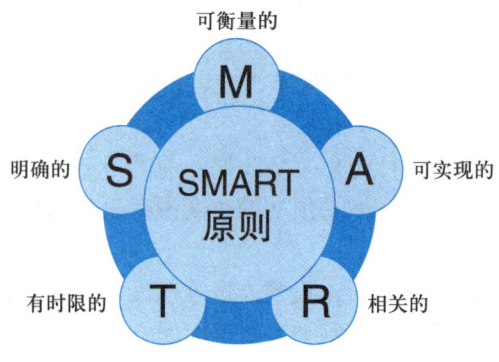

图 3-4-1　SMART 原则

SMART 原则要求目标必须明确、可实现，这是创建具体进度和指标的最有效方式。例如，如果我们把目标设定成：毕业后我要找一份好的工作，则这是笼统而不明确的目标。若要符合 SMART 原则，则该目标可以调整成：毕业 1 个月内，投递至少 20 份简历，参加 5 次以上面试，至少获得 1 次工作机会。以下我们分别说明 SMART 原则的五个方面。

1. 目标必须是"明确的"

所谓明确，就是要用具体的语言清楚地说明要达成的行为标准。明确的目标几乎是所有成功团队的一致特点。很多团队不成功的重要原因之一就是因为目标定得模棱两可，或者没有将目标有效地传达给相关成员。个体的生涯目标也是一样，只有具体、清晰的目标才有助于明确方向。

2. 目标必须是"可衡量的"

可衡量的指应该有一组明确的数据作为衡量目标是否达到的依据。如果制定的目标没有办法衡量，就无法判断这个目标是否实现。以一个人们常遇到的生活目标为例，在食物高油高盐的时代，我们常常在过节时听到亲朋好友说："我今年的目标是成功减肥！"一年后却发现亲友的体态依旧没改变，问题就出在当初制定的目标没办法衡量。

3. 目标必须是"可实现的"

制定的目标应是通过努力可以实现和达成的。如果制定的目标无法实现，则无人会努力去达成。例如，今年我的存款目标为十万元，那我就要衡量这十万元存款目标是否是我现在可以做到的。因此，目标必须是可实现的，只有这样才能激起人努力实践的欲望。最合适的目标应是通过努力可以实现的，而非唾手可得或远在天边。

4. 目标必须是"相关的"

目标的相关性指在现实条件下目标是否可行、可操作，有实际意义。如果这个目标与其他目标完全不相关，或者相关度很低，那么这个目标即使达到了，意义也不是很大。职业生涯规划目标的设定是要和人生目标相关联的，是要有利于职业生涯的整体提升的。

5. 目标必须是"有时限的"

目标的时限性指目标是有时间限制的，应该有明确的截止期限。没有明确的时间限定的目标可能会造成无限拖延。例如，"我想毕业后找工作"，这个目标没有任何的衡量指标也没有日期时间的设定，缺乏行动的步骤和过程；而"我将在 2023 年 4 月 30 日之前完成简历撰写和编排"，其中的日期就是一个确定的时间限制。有时间限制的目标才有办法考核，才能形成动力机制。

> **精训勤练**
>
> 结合《职业发展与就业指导行动手册》模块三单元四中的"课堂训练 制定符合 SMART 原则的目标"，通过运用 SMART 原则，制定合理有效的目标。

（二）确立生涯目标的原则

当我们认真分析了自我，考察了环境机会，同时也确立了自己的目标，但有时候仍然无法达到目标，不是半途而废，就是无所适从。究其原因，还是目标选择的问题。对于大学生来说，规划职业生涯的热情比较高，但缺乏实践经验，阅历也不丰富，因此，在确立生涯目标时结合 SMART 原则需要注意以下几个方面。

1. 不要好高骛远

有的人自我感觉良好，心高气盛，别人定一个目标，他定三个、五个、八个……结果一个目标也达不到。人的精力是有限的，目标太多太杂，难免会顾此失彼，甚至无法执行。

2. 目标应高低适度

有的人为自己设定的目标太高，怎么努力也无法实现，结果一事无成；也有的人为自己设定的目标太低，等于没有执行，结果就是原地踏步。目标的确立应高低适度，给予自己动机去行动。

> **深思明辨**
>
> 高职毕业生陈松华毕业后换过很多工作，但没有一份工作能坚持做完1年，问其原因，他总说那些工作工资低、晋升难或没前景，你认为他的问题出在了哪里？

3. 目标聚焦与兼顾平衡

例如，有的人制定的职业生涯目标是做一名音乐家。这个目标就太宽泛了，如果兴趣或能力都在音乐领域，而在这个领域里的工作有很多，那么我们擅长的是哪一种？我们应该从哪里开始起步？自己要做哪一种？若目标宽泛，日后行动就容易陷入盲目，不能有意识地收集相关领域的信息，无法有效地提高自我。职业生涯的目标一定要定得窄一点、具体一点，才好操作。同时，职业生涯目标要与生活目标结合考虑，兼顾平衡。

4. 个人目标与社会目标一致

虽然个人目标是自己的事，是自己的目标，但人是社会的，人不可能脱离社会而独立存在，个人目标并不仅靠自己的力量就能实现。因此，个人目标一定要与社会目标相一致，这样会比较容易达到。

二、行动计划的制订措施

行动计划是实现目标的关键，因为它会帮助我们保持动力，确保我们在合理的时间内实现目标。当确定了生涯目标和职业发展路线之后，我们需要付诸行动，通过制订行动计划实现目标。制订行动计划的措施主要包括以下几个方面的内容。

（一）对自我纪律的坚持

行动计划是一种纪律和技能，也是一种习惯和职能。所以，我们要对自己执行的计划有一定的自我纪律约束，这是可以通过反复练习而精通的能力，而且比我们想象得要容易。

（二）清晰的目标设定

设定目标与完成制订计划的能力是成功的主要技能，没有任何其他的技能更能协助我们发挥潜力，以达成理想成就。目标设定最主要的根据是我们的价值观，以及对理想的最后结果或目标具有清晰的愿景，既知道自己想要什么，而且知道渴望的理由。

（三）详细列出任务与活动

一个计划最简单的形式就是列出为了达成特定目标你必须做的任务清单。这个任务清单可以随时增加新任务，随时修改任务与步骤，通过不断检视，成为我们计划的蓝图，也就是想达成的理想目标或结果。

（四）决定与排列优先级

有了行动任务清单后，我们必须开始排列出优先级，以优先级重组清单，看看哪些任务或活动是紧急且重要的，将其列为最高优先级。将任务从最重要的、最紧急的一项一直排到最不重要、最不紧急的一项，同时以先后顺序组织我们的清单列表。这个步骤是非常重要的，因为我们会发现，通常某一项工作在另一项工作完成之前是无法完成的，有时候一项工作完成与否可能是执行过程的瓶颈或障碍。

知识链接：行动规划的四象限法则

（五）整合收集关键资源

一个计划的成功通常取决于计划中的关键资源或任务。制订行动计划的过程可以帮助我们找到这些计划中的关键资源或任务，把时间与注意力聚焦在为了成功必须做的最重要的任务与活动上。

（六）专注于问题解决

致力于让目标实现和结果发生，是当我们遇到问题时坚决要将其解决的重要信念。我们可以预期困难只是过程的一部分，要下定决心有效解决这些困难。如果你无法准时达成目标，则可以问自己：问题在哪里？有没有其他的问题？解决方法是什么？还有没有其他的解决方法？我们现在可以做什么？下一步是什么？

三、行动计划的实施步骤

（一）目标的分解

行动计划须依据目标制订，如果目标太大、执行难度太高，则很难化为实际的行动。所以人们需要把每个目标都拆解成数个小目标和小行动，使每个行动都容易执行和完成。职业目标分解指根据观念、知识、能力差距，将职业生涯规划中的远大目标分解为由时间规定的长、中、短期分目标，直至将目标分解为某确定日期可以采取的具体步骤。逐步分解目标是实现职业生涯目标非常重要的方法，应确保每个子目标符合SMART原则，每完成一个子目标，就离总目标更进一步。

目标的分解主要可从职业属性和时间维度两个方面进行。

（1）按职业属性分解。目标按职业属性可分解为职业本质目标与个人本质目标两类。职业本质目标包含工作内容目标、职务目标、工作环境目标、经济收入目标、工作地点目标等。个人本质目标则侧重于在职业生涯过程中的知识、经验的积累，观念、能力的提高，以及内心的升华。

（2）按时间维度分解。将目标按时间维度分解主要指把职业生涯目标阶段化，在不同阶段给予不同的目标，将总目标拆解成阶段性的小目标来达成。要注意区分最终目标与阶段目标，最终目标取决于一个人的价值观念、知识能力水平，是对环境、自身条件、家庭条件做大量的分析之后得到的结果。最终目标可以以几十年为期限，长期目标可以以十几年为期限，中期目标可以以几年为期限，短期目标则以一两年为期限，而近期目标则以几个月或几十天、几天为期限。

识物善用

生涯九宫格

生涯九宫格将人们的生涯发展概括为学习进修、职业发展、人际交往、个人情感、身心健康、休闲娱乐、经济财富、家庭生活、社会服务九个方面。

在这九个格子中，每个格子都设计了相应的问题（图3-4-2），满分为100分，60分视为及格。有三个格子均60分以上为合格，有六个格子均60分以上为优秀，九个格子均60分以上为卓越。

学习进修	职业发展	人际交往
・你的学习任务有哪些 ・基于未来的就业要求，你还需要学习什么 ・你的学习习惯怎么样 ・今年你有哪些学习计划	・你理想的工作是什么 ・你理想的工作具体有哪些用人要求 ・你需要为此做哪些准备 ・你的行动计划是什么	・你如何看待人际关系的重要性 ・你的人际交往能力怎么样 ・你还需要在哪些方面进行提高
个人情感	**身心健康**	**休闲娱乐**
・你如何看待亲密关系 ・友情、爱情等对你来说意味着什么 ・你是如何建立并维护亲密关系的	・你是否拥有锻炼身体的习惯 ・你是怎样调整自己的情绪的 ・怎样让自己保持良好的身心状态	・你有哪些兴趣爱好 ・这些兴趣爱好可以为你带来哪些价值 ・哪些兴趣爱好将有可能转化为职业
经济财富	**家庭生活**	**社会服务**
・你的理财能力如何 ・财富在你未来的职业发展中有什么样的意义 ・你是否有意识地为自己增加一些收入	・你和家人的关系怎么样 ・你期待的家庭生活是什么样的 ・你如何看待家庭环境对你个人发展的影响	・你是否参加过一些公益活动 ・你如何看待一个大学生的社会责任 ・你希望为社会做出哪些贡献

图3-4-2 生涯九宫格

使用方法：按照生涯九宫格评估自己的现状，思考下一阶段想要达到什么样的状态，分别列出下个月的目标，目标任务不宜过多，并且应便于执行。每月进行检视调整。

（二）规划与实施

一个可实施的行动计划能够激励自己一步步达成它并实现自己的理想。所以，具体的行动计划要结合自己的实际情况和能力，制定真实且可落地的规划。成功的人往往具有执行力，并且按照计划逐步落实。

行动计划的实施从具体的、短期的目标开始，等短期目标逐个实现了，中期目标就开始实现，而中期目标实现了，长期目标也逐步实现。在实施过程中，要列出所有任务，根据轻重缓急进行排序；根据排序结果进行统筹安排，设定重点任务，管控好阶段目标的进展；列出完成任务所需资源，主动获取资源推进任务完成。

（三）动态反馈评估

一个良好的行动计划应该是可动态调整和修正的，因此要建立有效的反馈机制，根据大环境的实践结果及时评估并调整。评估的区间可以依照任务进行的阶段性（如短期、中期）预定目标和实际结果比照而行。

首先，评估的过程需要聚焦在"关键点"，抓住一两个关键的目标和最主要的策略方案进行追踪，尤其是最重要且有时效性的目标。例如，决定报考公务员，那最重要且有时间限制的就是报考日期和手续。其次，要随时关注最新的需求和变化调整策略。例如，有些同学原本已经申请去国外进修，结果因不可抗力因素，导致出国计划改变，这就需要快速调整学习安排。

（四）目标的修正

人们应保持开放的心态，依照实际状况和阶段性评估的结果进行目标和策略方案的修正。这里的目标修正可以包括职业的重新选择、职业生涯路径的改变、阶段性目标的调整或实施措施和行动计划的变更等。有时必要性的目标修正也是一种瓶颈突破的方式。及时发现自己的素质与策略的"差距"，并想办法修正。具体的差距通常可以从观念差距、知识差距、能力差距和心理素质差距等四个方面进行查找。例如，有的人对于毕业后的第一份工作有薪资要求，认为一定要达到一个高于目前市场行情的水平，这时我们就要从现实考虑，这是否为合理的目标。

总之，有效的职业生涯规划是一个持续动态的过程，需要不断地反省修正职业生涯目标，反省策略方案应恰当，以适应环境的改变，同时可以作为下一轮决策的参考依据。

➲ 任务挑战

> **任务说明**
>
> 请同学们完成《职业发展与就业指导行动手册》模块三单元四中的"单元任务 拟定未来1年的目标与行动计划"。
>
> 通过本任务，帮助同学们灵活运用所学规划制订方法拟定可执行的生涯行动计划。

▶ 模块反思

■ 课后评价

回顾本模块所学内容，在开篇表3-0-1"自评"列中对自己的学习成果进行评价，并与"自测"列的得分进行比较，分析分数变化的原因。

■ 延伸思考

（1）阐述什么是动态决策？为什么要进行动态决策？

（2）什么是积极不确定论？

■ **效果检测**

讲求决策艺术　锚定职业目标

▶ **模块小结**

概念

- 决策风格
- 科学决策
- 动态决策
- 积极不确定论
- 有计划的偶然事件理论
- SMART原则

方法

- 探索自己的决策风格
- 运用决策工具协助决策
- 运用动态思维助力行动
- 依照SMART原则制定目标
- 行动规划的四象限法则

工具

- SWOT分析法
- 决策平衡单
- 决策平衡轮
- 成对比较分析法
- 决策树

模块四

激发创业梦想　投身创业实践

道在日新，艺亦须日新，新者生机也；不新则死。

——徐悲鸿

▶ 模块路径

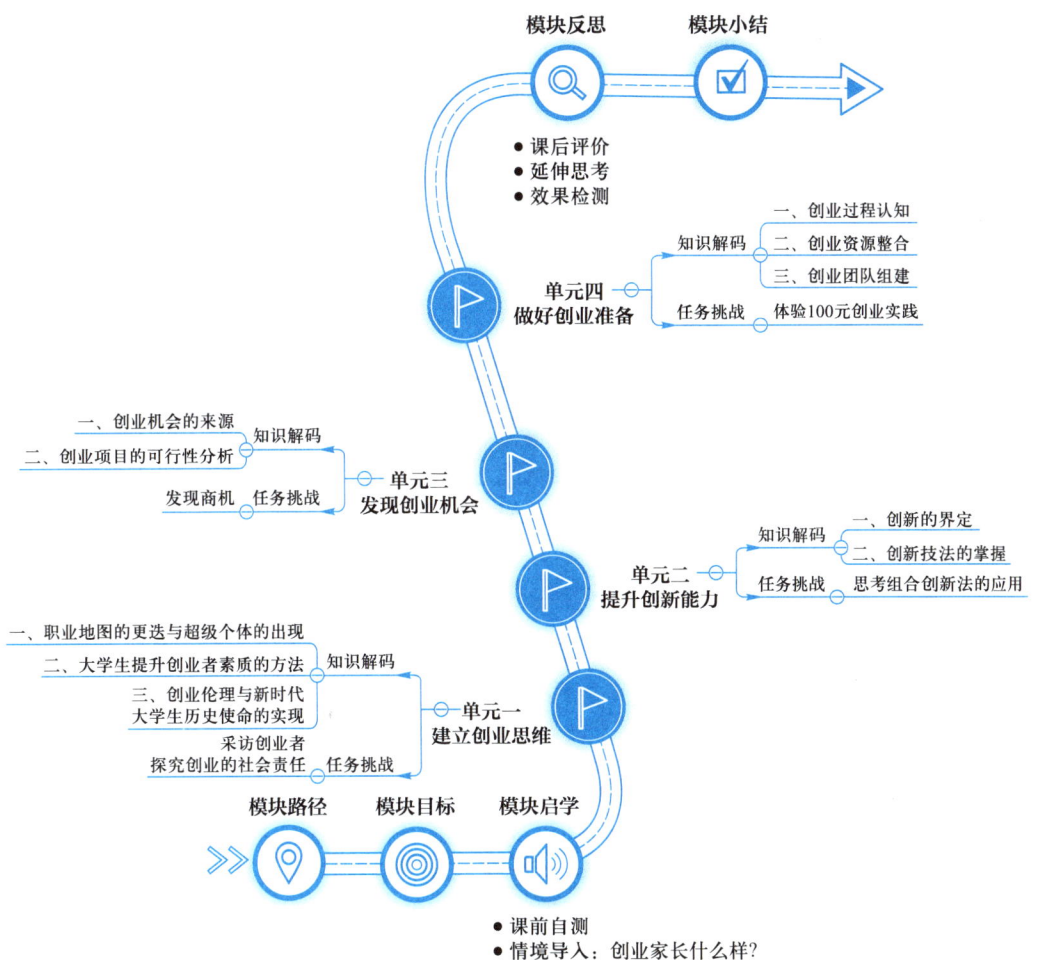

模块四　激发创业梦想　投身创业实践

▶ 模块目标

知识目标：了解自主创业与就业的区别；了解成功创业的重要因素；掌握创业的一般过程。

能力目标：掌握创新能力提升的技法；掌握识别创业机会、整合创业资源、组建创业团队的方法。

素养目标：理解创新能力对个人发展的重要性；增强创业意识及创业伦理，以创业思维过人生。

▶ 模块启学

■ 课前自测

在开始本模块学习之前，基于自身已有的知识和经验，认真思考表 4-0-1 中的问题，并在"自测"栏就相关问题的了解程度进行如实打分（最高分为 10 分）。

表 4-0-1　模块四学习记录表

题目	自测 （1~10分）	自评 （1~10分）
我了解创业者能力结构		
我已掌握创新能力训练的头脑风暴法		
我能罗列创业过程		
我能识别创业机会		
总分		

■ 情境导入

创业家长什么样？

陈烨，专科学历，他的创业历程并非一帆风顺，而是充满了荆棘，但凭着顽强的拼搏精神、坚忍不拔的毅力，他一步一个脚印地启动了自己的创业梦想。

初中时，因为家庭经济的变故，陈烨便开始承担起生活的担子。大二那年，他参加了一场野外生存训练和户外拓展培训，被这个行业吸引。于是他利用暑期去拓展培训公司做兼职。两个月的时间，他几乎是以厂为家，搬运器具、安排后勤行政、24 小时服务参与培训客户、学习野外拓展培训的技能等，虽然很忙，但是很快乐。他也初步熟悉了这个行业所需要涉及的资源和能力。

大三，他开始积极地规划，学习并考取了国家级拓展培训师（中级）证书，还获得了优秀学员称号。毕业后，陈烨如愿入职北京一家颇具规模的拓展培训公司，他的经验丰富、工作投入、能力突出，使公司愿意投入资源对他进行栽培，给予他更多的客户和实务经验。在这期间，陈烨认真学习了后勤的成本控管、开拓客户业务需求、新项目开发设计和培训师资的管理等工作内容，工作能力大大提升。

公司对于陈烨吃苦耐劳、不挑别工作、任劳任怨的敬业态度非常赞赏。通过观察，领导发现陈烨是一个具有创业思维和创业人格特质的人，于是问他是否愿意去其他省份成立子公司，作为创业项目，公司愿意给予部分投资，但他必须自负盈亏和成败，而不是领取公司的固定薪水。这个机会使得陈烨非常兴奋，也更加确定了投入这个行业的目标。

◎ 思考与探究

陈烨的工作态度和敬业精神完全体现了一个创业家的性格，然而，创立公司之初，没有团队、资金不足、市场无序是他面临的三大问题。尝试回答以下问题。

（1）你觉得陈烨是否应该投身创业？他需要评估哪些风险？

（2）陈烨需要储备哪些知识和掌握哪些技能？你会给他哪些建议？

单元一　建立创业思维

⊃ 知识解码

创新是一个民族进步的灵魂，是国家兴旺发达的不竭动力。党的二十大报告强调，创新才能把握时代、引领时代。创新创业教育作为教育现代化的重要组成部分，关系到人才培养的质量与学生职业生涯的发展。大学生创新创业若想取得成功，那么具备创业思维是一个重要的影响因素。

一、职业地图的更迭与超级个体的出现

按照传统职业发展模式，我们常以"行业+组织+岗位"的形式描述某个具体职业。例如，我们会说自己在互联网行业里的腾讯公司做电竞策划工作。在此视角下，我们有一个依托发展的组织。

随着共享经济的出现、数字化社会的发展，社会中的新职业、新业态层出不穷。可以预见，当个人能力足够凸显、有交换价值，个人形象及品牌足够清晰，有自身能影响的圈子时，职场人就有机会发展为超级个体，进而在新职业坐标中创造价值。

作为超级个体，其需要以个体的身份创造自己的未来，一个人像一个公司一样自我发展、自我超越、自我成就。因此，无论个人未来是否创业，学会创业的基本技法、培养创新能力、学习创业家精神、以创业思维过人生是十分必要的。

《国务院关于大力推进大众创业万众创新若干政策措施的意见》（国发〔2015〕32号），明确提出：推进大众创业、万众创新，是发展的动力之源，也是富民之道、公平之计、强国之策。《国务院办公厅关于进一步支持大学生创新创业的指导意见》（国办发〔2021〕35号）提出：纵深推进大众创业万众创新是深入实施创新驱动发展战略的重要支撑，大学生是大众创业万众创新的生力军，支持大学生创新创业具有重要意义。党的二十大报告指出，必须坚持科技是第一生产力、人才是第一资源、创新是第一动

知识链接：《中国青年创业发展报告（2022）》摘要

力,深入实施科教兴国战略、人才强国战略、创新驱动发展战略,开辟发展新领域新赛道,不断塑造发展新动能新优势。当代大学生正处于创新创业的有利历史时期,大学毕业后,是就业还是创业?对于这一人生发展道路的路径选择议题,大学生首先要对当前的国内经济形势有深刻的认知,学习创新创业基础知识,培养自身的创新能力及创业精神,以创业思维和态度开创更有意义的人生。特别是工科毕业生,在校期间潜心科研取得发明专利,积极参加各级各类大学生创新创业大赛,积累了一定的实践经验,为创业奠定了良好基础,更应该将经验和成果持续开发运用。

（一）人生发展的五个层次

我们如何看待人生发展,决定了我们将以何种态度面对人生的每个选择,进而创造出怎样的价值与意义。根据人们对人生发展的看法可以将其划分为五个层次（图 4-1-1）。

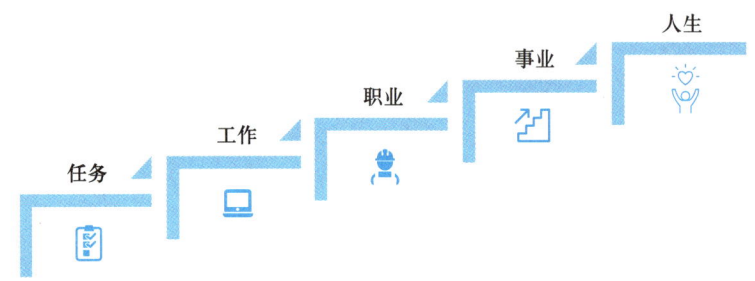

图 4-1-1　人生发展的五个层次

（1）任务。被动完成被指派的工作,可以锻炼人的工作能力,是人生不可或缺的、具有阶段性的层次。

（2）工作。一种程序化的任务,人们可以通过它获得报酬,维持生计。

（3）职业。社会分工的结果,也是对某个领域的专业性要求,同时表现出对工作发自内心的热爱和尊重的态度。

（4）事业。职业的升华。

（5）人生。事业的宽度和深度。人生可以是一次伟大的"创业",所以人生也是事业的归宿和可持续发展的方向。

依据人生发展的不同层次,我们可以反过来思考和设计自己的个人发展。大处着眼,小处着手,以终为始地思考个人发展的目标：从人生的层次逐步具体到专业的层次（图 4-1-2）,我们的想法就会逐步清晰。

当今社会的职业发展正在加速,根据新就业创业形态及新职业的出现,能预估到未来职业将会变得越来越小众,越来越富有个性及主观性——每个人都可以去创造,而不是匹配属于自己的人生或工作方式。即使从事普通的工作,也可以赋予独特的人生价值及生命意义。正如职业本身没有高低贵贱之分,职业做成什么样子才拉开了人与人的距离,因此,学生思考职业选择时可根据自身对人生意义的追求及发展实际

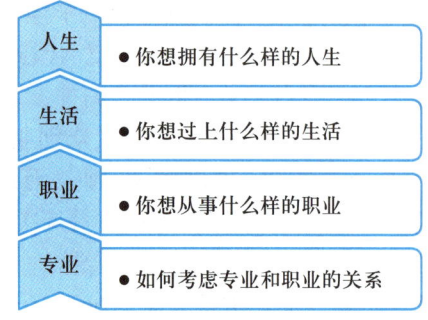

图 4-1-2　以终为始的个人发展设计思路

来决定是否需要专业对口就业,明确想从事什么样的工作及如何实现人生目标。

(二)创业思维与生涯设计

研究和学习创业,不意味着一定要去创办企业,但一定要具有创业思维,保持旺盛的创业精神,把创业精神和技能运用到自己的工作实践中。在激烈竞争及不确定因素增加的乌卡时代,掌握在创业活动中评估机会、创新、变革、创造等方面的本质特点,更有利于满足社会对创新型人才的需求,从而合理规划、设计个人的职业生涯。

视频连线:
建立创业思维

创业思维的构建应遵循五个基本原则:用户导向、行动导向、科学试错、单点突破和快速迭代。在创业学习中,最能锻炼学生的是应对不确定事件的创业型思维和行为方式,促使其更好地抓住机会,从周围最容易的资源开始,并且在没有详细计划的情形下展开行动,更好地与他人合作。

虽然不是每个人都适合创业,但每个人都需要具备创业思维,以创业思维思考生涯发展问题。例如,如果我们将自己的人生发展计划视为投资,从成本和收益角度去思考,那么会让我们更理性地投入,帮助我们从更长远的时间轴线去看待目前的付出与投入。又如,在乌卡时代里,个人发展会面临诸多不确定性因素,当意识到某些方向或职业有一定的发展可能性时,不必对目标、过程等过多过细地规划,而是先小范围尝试及实践,抓住身边的机会,敢于试错,在做的过程中不断总结、调整,从而取得成果。再如,从客户角度看,对于社会或企业来说,个人能创造的价值是什么?这样可以帮助自己更客观、更合理地整合资源,不拘泥于当前的资源条件,不断寻找机会,发挥个人优势,以获得更好的发展。自主创业与就业的区别如表4-1-1所示。

表4-1-1 自主创业与就业的区别

对比项	自主创业	就业
好处	1. 处于领导地位而不是跟随 2. 能够实现自己的想法 3. 能够发挥自己的创造力 4. 有获得无限收益的潜力 5. 独立 6. 能够掌握主动 7. 能够控制工作环境 8. 能够下达命令	1. 明确的(固定的)责任 2. 稳定的收入 3. 额外福利 4. 固定工作时间 5. 较为确定的未来 6. 设置可控范围 7. 承担的风险较小
面临的挑战	1. 工作时间较长且不定时 2. 责任更重大 3. 必须承担风险 4. 收益不稳定,甚至没有保障 5. 没有额外福利 6. 总是面临财务问题 7. 时间约束 8. 不确定的未来 9. 时刻学习以解决新问题 10. 难以找到信任的下属 11. 经营结果依赖于雇员的行为	1. 执行上级命令 2. 能力难以得到认可 3. 收入有限 4. 责任、权力有限 5. 难以实现个人的想法 6. 依赖于雇主

二、大学生提升创业者素质的方法

知识链接：
中国创业青年群体画像

很多创业者在创业初期踌躇满志，但随着公司发展，各种问题接踵而至。例如，如何组建团队？如何吸引人才？公司制度、绩效怎么制定？如何写出一份能打动投资人的商业计划书？股权如何分配才不会"后院失火"？如何低成本引爆品牌，并持续增长？需要具备哪些财务基本功等。这些都是公司日常要面对的问题，如何处理考验的就是创业者的基本功是否扎实。因此，一位优秀的创业者应具备三种基本能力——领导力、执行力和协作力（图4-1-3），基于此，创业者才能对自己实施良好的自我管理，继而对企业进行有效的管理。

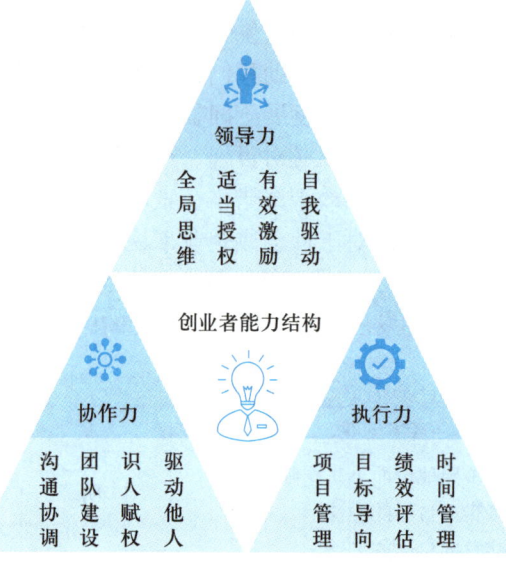

图4-1-3 创业者能力结构

> 🛠 **精训勤练**
>
> 结合《职业发展与就业指导行动手册》模块四单元一中的"课堂训练 评估你的创业素质"，通过问卷测评评估自己是否具有创业思维或创业心态。

大学生要提升创业者素质，主要有以下三种方法。

（一）勤于学习

创业者的知识和能力一方面来自系统的学习和培训，另一方面来自于工作经验，即"干中学"。大学生可以通过课堂和书本学习市场营销、财务会计、数据分析等经营管理知识，为创业打下一定的基础，减少失败的概率，避免走弯路。

（二）善于观察

大学生应多与创业人士交谈或向其请教，多阅读成功创业者的故事和经历，有意识地分析创业者的成功之处；实地观察、提炼或评价一家创业型公司的绩效和管理过程。

（三）勇于实践

大学生应积极参加"创青春"全国大学生创业大赛、中国国际"互联网+"大学生创新创业大赛等竞赛，制订未来的创业计划，强化创业动机；积极参加学校社团和集体性讨论等；尝试实际加入一个创业团队，或者在创业型企业中实习，真实参与一个创业过程；借助"企业孵化器"进行一个创业项目的实际运作，创办一家自己负责的公司。

知识链接：我国38类创业大赛时间表及赛事指南

> **深思明辨**
>
> 大学生可以参加的创业活动有哪些？

需要说明的是，大学生若选择创业则应该忘记自己的大学生身份。在市场竞争中，没有"大学生创业"和"非大学生创业"的区别。大学生创业者应该去适应市场环境，而不是希望政府制定一些特殊政策降低对大学生创业公司的要求。人们不应该因为自己不够高大，而在篮球比赛时要求裁判将"篮筐"降低。选择了创业就应该公平竞争。

三、创业伦理与新时代大学生历史使命的实现

近年来，"土坑酸菜""假疫苗"等事件引起社会各界强烈关注，暴露了个别创业者在经济利益驱使下做出了违背创业伦理的错误行为，值得深思。党的二十大报告提出"完善中国特色现代企业制度，弘扬企业家精神，加快建设世界一流企业"的新部署和新要求。大学生创业者的伦理水平，不仅仅直接影响到创业者个人及其创业组织的健康成长，更关系到经济社会的健康发展与创新型国家的建设。

随着人脸识别、移动支付等科技手段的发展，人们在享受科技带来的方便快捷的同时，也面临日益严峻的创业伦理风险。例如，人脸识别技术容易被不法商家利用，侵害消费者的权益，同时让消费者处于被监控的环境下，没有隐私可言，而且还存在严重的数据泄露风险。涉世未深的大学生创业者极容易被急功近利的不良社会风气所影响，一味追求经济利益而忽视了创业伦理风险。

大学生在自觉培养自身的创新精神、创业能力的同时，也要注重社会责任感的培养，树立正确的创业价值观，当面临创业伦理困境时，可以自觉做出正确的价值判断和价值选择。对于理工类大学生而言，"科学伦理""工程伦理"是除注重科学思维方法的训练外还应关注及修炼的维度。好的创业项目对社会发展有切实的促进作用，可促进新时代大学生历史使命的实现。

➡ 任务挑战

> **任务说明**
>
> 请同学们完成《职业发展与就业指导行动手册》模块四单元一中的"单元任务 采访创业者"和"单元任务 探究创业的社会责任"。

模块四　激发创业梦想　投身创业实践

> 通过本任务，帮助同学们进一步了解创业及创业者的素质能力要求，厘清创业与社会责任的关系。

单元二　提升创新能力

⇨ 知识解码

大学生是提升国家创新能力的生力军，是加快我国进入创新型国家前列的有生力量，当下的用人单位都非常重视应聘者的创新能力。创新型人才在应对千变万化的市场经济活动时能得到更多的就业机会。提升创新能力对于学生个人发展至关重要，可以提升个人综合素质，增强个人信心，从而拥有更长远的发展。

一、创新的界定

学习创业，既包含"创业"这一行为层面，又包含"精神"这一思维层面，而创业精神最核心的则是创新意识及能力。

"创新"一词最初起源于拉丁语 innovare，它有三层含义：一是更新；二是创造新的事物；三是改变。创新是一个抽象的概念，在历史上，很多人对创新下过不同的定义。从广义上看，创新是指使用有别于常规或旧有见解的思维，本着理想化需要或为满足社会需求的理念，以别出心裁的方式运用现有的知识和物质，而改进或创造新的事物、方法、元素、路径、环境，并能获得一定效果的行为。从狭义上看，创新主要从"技术"的角度对创新进行界定，强调创新主要是从技术着手，对产品或工艺进行改进或变革，从而创造新的价值。

创新不等于发明，创新有很多种类：一是引入新的产品或赋予产品一种新的特性；二是引入新的生产方法，即采用新的工艺或新的生产组织方式；三是开辟一个新的市场；四是获取原材料或半成品的一个新的供应来源；五是创建一个新的组织。

创新类型大致可分为产品创新、过程创新及商业模式创新。创新类型及内涵如表4-2-1所示。

表 4-2-1　创新类型及内涵

创新类型	内涵
产品创新	产品创新就是在生产的产品或提供的服务方面的创新。随着社会的发展进步，社会上不断涌现出越来越多的新商品和服务，这就是产品创新的结果。产品创新有两种模式，一种是改进性创新，即对已有的产品不断推陈出新、改进，以持续地、更好地满足人们的需求；另一种是原创性创新，即社会中不断出现的一些全新的产品或服务，来满足人们未曾满足的需求甚至因为提供了全新的产品与服务引发了新的需求

续表

创新类型	内涵
过程创新	过程创新就是在生产产品或提供服务的过程中进行创新。主要表现为运用科技创新和科技进步的成果，使生产的产品或提供的服务节约了成本或提高了效率，使其在市场竞争中具备一定优势，从而赢得市场。过程创新主要包括生产技术的变革、生产组织方式的革新、新材料的使用等
商业模式创新	商业模式创新指销售商品或提供服务时，盈利方式发生了创新。在这种创新方式中，生产产品或提供服务的过程没有发生任何变化，甚至产品的形态和功能也没有发生变化，同时也没有提供全新的产品或服务，即过程创新和产品创新都没有发生。例如，直销模式是对传统代理分销模式的一次商业模式创新，是让产品直接到达消费者手中的一种销售模式。商业模式创新有一些是因为科技创新，但更多的是企业家对商业逻辑的深刻理解和重新优化组合

深思明辨

列举令你印象深刻的商场或餐厅进行的服务创新。

二、创新技法的掌握

创新有一定的规律可循，创新技法就是创造学家根据创造性思维的发展规律和大量创造创新的成功范例总结出来的一些原理、技巧和方法。人们若想不断培养创新思维和创新能力，就应该加强创新技法训练。自20世纪30年代以来，世界范围内已经出现了360多种创新技法，以下我们就最为常用的六种做详细介绍。

（一）逆向转换法

逆向转换法是对事物或方法进行方向、过程、功能、原因、结果、优缺点、矛盾双方等方面的逆转，从而产生新事物或新问题的创新技法。这种技法常常能创造性地解决问题。我国古人所云的"反弹琵琶，逆道而行"，用现在的话来说就是逆向思维。常用的逆向转换法有以下四种。

（1）原理逆向。从事物原理的相反方向进行思考。

（2）功能逆向。按事物或者产品现有的功能进行相反的思考，如保温杯可以保热，也可以保冷。

（3）过程逆向。对事物发展过程进行反向思考，如"司马光砸缸"的典故。

（4）因果逆向。原因结果相互翻转，即由果到因，如数学作业中的验算。

（二）仿生创新法

仿生创新法是在社会及市场需求指引下，通过有效地创新组织、观察、研究和模拟自然界生物及生态的各种特殊本领，包括生物及生态本身的结构、原理、行为、器官功能、能量供给、记忆与传递等，从而为技术发明、产品设计提供新的思想、原理和系统架构，为系统管理提供新的分析思路与工具，能够产生有用的新技术、新产品与新方法，并能产生实际效益的一种创新技法。例如，蝇眼照相机即是根据苍蝇的复眼发明而来的，苍蝇的复眼包含 4 000 个可独立成像的单眼，能看清几乎 360 度范围内的物体，在蝇眼的启示下，人们制成了由 1 329 块小透镜组成的一次可拍 1 329 张高分辨率照片的蝇眼照相机，在军事、医学、航空、航天上被广泛应用。

（三）头脑风暴法

头脑风暴最早是精神病理学上的术语，指精神病患者的精神错乱状态，美国广告大师亚历克斯·奥斯本（Alex Osborn）发明了头脑风暴法并将其引入创意领域，用以无限制地自由联想和讨论。由于团队讨论使用了没有拘束的规则，人们就能够更自由地思考，进入思想的新区域，从而产生很多的新观点和问题解决方法。

头脑风暴法的基本原则包括以下四点。

（1）自由畅享。在头脑风暴过程中，应有一种自由、活跃的气氛，以激发与会者提出各种不着边际、天马行空的设想，使与会者的思想彻底解放。与会者应集中注意力，就探讨的主题各抒己见，自由发言。

（2）以量求质。头脑风暴并不是为了一步到位，找一个完美的解决方案，而是为了得出大量的设想。意见越多，就越容易产生互激效应，也就越容易最后产出好创意。

（3）见解无专利。与会者除了提出自己的意见，还可以鼓励其他与会者对自己提出的设想进行补充、改进，并产生不同的设想，不必担心自己的设想被人抢走或抢走了别人的设想。见解无专利是产生互激效应的基础。

（4）延迟评判。头脑风暴法禁止与会者随意评判会议中提出的各种意见、方案。任何与中心议题有关的想法都是有价值的，应认真对待会议中提出的任何一种设想，先不用理会其适当性与可行性。一旦产生批评，就很可能造成其他与会者不敢提建议，最后无法产出创新成果。

> **精训勤练**
>
> 结合《职业发展与就业指导行动手册》模块四单元二中的"课堂训练 体验头脑风暴法"，通过学习小组讨论活动体验并掌握头脑风暴法的应用。

（四）联想创新法

1. 类比联想创新法

类比联想创新法是通过触类旁通、举一反三的类比联想进行创新的方法。常见的类比联想创新法有以下六种。

（1）直接类比，即在自然界或者已有的成果中寻找与创造对象相类似的东西。例如，人们仿效蝙蝠超声波而提出超声波定向等。

（2）象征类比，即用具体事物来表示某种抽象概念或思想感情。该方法多用于建筑方面的设计。

（3）拟人类比。例如，挖土机就是模拟人的手臂的动作设计的。

（4）因果类比，即两个事物的各个属性之间存在某种因果关系，因而可以根据一个事物的因果关系推出另一个事物的因果关系。例如，有人将面包发酵技术应用到橡胶制造工艺中可以生产松软多孔的海绵橡胶，使水泥也能变得既轻又具有隔热和隔音的性能，从而发明了气泡混凝土。

（5）对称类比，即通过对称关系进行类比、创新。例如，有人根据女士化妆品创造男士专用化妆品。

（6）综合类比，即各种事物属性之间的关系虽然很复杂，但可以综合它们相似的特征进行类比。例如，将一个模拟飞机在风洞中进行模拟飞行试验。

2. 连锁联想创新法

连锁联想指在头脑中按照事物之间不同的联系，一环紧扣一环地进行联想，使思考逐步前进或逐步深入，从而引发某种新的联想。

3. 跨越联想创新法

跨越联想指在头脑中从一个事物形象联想到表面上看起来与之似乎没有任何联系的另一个事物形象，能够使思考活动大跨度跳跃，从而引发某种新的联想。

4. 功能变异联想创新法

功能变异联想创新法指对现有产品和服务的功能进行变异性联想，并根据实际情况和具体需要加以适当的调整、改造、完善，从而构成一种有别于以往设计的创造性联想。

（五）六顶思考帽法

六顶思考帽法是英国学者爱德华·德·博诺（Edward de Bono）开发的一种思维训练方法，为人们提供了一个全面思考的模型。他提出了"平行思维"的理念，从而大大减少了人们互相争执的时间。这个模型让人们能够重点思考"能够成为什么"，而不是思考"本身是什么"，是面向未来的思维方式，而不是就当下已经执行的情况进行争辩，能帮助团队提升决策效率，挖掘具有建设性的有益意见。

1. 六顶思考帽法应用思路

顾名思义，"六项思考帽"表示六项思考的帽子。六项思考帽法将不同思考方式用不同颜色的帽子直观地表示出来。

（1）白色思考帽。白色代表客观、中立的思考方式。戴上白色思考帽意味着人们在思考过程中主要关注的是客观的事实和数据，而不是主观结论。

（2）绿色思考帽。绿色代表蓬勃生长的植物，象征旺盛的生命力。戴上绿色思考帽表示人们需要从更具创新和想象的角度进行思考。这种思维方式得出的结论具有独辟蹊径、新颖等特点，创造性思考、求异思考、头脑风暴等都属于此类思维方式。

（3）黄色思考帽。黄色代表肯定及激励。戴上黄色思考帽表示人们更加倾向于从正面思考，更加关注积极因素，并能够提出建设性的观点，表现出积极向上、充满希望、乐观的思维方式。

（4）黑色思考帽。黑色代表否定及怀疑。戴上黑色思考帽表示人们在思考过程中倾向于采取批判性的思维方式，常常发出质疑，当然，这种批判是合乎逻辑的，而不是为了批判而批判。

（5）红色思考帽。红色代表情绪和情感。戴上红色思考帽表示人们在思考的过程中不再是理性的，可以彰显自己的情绪，并不完全按照逻辑推理进行思考，直觉、第六感等都属于这种思维方式。

（6）蓝色思考帽。蓝色代表理性、条理、控制。戴上蓝色思考帽表示人们在思考过程中可以调节和控制其他思考帽的使用顺序，管理整个思考过程，并在思考的最后进行总结得出可靠的结论。

综上，六项思考帽法应用思路如图4-2-1所示。

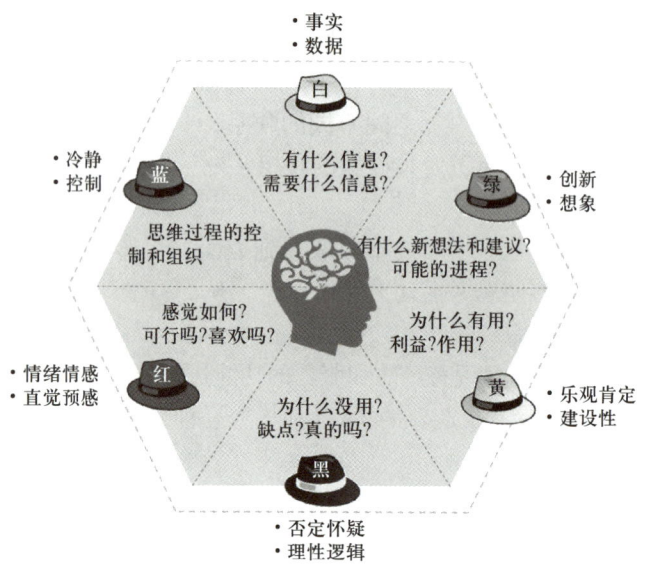

图4-2-1 六项思考帽法应用思路

2. 六项思考帽法应用步骤

一般而言，运用六项思考帽法解决问题应遵循以下五个步骤。

（1）客观陈述实际情况。在这个步骤中应用的是白色思考帽，只是客观单一地描述事实，不掺杂主观臆断。

（2）提出解决问题的方案。首先要明确需要解决的问题是什么；其次要突破思维定式，此时应运用绿色思考帽，充分发挥想象力，尽量突破经验和思维的局限，配合使用头脑风暴法等创新技法，提出符合问题特征并具有更强操作性、性价比更高、可执行的问题解决方案。

（3）评估方案。评估时需要先用黄色思考帽从每个方案中分析出积极的方面及有利的因素，并提出改进方案的建设性意见；再用黑色思考帽提出方案在执行过程中可能存在的问题，以及会出现的风险。

（4）选择方案。运用红色思考帽进行直觉思考，在充分分析利弊的基础上做出决定。

（5）得出结论。运用蓝色思考帽集中进行再思考，评判和处理各种思考的结果，得出最后的决策方案。

六项思考帽法提出的是一个思维框架，在利用六项思考帽法进行思考的过程中，并不严格要求按照某个顺序进行，而是根据实际情况灵活选择。

（六）组合创新法

组合创新法指将已知的若干事物合并成一个新的事物，使其在性能和服务功能等方面发生变化，以产生新的价值和创造技法。创新后的组合应符合两个特征：是由不同的技术因素构成的具有统一结构与功能的整体；组合物应具有新颖性、独特性和价值性。组合创新法主要有以下三种。

1. 主体附加法

主体附加法是以原有物质产品或技术思想为基础，在不改变主体或者略微改变主体的情况下，添加一种新的产品或技术思想，以克服原有主体存在的不足的创造过程。例如，"中医＋推拿"的盆桶创新设计（图4-2-2）便运用了该法。

2. 异物组合法

异物组合法指将两种或两种以上的技术思想或具有不同功能的物质产品进行组合。组合的结果是产生新的思想、概念、技术或产品。例如，"拉杆＋书包＋轮子＝拖箱式书包"的创新设计（图4-2-3）便运用了该法。

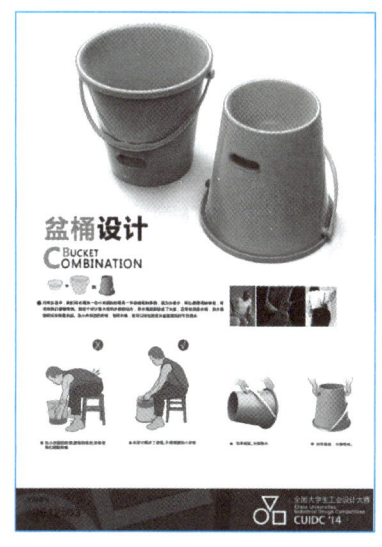 

图4-2-2　"中医＋推拿"盆桶创业海报　　　图4-2-3　拖箱式书包

3. 同类组合法

同类组合法指将两种或两种以上的相同或相近的事物进行组合，其特点是参与组合的对象与组合前相比，其基本性质和结构没有发生根本性的变化，在保持事物原有功能或意义的前提下，通过数量的变化来弥补功能上的不足或得到新的功能。例如，双人自行车的创新设计（图4-2-4）便运用了该法。

图4-2-4　双人自行车

模块四　激发创业梦想　投身创业实践

➡ 任务挑战

> **任务说明**
>
> 　　请同学们完成《职业发展与就业指导行动手册》模块四单元二中的"单元任务　思考组合创新法的应用"。
> 　　通过本任务,帮助同学们体验并掌握组合创新法的运用。

单元三　发现创业机会

➡ 知识解码

　　《21世纪创业》的作者杰夫里·A.蒂蒙斯(Jeffry A. Timmons)教授提出:好的商业机会其首要特征是"它很能吸引顾客"。

　　在创业过程中,每个人的思维、认知和路径是不一样的,关键是创业者是否能够与时俱进地把握发展过程中的合适的时机、应有的位置、正确的路径、优秀的人。在他人眼中看到的是"危",在创业者眼中看到的却可能是"机"。对创业机会的识别与市场潜力的把握,是创业成功的第一关键要素,而创业者个人对创业机会的识别能力发挥着关键的作用。

视频连线:
发现创业机会

一、创业机会的来源

创业机会的来源主要包括问题、变化、创造发明、竞争、新知识新技术五种。
（一）问题
创业的根本目的是满足顾客需求,而顾客需求在没有满足前就是问题,或者称为痛点。寻找创业机会的一个重要途径是善于去发现、体会自己和他人在需求方面的问题或在生活中的难处。

> **⚙ 精训勤练**
>
> 　　结合《职业发展与就业指导行动手册》模块四单元三中的"课堂训练　发现创业思维习惯",通过案例分析并尝试训练创业思维,以更好地发现创业机会。

（二）变化
产业结构转型升级、城市化进程加速、代际消费观念变化等带来人们需求的改变。例如,在"双碳"(碳达峰碳中和的简称)目标推动下,我国新能源产业引领了一股绿色低碳新风潮,加上绿色发展理念的日益深入人心,新能源汽车得到快速发展,由此派生出充电桩运营、新能源汽车修理、美容等诸多创业机会。又如,近年来不断涌现的新职业，也正是基于社会及个人需求的变化应运而生的。

（三）创造发明

创造发明提供了新产品、新服务，更好地满足顾客需求，同时也带来了创业机会。即使你不发明新产品，也能成为销售和推广新产品的人，从而带来新的商机。

（四）竞争

竞争能弥补竞争对手的缺陷和不足，也可以成为创业机会。例如，提供更快、更可靠、性价比更高的产品或服务。

（五）新知识新技术

知识经济的一个重要特征就是新知识新技术不断更新迭代，其中蕴含着大量的商机。技术机会表现在三个方面，即新技术替代旧技术、新技术实现新功能、新技术带来新问题。党的二十大报告中指出，我国已在"载人航天、探月探火、深海深地探测、超级计算机、卫星导航、量子信息、核电技术、新能源技术、大飞机制造、生物医药等取得重大成果"，围绕这些重大的技术突破，将会涌现出无穷的创业机会。

品文酌例

油盐酱醋催生小发明

在长沙市第十届大学生科技创新创业大赛上，长沙环境保护职业技术学院刘思的"自动闭塞方便卫生瓶盖工厂建设"项目获得了专科生组一等奖，这一来源于生活的小发明相比大型的科技发明得到了更多的关注。

刘思的发明很小却很实用，简而言之就是在瓶盖上安装了一根弹簧，使用酱油、醋这些液体时只要按下手柄，就可以倒出，松开手柄，瓶盖就能自动封住。刘思说："想到这个创意，是因为我们家里的酱油用完之后都不盖，因为我是学食品营养与检测这个专业的，所以觉得不是很卫生，会残留很多微生物，影响健康，这个发明唯一突出的特点就是把塑料改成弹簧，方便操作。"

后来，刘思不仅申请了专利，还通过大学生绿色通道注册了公司。

二、创业项目的可行性分析

创业项目的可行性分析指通过对项目的主要内容及配套条件进行分析和研究，并最终对项目的开展、运行和效益产出等情况做出预测。通过可行性分析，创业者可对创业项目有更深入的认识。

（一）SWOT分析法

我们可以运用单元二介绍的SWOT分析法对创业项目进行可行性分析。具体包括以下四个步骤。

第一步，评估自身的优势和劣势。在进行优势和劣势评估时，创业者一定要尽量全面准确地列出尽可能多的优缺点。

第二步，找出面临的机会和威胁。找出面临的机会和威胁是对外部环境的考量，创业者应该将所有对企业经营有影响的因素都进行考量，并找出有利条件与不利条件。

第三步，评估创业项目的潜力。通过前面两步的分析，找出各种条件并综合分析哪些劣势可以填补及各种威胁的应对方法，最后评估创业项目的投入、成功率、产出等具体情况，判断其是否可行。

第四步，根据创业项目制订工作计划。在评估创业项目可行的情况下，创业者就需要考虑如何实现创业项目，包括组织人员、调度资源、寻找投资等，优势越大、机会越多的创业项目越容易取得成功。

品文酌例

"My 画网"SWOT 分析

大学生创业项目"My 画网"SWOT 分析如表 4-3-1 所示。

表 4-3-1 "My 画网"SWOT 分析

SWOT矩阵		内在因素	
		优势（S） （1）创新理念 （2）良好的声誉 （3）网络活动的推出 （4）客户资源多	劣势（W） （1）资金不足 （2）网站维护技术有限 （3）网站知名度不高 （4）追踪查询服务不够完善
外部环境	机会（O） （1）互联网的飞速进步，电子商务的快速发展 （2）市场潜在需求大，人们对艺术的需求也在增加 （3）人们购买力的提高 （4）没有同类型的网站，竞争压力小	SO战略： （1）拓展产品和服务范围，做好售后服务，进军新领域，做大做强 （2）进行网上调研，了解客户的想法，及时改变营销策略	WO战略： （1）做好网站建设，吸引投资商和广告商的注意，在适当的时间实现网站转型 （2）关注同类网站，做到扬其长、避其短，发现新机遇 （3）广纳贤才，管理网站后台
	威胁（T） （1）作品真实性与完整性的风险 （2）消费者个性化选择的不确定性 （3）网络建设时期，推广力度不够，创意容易被竞争对手模仿	ST战略： （1）与类似的网站或网店建立链接，提高网站访问量 （2）活动应推陈出新，让游客成为忠实客户 （3）实现多种经营	WT战略： （1）加强网站建设，提供更加周到的服务 （2）加强团队建设，提高综合竞争力

（二）波特五力模型

哈佛大学教授迈克尔·波特（Michael Porter）是当今全球战略管理的权威，也是商界公认的"竞争战略之父"。在其经典著作《竞争战略》一书中，波特提出了行业结构分析模型——波特五力模型（图4-3-1）。

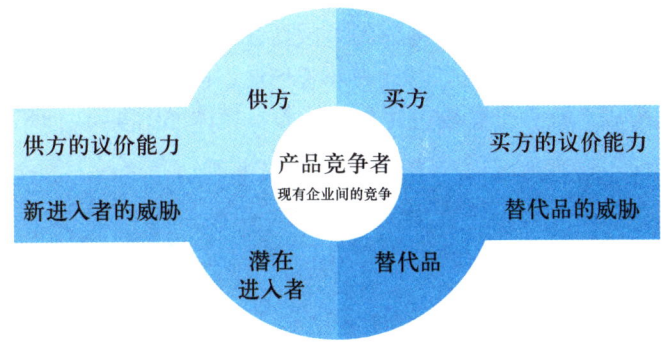

图 4-3-1　波特五力模型

波特认为，企业的盈利能力主要由产品竞争者现有企业间的竞争、供方的议价能力、买方的议价能力、替代品的威胁、新进入者的威胁五大竞争力量决定，不同企业面临的竞争强度不同，潜在获利能力不同。波特认为，企业战略设计的核心在于选择正确的行业，以及在行业中占据有利的竞争位置。

相对而言，有工科背景的创业者或许更了解新技术，对高科技的应用更具备敏锐度，因而更能够理解新产业。无论是在机器人、无人机领域，还是在新材料、新能源、新工艺领域，或者是在高端制造、新一代信息工程、大数据、移动互联网、云计算等领域，创业者都有机会从专业细分领域发现创业机会。

任务挑战

任务说明

请同学们完成《职业发展与就业指导行动手册》模块四单元三中的"单元任务　发现商机"。

通过本任务，帮助同学们更好地从身边痛点寻找好的商机。

单元四　做好创业准备

知识解码

创业者能否成功地开发出机会，进而推动创业活动向前发展，通常取决于他们是否做好了充分的创业准备，即是否对创业过程有了清晰的了解；是否掌握并能整合到创业所需的各种资源,以及是否具备对创业资源的利用能力;是否拥有一支高效的创业团队,群策群力、同向同行。

一、创业过程认知

创业过程是从商业机会的最初构思到形成新视野,直至新视野成长为成熟企业的整个过程。在实践中,创业过程可以分为理解创业、酝酿创业、产生灵感、启动创业和创业管理五大阶段,每一个阶段包含多项任务,具体如图4-4-1所示。

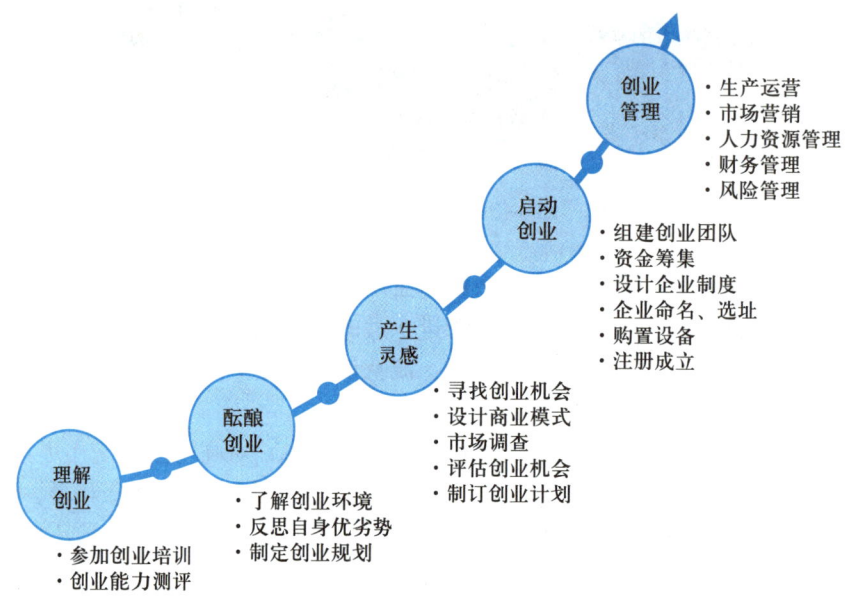

图 4-4-1 创业过程

此外,从企业发展运行模型来看,创业过程大体可分为五大阶段,即创业阶段、引导阶段、授权阶段、协调阶段、合作阶段。其中,创业阶段的机会识别和机会开发是最重要的部分。

识物善用

商业画布

商业画布是一种能够帮助创业者催生创意、降低猜测、确保找对目标用户、合理解决问题的工具。商业画布由九个方格组成(图4-4-2),每个方格都代表着成千上万种可能性和替代方案,你要做的就是找到最佳的那一个。

(1)客户细分(customer segment)。找出你的目标用户。
(2)价值主张(value propositions)。产品或服务能为核心用户提供的价值。
(3)渠道通路(channels)。可以接触用户的渠道。

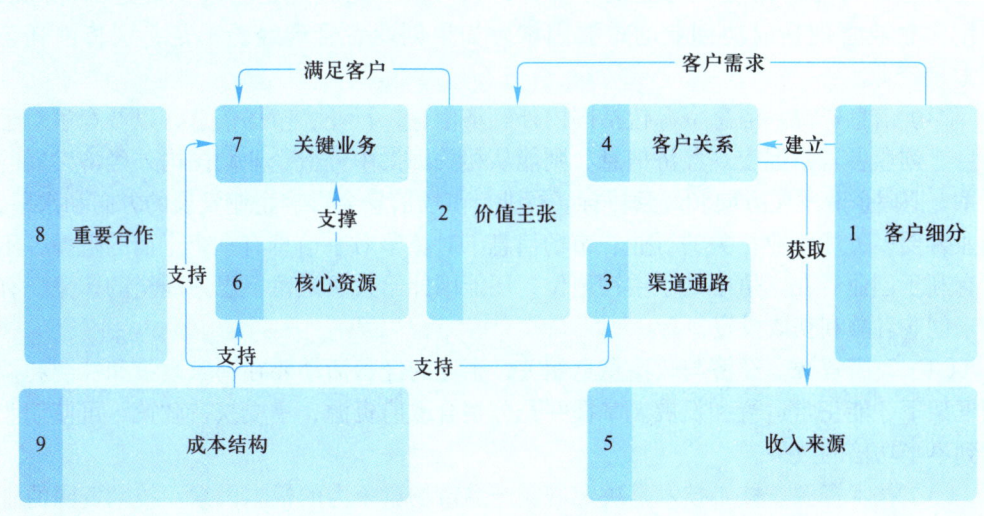

图 4-4-2 商业画布

（4）客户关系（customer relationships）。同目标用户建立关系，明确关系成本。

（5）收入来源（revenue streams）。盈利方式。

（6）核心资源（key resources）。资金、人才。

（7）关键业务（key activties）。催生价值的核心活动。

（8）重要合作（key partnerships）。重要伙伴、供应商。

（9）成本结构（cost structure）。明确最重要的固有成本。

二、创业资源整合

狭义的创业资源是指与创业直接有关的资源，包括有形资源（物质资源）及无形资源（虚拟资源）；广义的创业资源还包括作为狭义创业资源载体的资源网络（如家庭、产业群、供应商、顾客、员工、企业家、银行、风险投资者、政府等）。

视频连线：整合创业资源

（一）有形资源

有形资源包括人力资源、物力资源及财力资源。

（1）人力资源。人力资源作为企业的第一资源，最重要的是创业团队和人才。

（2）物力资源。不同的企业所需的物力资源不同，基本包括创业场地、创业设备、原材料、办公条件、对外形象展示和安全保障设施等。

（3）财力资源。资金是企业生存的血液，包括注册资金、固定资金、流动资金三个方面。

（二）无形资源

无形资源包括行业资源、管理资源、信息资源、政府资源和技术资源等。

（1）行业资源。行业资源包括经营性资源和辅助性资源。

（2）管理资源。管理资源包括行业协会、科研机构、行业专家、行业杂志和报纸、行业展会、行业研讨会、行业俱乐部等，这些资源对企业运营起到促进和保障的作用。企业管理是成功创业的重要因素，如果创业者管理经验不足，则将消耗公司大量资源。

（3）信息资源。信息资源包括国内外经济信息，行业、市场信息，以及竞争对手信息。创业者若掌握宏观经济信息，则能从相关因素中分析企业同国内外经济发展的关系，把握企业发展方向和经营目标。行业、市场信息会影响企业发展的方向和水平，创业者要多关注企业相关的行业、市场信息。对竞争对手信息有一个全面的把握，不仅有利于创业者在竞争中处于主动地位，还能因此给投资人留下思虑周全的印象，有助于创业者顺利获取投资。

（4）政府资源。经济与政治息息相关，企业的经营活动要在国家政策和社会利益的框架下才能正常运行和发展。掌握并充分整合政府资源、享受扶持政策，可使创业达到事半功倍的效果。

（5）技术资源。核心技术是决定创业产品市场竞争力的根本因素。技术资源的主要来源是人才资源，重视技术资源的整合也就是注重人才资源的整合。技术资源的整合是为了技术的不断创新，能够自主研发并拥有自主知识产权，保持技术的领先，占领市场，壮大企业。

> **精训勤练**
>
> 结合《职业发展与就业指导行动手册》模块四单元四的"课堂训练 整合创业资源"，通过创业项目路演案例讨论，深化对创业资源整合的理解。

三、创业团队组建

一个人走，可能走得更快；但是一群人走，可以走得更稳更远。创业过程更是如此，只有在团队的共同努力下，创业项目才能行稳致远。

创业团队是指为了进行创业活动而形成的集体，创业团队成员需要才能互补、责任共担，各自在创业活动中扮演不同的角色，并共同为实现创业目标而奋斗。

（一）创业团队的特征

1. 共同的价值观

共同的价值观是创业团队成立和存在的基石，对创业团队具有导向、凝聚、约束和激励的作用。

2. 科学的构成要素

创业团队的构成要素包括目标（purpose）、计划（plan）、人员（people）、定位（place）、权责利（power），简称"5P"（图4-4-3）。

（1）目标。创业目标是指引团队行动的方向标，可引导团队成员的思想和行动。好的创业目标能凝聚团队和激发团队。

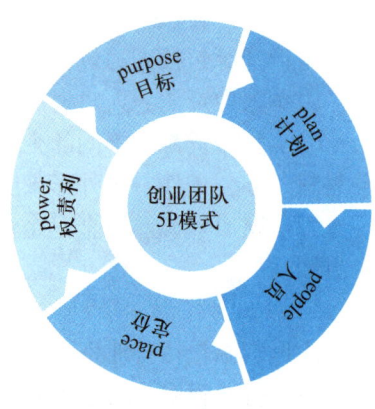

图4-4-3　创业团队5P模式

（2）计划。创业计划是创业团队为达到目标所做出的安排，是未来行动的方案和纲领。一个切实可行的创业计划是创业能够有序进行、降低风险的保证。

（3）人员。人员是构成创业团队最核心的力量，两个及以上的人员就可以构成团队。选择跟谁合伙是创建团队的关键，合适的合伙人是创建优秀创业团队的保障。

（4）定位。创业团队的定位有两层含义：一是创业团队的定位，即确定团队在企业中处于什么位置，由谁决定，团队最终应对谁负责等；二是个体的定位，即对团队成员进行分工，明确每位成员的角色定位。

（5）权责利。没有规则，不成方圆。创业团队要有权利、责任和利益的界定。责任既是享有权利的过程，也是管理的过程；利益既是权利的实现，也是管理的实现。创业的过程实际上是"权责利"结合与统一的过程，也是权责利使用与实现的过程。

（二）创业团队的组成

创业团队成员的选择要遵循共同性及互补性两个原则。

1. 共同性

创业团队成员需要目标一致、责任共担及利益共享。

（1）团队目标描绘了团队发展远景，体现了团队价值。对于共同目标的认同感将给予团队成员持久的精神动力，激发团队的创造性，增强团队的凝聚力。

（2）责任共担是指创业团队成员中的全员负责的文化，每个人都跟创业目标有关，只有树立主人翁精神，营造团队成员间相互合作、相互帮忙、关心集体的氛围，才能增强团队凝聚力。

（3）利益共享是维护团队长期稳定的重要举措，使每个成员的利益最大化，同时减少了甚至避免了不必要的矛盾。

2. 互补性

人无完人，创业团队中的成员有着各自的优势才干。在组建创业团队时，成员之间需要做到能力互动、性格互补、资源互补。尤其是在创业初期，创业团队对于资源的依赖性会较强，这就需要创业团队成员发挥各自的优势，在短时间内把自己能够链接的资源，包括资金、市场、技术等迅速嫁接到创业团队发展的路径上。

⇨ 任务挑战

任务说明

请同学们完成《职业发展与就业指导行动手册》模块四单元四中的"单元任务 体验100元创业实践"。

通过本任务，帮助同学们有效完成创业要素与构思专项训练。

模块四　激发创业梦想　投身创业实践

▶ 模块反思

■ 课后评价

回顾本模块所学内容,在开篇表 4-0-1 "自评"列中对自己的学习成果进行评价,并与"自测"列的得分进行比较,分析分数变化的原因。

■ 延伸思考

(1)创业者应该以何种思维方式认识、理解和看待不确定性?

(2)创业者应该以何种行动策略应对、驾驭和利用不确定性背后的机遇?

■ 效果检测

激发创业梦想　投身创业实践

▶ 模块小结

概念

方法

工具

- 超级个体
- 创业团队
- 创新
- 创业资源

- 运用逆向转换法
- 运用仿生创新法
- 运用头脑风暴法
- 运用联想创新法
- 运用六顶思考帽法
- 运用组合创新法
- 组建创业团队

- 头脑风暴会
- 六顶思考帽
- 波特五力模型
- 商业画布
- 创业团队5P模式

模块五

掌握就业信息 做好求职准备

知彼知己，百战不殆。

——《孙子兵法·谋攻篇》

模块路径

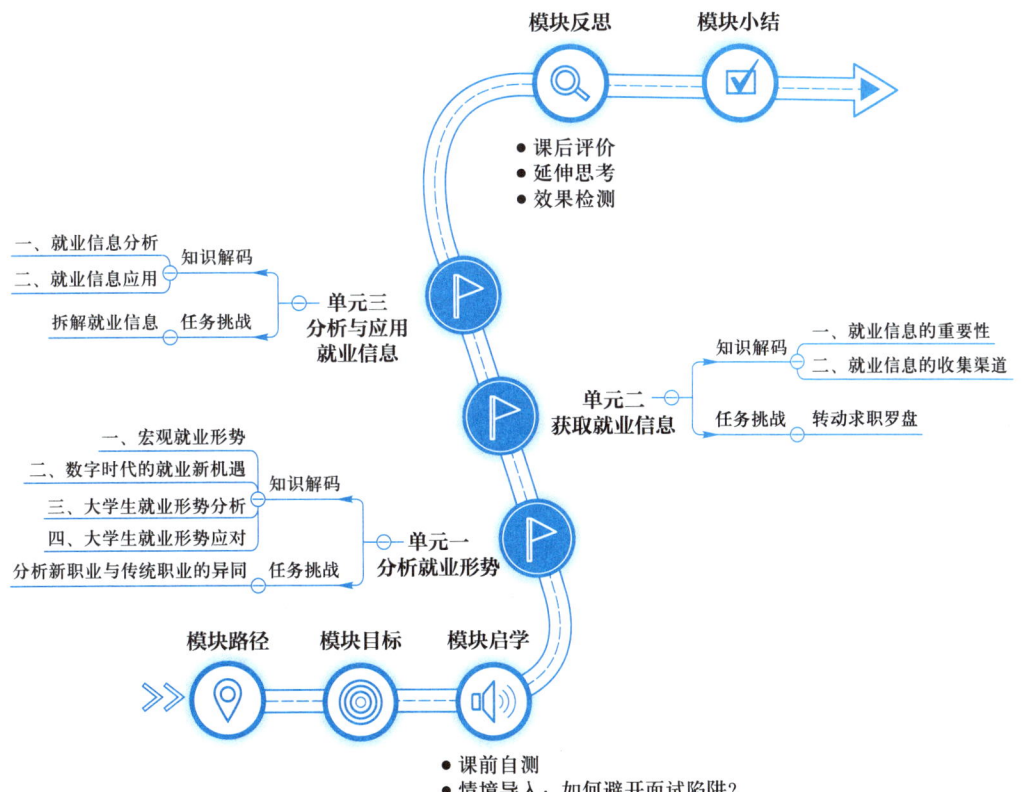

模块五　掌握就业信息　做好求职准备

▶ 模块目标

知识目标：了解宏观就业形势；熟知就业信息收集渠道。

能力目标：基于就业形势的准确全面认知，做出合理的职业定位与求职准备；能有效选择适合自己的就业信息收集渠道，掌握分析与运用就业信息的方法。

素养目标：基于就业形势的准确全面认知，增强社会责任感，强化家国情怀。

▶ 模块启学

■ 课前自测

在开始本模块学习之前，请基于自身已有的知识和经验，认真思考表5-0-1中的问题，并在"自测"列就相关问题的了解程度进行如实打分（最高分为10分）。

表5-0-1　模块五学习记录表

题目	自测 （1~10分）	自评 （1~10分）
我能说出后疫情时代大学生就业的机遇与挑战		
我能找到适合自己的就业信息收集渠道		
我能拆解某个岗位招聘要求		
我能根据求职岗位招聘要求，列出求职前准备要素清单		
我能掌握求职罗盘的使用方法		
总分		

■ 情境导入

如何避开面试陷阱？

赵意，22岁，2022年7月从某信息职业学院毕业才开始着手找工作。学校在大二时就为学生安排了简历撰写和面试培训等就业指导在线课程，后期还组织学生参加一些大型的线上招聘会，并指导学生如何了解招聘公司和收集信息，但当时他觉得离毕业还早，并没有放在心上。

毕业后，看着身边的同学都已找到了满意的工作，自己还没有着落，赵意心中十分着急。于是他开始海投简历，两个月过去了，单位均以没有工作经验为由婉拒他。他总觉得刚毕业的大学生在劳动力市场常有"矮人一截"的感觉，心中更是绝望和着急。

一次偶然的机会，赵意看到某网络公司招聘网络管理员，并说明"无经验也可"，于是他不假思索就填写了登记表，对招聘公司的背景一概不知，也未对公司做任何的信息收集。在面试过程中，面试人员跟他提了所有的要求，包括必须先接受公司培训，需要交报名费、培训费、保证金和教材费等一系列费用。赵意急于得到这份工作，便交了钱,也没留下任何票据,之后听从面试人员指示,回家等消息。但等了一个月该公司仍然没有任何回音,他问了朋友后发现他好像被骗了,便来到公司要求退钱,但由于拿不出任何凭据,也无法替自己维权,最后只能无奈走人,工作没找到,钱却被骗去了不少。

◎ 思考与探究

赵意的经历正是当下许多毕业生缺乏就业信息管理意识与能力的真实写照。由于求职心切,在对就业信息获取渠道知之甚少的情况下,一些毕业生未对应聘企业的背景资料等基本信息详加了解就盲目前往,甚至不少人为了表示自己应聘的诚意,对企业提出的一些近乎苛刻的要求也照单全收。一些不法企业正是利用了应届毕业生这种心理,设下种种圈套。通过这个案例,尝试回答以下问题。

(1)在求职面试时,我们应该如何了解企业的背景?应该注意哪些问题?
(2)我们应该如何防止赵意的经历发生在自己身上?

单元一　分析就业形势

知识解码

大学生好就业、快就业必须建立在对就业形势客观、全面判断的基础上。了解就业形势既要有宏观层面的视野,也要有微观层面的认知。

一、宏观就业形势

(一)就业形势新特点

目前,我国已经进入新发展阶段,实现更充分更高质量就业是回应人民对美好生活的向往的必然之举。从宏观上看,我国就业形势呈现出以下三个特点。

1. **大环境——"一喜一忧"相互交织**

"喜"的层面是,"后疫情"时代,中国经济复苏的态势良好,全社会关心支持就业的环境氛围愈发浓厚,国家一系列政策红利加速释放。"忧"的层面是,"后疫情"时代,影响经济发展的不确定性因素尚未清除。为此,国务院政府工作报告指出,引导各方面集中精力抓好"六稳""六保"工作①。

视频连线:
读懂"六稳""六保"

2020年5月,中共中央政治局常委会会议首次提出"深化供给侧结构性改革,充分发挥我国超大规模市场优势和内需潜力,构建国内国际双循环相互促进的新发展格局"。2021年,全国两会审议通过的《中华人民共和国国民经济和社会

---

① "六稳"即稳就业、稳金融、稳外贸、稳外资、稳投资、稳预期;"六保"即保居民就业、保基本民生、保市场主体、保粮食能源安全、保产业链供应链稳定、保基层运转。2021年12月中央经济工作会议强调,要继续做好"六稳""六保"工作,持续改善民生。

发展第十四个五年规划和2035年远景目标纲要》确定了国内国际双循环的发展战略和发展路径,坚持以推动高质量发展为主题、以深化供给侧结构性改革为主线、以改革创新为根本动力、以满足人民日益增长的美好生活需要为根本目的。党的二十大报告中明确提出,要加快构建以国内大循环为主体、国内国际双循环相互促进的新发展格局。

"双循环"为就业带来"三大利好":一是"双循环"产生新动能、形成新业态、发展新经济,创造出了更多就业岗位,为扩大就业奠定了坚实基础;二是实施"双循环"坚持以深化供给侧结构性改革为主线,促进经济结构优化和转型升级,必将促进就业结构调整和空间拓展;三是当前党和国家实施东部率先发展、中部崛起、西部大开发、东北振兴等重大战略,积极推进京津冀、长江经济带、长三角、粤港澳大湾区、成渝地区双城经济圈等发展战略,这些地区经济发展提速、战略产业布局等为高校毕业生就业提供良好发展机遇。

2. 就业形态——"一增一减"态势明显

从就业形态看,"增"是指新经济、新发展催生了一大批新职业,带动新就业形态。"减"是指受国内外环境复杂性、严峻性、不确定性影响,实体经济、小微企业生存风险加大,毕业生失业风险及二次择业风险加大。

3. 工作层面——"一新一老"问题相互叠加

从工作层面看,新问题表现为新就业形态引发劳动关系、技术手段、组织方式、就业观念等方面的变革,新时代高校毕业生就业心态更多元,就业选择更灵活。老问题则表现为毕业生人才规模持续增加、结构性矛盾突出。

作为技术应用型人才培养的高地,高等职业院校一直在探索契合社会市场环境的办学之路,不少职业院校在专业建设、教育教学改革等方面,聚焦和对接新变化新诉求,精准进行专业升级。2020年年初,经教育行政部门备案的高等职业专业设置名录出炉,上百所院校紧跟新阶段经济发展人才需求,新设跨境电子商务专业、人工智能技术服务专业、大数据技术与应用、虚拟现实应用技术等多个专业。

习近平总书记曾在对职业教育工作做出的重要指示中强调,"加快构建现代职业教育体系,培养更多高素质技术技能人才、能工巧匠、大国工匠"。中共中央办公厅、国务院办公厅印发的《关于推动现代职业教育高质量发展的意见》,围绕国家重大战略,紧密对接产业升级和技术变革趋势,优先发展先进制造、新能源、新材料、现代农业、现代信息技术、生物技术、人工智能等产业需要的一批新兴专业,加快建设学前、护理、康养、家政等一批人才紧缺的专业。党的二十大报告也再次强调要"优化职业教育类型定位"。

结合当前的就业形势,大学生更应该积极锻造自身,掌握过硬的技术技能,同时结合个人实际情况,适时做出明智选择,如先就业再择业或者创业。人生道路千万条,条条大道通罗马,不同的赛道、不同的前进方式,可以有同样的终点。

尽管当前我国经济发展面临需求收缩、供给冲击、预期转弱三重压力,在世纪疫情冲击下,百年变局加速演进,外部环境更趋复杂严峻和不确定,但我们仍要正视困难、坚定信心。

知识链接:高校毕业生人数变化趋势

> **深思明辨**
>
> 在什么情况下我们需要先就业再择业？

（二）促进青年就业新举措

《"十四五"就业促进规划》强调持续做好高校毕业生就业工作的同时，首次明确提出了促进青年就业，具体举措有以下四个方面。

（1）着力创造多样化的就业机会。拓展新产业、新业态、新模式领域的就业创业机会，完善人力资源的需求预测，支持青年到急需紧缺的领域就业创业。

（2）增强职业发展的能力。通过职业指导提升求职能力，增加职业规划、职业体验、求职方法指导，增强青年的职场适应力。通过职业培训，提升专业技能，增强青年就业的成长力。通过就业见习增加实践经验，提供更多管理类、技术类岗位的见习机会，增强青年的岗位胜任力。

（3）着力增强就业服务的针对性。提高青年的择业精准度。组织开展行业性、专业性的招聘活动，创新更多符合青年人特点的"直播带岗"等就业服务模式。

（4）着力做好困难帮扶。实施青年就业启航计划，对失业青年开展实践引导、分类指导和跟踪帮扶，引导他们自立自强，进入市场融入社会。同时对一些困难的失业青年提供就业援助，兜牢就业底线。

二、数字时代的就业新机遇

（一）新职业认知

1. 新职业的内涵

"新职业"是一个动态变化的概念，广义上泛指在社会经济发展中应运而生并已经成熟发展起来的所有新兴职业类型，狭义上专指《中华人民共和国职业分类大典（2022年版）》中尚未收录但已形成规模的职业，人社部发布新职业主要采取向社会公开征集的方式，经过专家评估论证、公示征求意见，按程序遴选确定，并向社会公布。自2019年人社部重启新一轮新职业发布工作以来，已陆续发布过五批共74个新职业。

新职业的发布对于引领产业发展、促进就业创业、提高职业教育培训针对性和有效性等具有重要意义，推动了第四次工业革命的快速演进和就业形态的变革，产生了大量既不同于标准雇佣模式、也不同于传统非正规就业模式的就业形态。基于此，我国十八届五中全会公报首次提出"新就业形态"的概念，这一概念的提出，概括了新一轮技术革命所导致的就业模式、工作模式的巨大变化，也概括了我国劳动力市场中出现的新趋势。我国新就业形态发展至今，已逐渐呈现出自己的特征，主要体现在"新"的表现、类型及发展现状这三个方面。

2. 新职业的分布及种类

随着我国经济结构调整和人才需求变化，未来会涌现出更多的新职业类型。从分布领域看，目前，新职业就业群体主要分布在新经济领域，其中又以现代服务业中的个人消费服务为核心。例如，以抖音、快手、喜马拉雅等为代表的"新媒体"，以拼多多、小红书等社交平台为代表的"新渠道",以及以新茶饮为代表的"新产品"等所引发的新消费及其带动的供应链、传播、服务各个环节的变革所带来的新职业和新就业。相较于新技术和新产业,个人消费服务领域的新职业就业灵活度更高、门槛更低、适用人群范围更广,也贡献了最广泛的就业机会。

在线新经济催生了大量新职业人才需求和就业机会。例如,由公众号、小程序、视频号构成的微信生态,在 2022 年衍生就业机会超 5 000 万个;2019 年 8 月至 2020 年 8 月,共有 2 097 万人通过抖音平台从事创作、直播、电商等工作而获得收入,其中许多人从事互联网营销师这样的新职业。服务机器人应用技术员、食品安全管理师、建筑幕墙设计师、调饮师、电子数据取证分析师、碳排放管理员等新职业的出现与社会发展息息相关,有的顺应数字化技术发展潮流,有的符合绿色发展理念,还有的满足了消费者多样化的需求。新职业获得认可,对促进就业创业、引领职业教育培训改革、推动产业发展等具有重要意义。

品文酌例

建筑幕墙设计师:给建筑穿上"保护衣"

在第四批新职业名单中,有一个职业叫"建筑幕墙设计师"。有了建筑设计师,为什么要再细分出一个建筑幕墙设计师?

"幕墙就像是保护建筑的衣服,主要用于公共建筑上,如火车站、机场、五星酒店及大型商场等。"一位专业人士解释道,幕墙挂在建筑外面,是建筑物的外墙围护,但并不承重。除很多摩天大楼会采用的玻璃幕墙外,石材、金属板、陶板、钢板等材料也会在幕墙设计中涉及。

对人来说,衣服的作用一是保护身体,二是展现风格;对建筑来说,幕墙的作用也是如此。"现在很多建筑物设计过程中越来越重视幕墙。有的建筑外立面采用了曲面设计,还有的建筑对通透性、采光性的要求很高,要实现这些都需要更专业的幕墙设计。所以,建筑幕墙设计师的工作,就是针对不同建筑的要求,对幕墙的结构、工艺、性能等进行量身定制,在提高施工效率的同时为每个建筑赋予独一无二的个性。"这位专业人士谈道。例如,天津某高校在进行幕墙设计时,设计师除了要计算每根螺钉的受力,检验材料的热工性能,模拟建筑对风压、水压的承受能力,还要着重考虑如何实现建筑的隔音需求。这位专业人士说:"学院的每个房间都配有乐器,所以我们重点进行了隔音处理。筛选幕墙材料时,提出了高于一般住房的隔音性能标准。我们对各种材料进行了模拟实验——隔音效果是否达到预期?应用起来是否美观?色彩搭配是否融洽?造型大小是否相宜?反复斟酌才能挑选出最合适的。"

除了动工前需要详细规划,建筑幕墙设计师还有很多后续工作。据这位专业人士介绍,建筑幕墙设计师不仅要负责设计,还要考虑这件"保护衣"如何"穿","上身"效果如何,以及竣工后的长期维护保障。"这些环节缺一不可",这位专业人士说,"这份工作程序步骤多、专业性强、时间跨度长,所以建筑幕墙设计师需要很强的责任心。"

从事建筑行业多年，这位专业人士很高兴看到建筑幕墙设计师这一职业获得更多认可。"更细致的分工会带来更专业的行业发展。对建筑幕墙设计师来说，与每个项目的亲密接触都是一段值得纪念的奋斗史。我也相信，未来会有更多优秀的年轻人加入建筑幕墙设计师的行列。"他如是说。

3. 新职业从业者画像

《社会蓝皮书：2022年中国社会形势分析与预测》一书中的《中国新业态与新就业青年调查报告》（以下简称《报告》）专门对全国18~45岁的新业态和新职业从业者进行调查，数据显示，新业态吸纳着不同学历层次的青年就业，越来越多的高校毕业生在电子竞技员、全媒体运营人员等新职业中找到发展的方向。这一方面体现着新业态所包含的职业类型之丰富，另一方面也折射出当代青年的择业观，他们不只钟情于"铁饭碗"，也看重自身兴趣和爱好，愿意选择灵活就业、弹性就业。

从学历来看，《报告》显示，网约配送员多数为高中及以下学历，超65%的网络主播从业者受过大学教育，电子竞技员八成拥有大学学历，家庭背景较好。全媒体运营人员学历较高，近九成接受过高等教育。新型职业农民、农业经理人多为农村精英群体，有较高的受教育程度。

随着移动互联网、大数据、人工智能等新技术与各个行业的深度融合，新的行业和新的就业岗位不断被催生。这些新职业是未来经济发展趋势的代表，同时它们灵活度和自主性高的特点，也契合着很多青年人的就业理念。2022年高校毕业生总规模达到1 076万人，在这个数字之外，庞大的青年群体有着多元的就业需求，而新业态不断释放的发展潜力正创造着巨大的就业增量。《报告》显示，新业态青年工作满意度略高于青年整体，也说明了青年群体对于新职业的认可。

此外，《报告》还显示，约1/3的新业态青年月收入在4 000~5 999元，85.7%的新业态青年月收入在8 000元以下。新型职业农民、农业经理人、网络写手、网络主播收入内部差异较大。因为大部分新业态从业者，如网约车司机、快递员等，是通过一般劳动来获得收入，真正深入参与到新技术本身，并具有较高的流量变现能力的毕竟是少数，尤其是对于网络主播等依赖流量的职业来说，做到头部水平的少之又少。

知识链接：
北京市新职业薪酬调研

4. 新职业保障机制

当越来越多的青年选择灵活就业，失去了相对稳定的组织主导，影响他们幸福感和身份认同的除了收入，还有权益的保障。值得关注的是，《报告》指出，不论是社会保障还是商业保障，在养老、医疗、失业、工伤、公积金和其他各项中，有26.3%的新业态青年没有任何保障。"完善社会保险政策""维护劳动权益""完善相应就业政策和服务""提供更人性化的福利"等期望和诉求，也印证了新业态下的劳动权益保障问题还有所欠缺。党的二十大报告特别强调，要"完善促进创业带动就业的保障制度，支持和规范发展新就业形态。"

新业态的"新"字蕴含着动力和潜力，但也同时代表着一定程度上的不完善，需要更多的新办法、新方式。2021年7月，人社部等八部门共同印发《关于维护新就业形态劳动者劳动保障权益的指导意见》，聚焦现实中的突出问题，提出诸多有针对性的措施。不少地方也推出了具体举措。例如，2021年，广州市荔湾区新业态劳动者权益监测服务保障中心揭牌，为劳动者和企业提供法律法规咨询、劳动纠纷调解等十二项服务；山东、吉林等省份开展新职业职称评审，打破制约新职业人才发展的条条框框，增强了新业态人才的职业认同感。

中国信息通信研究院联合微信发布的《2021数字化就业新职业新岗位研究报告》中指出，随着数字经济的快速发展，社会整体呈现数字化、智能化的大趋势，数字技术对就业的影响也越来越大。当前，数字孪生技术、工业互联网、人工智能与传统产业加速融合，基础设施云化、中台化、移动化，企业的组织形态、研发设计、管理方式、生产方式、销售服务也随之而变。新一轮产业革命的数字化、网络化、智能化和服务化，催生了就业创业的新业态和新模式。

世界经济论坛《2020年未来就业报告》预计，到2025年，新技术的引进和人机之间劳动分工的变化将导致8 500万个工作岗位消失，同时将创造9 700万个新的工作岗位。未来20年，人工智能、机器人、自动驾驶汽车等技术的进步，将使中国就业净增长约12%。

人瑞人才联合德勤中国、社会科学文献出版社发布的《产业数字人才研究与发展报告（2023）》显示，我国当前数字化综合人才总缺口在2 500万至3 000万人左右，且缺口仍在持续放大。以数字技术为核心的数字生态广泛连接了海量用户，为经济社会的发展提供了有效助力，新模式、新业态不断生成，传统行业持续深化数字化转型，衍生出更多就业机会和众多新职业新岗位，也产生了数字化就业独特人群和地域特征。数字经济的不断发展正在催生更多的新职业。

（二）数字化就业解读

1. 数字化就业主要特征

（1）岗位特征——新职业新岗位不断涌现。

产生数字就业新岗位。2022年6月，人社部会同国家市场监督管理总局、国家统计局正式发布数据安全工程技术人员、数字化解决方案设计师等第五批18个新职业信息。

催生专业服务新领域。数字经济背景下，互联网平台作为传递信息、对接供需的重要渠道，普遍具有一定的开放性，以便对接使用主体的个性化需求。

推动传统岗位新升级。数字经济作为一种新的经济形态，代表着新生产力的发展方向，正驱动着传统行业的融合创新，改变着传统的商业逻辑。

岗位数字化程度加深。从微观层面看，每个就业者的就业空间正在发生变化，企业进行数字化转型，远程办公的工作形式早已进入企业探索的方向。

（2）区域特征——就业向中西部延伸，加快区域协调发展。

数字化就业逐步向中西部延伸。数字化就业目前仍然集中在东部地区，但是已呈现向中西部城市延伸的趋势，有助于促进我国区域经济协调发展。

数字化就业持续下沉，三线及以下城市成为创业就业新阵地。在新的发展形势下，国家大力支持个体经营、非全日制等灵活多样的就业方式。借助数字生态，三线及以下城市已成为创业就业新阵地。

年轻人率先抓住低线城市就业机会。由于二三线城市依然能分享数字红利，数字化就业释放极大吸引力，年轻人的就业选择无须局限于人才供需不平衡的一线城市和发达地区。

数字生态助力后发地区脱贫增收。视频号等工具为农民提供了直接触达消费者、多形式展示农产品的平台，同时提供了便捷的销售渠道和支付工具，能够有效改善贫困地区困境，为农民带去就业机会和收入。

（3）劳动者特征——就业门槛不断降低，微经济成就业新生力量。

就业学历门槛降低，就业吸纳能力不断增强。在数字时代，一方面，技术发展一日千里，"学力"比学历更重要，对有专门技术的人才需求较高，学历门槛逐步降低，释放出更多的创造力和服务能力。另一方面，数字生态就业岗位需求多元化，部分岗位对工作经验和学历要求较为宽松，专业知识与数字技能方面相对欠缺的人群在数字生态能力和数字化工具的帮助下，也能快速学习投身数字生态就业，数字生态就业吸纳能力不断增强。

新冠疫情催化全职劳动者占比上升，"副业"变"主业"。新冠疫情期间，微经济成为稳定就业形势、保持经济平稳增长的一个重要引擎。此外，数字生态用工模式逐步走向成熟，与新职业逐步更好地相匹配、相衔接，为就业者提供了更加自由的工作范式，员工逐渐体会到灵活用工带来的好处，开始"转正"新职业赛道。

数字技术保障重点群体就业，助力"稳就业"。在线上支付、小程序、智慧零售工具及高效协同的物流网络等数字技术和实体经济融合的工具支持下，数字生态为残障人士、进城务工人员、家庭妇女、退伍军人等就业重点帮扶人群打开了就业新空间。

年轻人社保覆盖率较低，就业保障需要进一步完善。近年来，从中央到地方都出台了一系列政策来加强灵活就业等新就业形态的保障，为稳就业发挥了重要作用。未来，还需要政府、行业组织、平台、用工企业、从业者多方合力，探索适合灵活就业新形态的劳动保障体系，更好地促进灵活就业发展。

2. 数字化就业发展趋势展望

数字化就业规模不断扩大。随着新基建加快推进、互联网演进升级，很多新技术从概念快速步入大规模应用。

数字化就业形态日益灵活。数字技术、互联网平台等打破了传统组织边界，向个体提供市场、研发、生产等资源，降低个体进入市场的壁垒，个体不必进入传统企业就可以从事经济活动。

数字化就业走向包容普惠。截至 2023 年 3 月，中国网民规模已达 10.67 亿人，互联网普及率达到 75.6%，我国不同地域在信息基础设施之间的差距逐渐缩小。构建公平和效率兼顾的包容性数字创新体系，将在弥合数字鸿沟的同时，催生一系列新职业，为稳就业带来更多可能。

数字化就业政策陆续完善。随着数字化技术的创新和应用日益影响和渗透各行各业的发展，数字人才规模需求也不断扩大，世界主要发达国家纷纷从数字社会中的公众生活及技术与产业发展的需求出发，建立数字素养和数字能力体系。

数字化就业保障全面覆盖。新业态劳动用工是未来经济社会发展的一种趋势。未来，适应新就业形态的用工和社保制度将进一步完善，更好地帮助新职业和灵活就业人员融入现行的社会保障制度。

模块五　掌握就业信息　做好求职准备

> **品文酌例**

视频连线：我国产业工人队伍建设改革稳步推进

数字化背后的新机遇

业内专家表示，当前以5G、工业互联网、人工智能、区块链等新一代信息技术演化生成的基础设施，已成为投资热点和支撑我国产业跃迁的重要基础，但技术工人群体在数量、能力上的"适配性"压力却依旧存在，技能人才结构性缺乏带来的挑战或将加剧。未来，夯实复合型技术人才、壮大产业转型生力军仍需要产学研进一步形成合力。

智联招聘发布的《2020年新基建产业人才发展报告》显示，随着新基建成为新一轮投资重点领域，相关领域的核心技术人才缺口长期存在。专家认为，除去广义"新基建"领域高精尖人才外，部分行业将在短期内出现产业工人新需求，数字化转型将带来新就业与机遇。

新就业形态仍然是我国未来长期中带动新增就业岗位、培育创新动能的主要力量，大学生可密切关注其发展趋势。

三、大学生就业形势分析

目前我国就业形势保持总体稳定。但作为人口大国和"世界最大发展中国家"，我国面临着很现实的就业总量压力。同时，人民对就业质量的要求也越来越高，一些领域又面临招不到人的烦恼，结构性就业矛盾不少。党的二十大报告中明确提出，实施就业优先战略，强化就业优先政策。推动解决结构性就业矛盾，促进高质量充分就业。各方面都正在朝着这个方向积极努力。当前大学生的就业总体呈现出以下四个方面的趋势。

1. 就业基层化

基层是建功立业的舞台，有大学生就业的广阔空间。2022年4月21日，中华人民共和国国务院新闻办公室发布的《新时代的中国青年》白皮书指出，截至2021年，47万名"三支一扶"人员、数百万参与暑期文化科技卫生"三下乡"社会实践活动的青年学生，为脱贫攻坚和乡村振兴提供新助力。一批批大学生接力走向基层岗位，反映出大学生的就业观念正在发生转变，也得益于国家的政策保障，为大学生在基层成长成才创造了良好条件。2022年5月5日，国务院办公厅印发的《关于进一步做好高校毕业生等青年就业创业工作的通知》(国办发〔2022〕13号)提出，拓宽基层就业空间。2022年，21个省份进一步扩大了招募规模，为大学生提供了更多到基层就业和服务的机会，岗位类型也在进一步丰富。在做好支教、支农、支医和帮扶乡村振兴等传统岗位征集工作的基础上，各地结合基层实际需求，大力开发乡村振兴协理员、乡村建设助理员等岗位，更好满足基层经济社会发展对各类专业人才的需求，为广大青年提供了施展才华的舞台。

2. 流向转变

教育数据咨询评估机构麦可思研究院发布的《2021年中国大学生就业报告》对

2020届本科毕业生就业区域进行了调查统计，结果显示，2020届本科毕业生在北京、上海、广州、深圳四座一线城市的就业比例为17%，比2019届下降了3个百分点。与此同时，在15座新一线城市（成都、杭州、重庆、武汉、西安、苏州、天津、南京、长沙、郑州、东莞、青岛、沈阳、宁波、昆明）的就业比例为27%，比2019届上升了1个百分点。

出现这种动向，既有市场调节的作用，也有政策引导的影响。从市场角度来说，北京、上海、广州、深圳等大城市人才市场的需求是有限的，每年新增就业岗位的速度不及毕业生规模的增长速度，而新一线城市和一些二三线城市经济发展的潜力开始显现，就业机会增多。我国经济经过多年的发展，城市呈现"百花齐放"的良好态势。大城市房价居高不下、生活成本急剧上升，而一些中小城市收入与消费具有合理性，从而吸引大学生从大城市转向新一线城市和二三线城市就业。

从政策角度来说，政府出台的相关就业政策发挥了积极作用。国家对到基层、到中西部地区、到中小企业就业的大学生分别给予各种优惠政策，这些政策在实践中得到落实，对促进大学生就业发挥了积极作用。例如，除了少数几个大城市，其他大中城市都放开了户籍限制，北京等地相关政府部门积极为外省市人才搭建平台。这些举措都在客观上加速了大学生在城市间的流动。

3. 自主创业人数比例平稳

自主创业既能缓解大学生就业压力，又能为社会创造新的就业岗位，具有带动就业的倍增效应，是大学生就业的重要增长点。《国务院关于大力推进大众创业万众创新若干政策措施的意见》（国发〔2015〕32号）中强调，按照"四个全面"战略布局，加大简政放权力度，放宽政策、放开市场、放活主体，形成有利于创业创新的良好氛围，让千千万万创业者活跃起来，汇聚成经济社会发展的巨大动能。创业作为灵活就业的一种形式，正逐渐被越来越多的大学生认可和接受。中国人民大学研究发布的《中国大学生创业报告2022》，通过在全国166所高校开展大学生自主创业问卷调查，发现大学生自主创业动机仍以机会型为主，并且连续三年来"报效祖国"的动机选择都高居首位，充分体现了新时代大学生创新创业的社会价值追求。学历水平、在校期间的创业实践、开设创业课程情况均对机会型动机的形成具有正向影响，说明高等教育对创业动机的塑造发挥着不可忽视的作用。同时，由家庭、学校、政府、企业等主体构成的创业环境也在深刻影响着大学生的创业意愿和创业绩效。相关机构在创业支持体系中的角色定位逐渐明确，许多高校形成了独具特色的创业教育模式，风险投资机构等创业中介组织对大学生自主创业的支持力度也在增强。

4. 灵活就业成大学生就业新形态

灵活就业是指在劳动时间、收入报酬、工作场所、保险福利、劳动关系等方面不同于建立在工商业制度和现代企业制度基础上的传统主流就业方式的各种就业形式的总称。灵活就业的个体不把做一份稳定工作当成工作的唯一选项，而是做一份或者几份兼职，不只依靠主职工作，或者从事送外卖、网约车司机、自由职业者这样完全由自己控制的工作。在我国，截至2022年年初，灵活就业人员已超2亿人，其中从事编程、主播及相关从业人员达1300多万人。

知识链接：
高职毕业生
就业情况

教育部实施"2022届全国普通高校毕业生就业创业促进行动"，推出24项举措促进高校毕业生充分、高质量就业。其中，在完善市场化社会化就业促进机制中，明确指出要支持引导灵活就业。政策发布的背后是社会现象的直面反映。智联招聘2021年发布的《Z世代职场现状与趋势调研报告》显示，85.2%的"95后"和88.1%的"00后"正在灵活就业或愿意尝试灵活就业，占比远高于"95前"。麦可思研究院发布的《2022年中国大学生就业报告》显示，2021届本科毕业生中有4.2%的人选择灵活就业，大学生灵活就业群体中近三成属于依托互联网平台的新就业形态。

精训勤练

结合《职业发展与就业指导行动手册》模块五单元一中的"课堂训练 访谈学长"，以小组为单位通过访谈身边学长的就业情况，了解就业形势。

四、大学生就业形势应对

受新冠疫情的影响，近年来就业形势依然严峻而复杂，但有"危"就有"机"，大学生要从长远角度出发，看到后疫情时代就业形势的变化，主动出击、适应调整。

（一）充分利用就业渠道

为增加求职的成功率，毕业生们可以从以下这五个方面着手。

1. 校园招聘

校园招聘是指招聘组织（企业等）直接从学校招聘各类应届毕业生，也指招聘组织（企业等）通过各种方式招聘各类应届毕业生。校园招聘的时间一般9月中旬就开始启动，主要集中在每年的9—11月和次年的3—4月。校招是应届毕业生求职的主要渠道。

校园招聘既有多家用人单位同时进驻的校园双选会，也有一家公司单独举办的招聘宣讲会。不论形式如何，这类招聘会都会有实际的用人需求，不要求应聘者有工作经验，还省去了交通成本，对大学生而言是非常有效的求职渠道。要特别提醒的是，这里所说的校园招聘会不限于本校主办的，本地区其他高校举办的校园招聘会往往对所有应届毕业生开放。不少大学毕业生是在其他高校举办的校园招聘会上投递简历最终通过层层筛选被录用的。

深思明辨

谈一谈你所在的学院近三年都有哪些企业来校招聘？你了解招聘时间和方式吗？

2. 社会招聘

每年的3—4月份基本都是企业招聘旺季，此时民营企业众多，就业机会不少。各大招聘网站都是投递简历的好去处，要积极主动寻找被潜在雇主看到的机会。

社会招聘会比校园招聘会规模大，动辄有上百家乃至上千家用人单位同时参加，工作机会也较校园招聘会多得多。不过，社会招聘会上的职位可能强调工作经验，应届毕业生前往求职时一定要做好心理准备。

3. 学校就业指导部门

各高校就业指导部门与很多用人单位保持着紧密联系，有些有招聘应届毕业生计划的用人单位，由于种种原因不能前往校园举办宣讲会，会将招聘需求发给学校就业指导部门或者院系的辅导员。因此，求职的学生要经常关注学校就业指导中心及院系发布的信息，以免错过机会。

4. 人脉求职

根据近年来的调查数据显示，人们通过人脉关系获得招聘信息及推荐，最终顺利通过面试、获得录用的比例逐年上升。出现这种现象的原因是很多用人单位为了节约招聘成本、提高筛选效率，会请内部员工推荐应聘者；被推荐者需要参加各种考试、测试及面试，而并非有些人想象的"走后门"。因此，在求职期间，同学们要尽可能将自己大体的求职目标告知亲戚、朋友、校友等，争取更多的面试机会。

5. 灵活就业

2021年8月任仕达大中华发布的《中国未来的灵活工作方式白皮书》（以下简称《白皮书》）显示：80%的受访者表示公司采取了灵活工作方式。《白皮书》中还表示，灵活化的雇佣方式已经渗透到中产阶级、白领群体，包括兼职专家顾问、自由职业者、劳务派遣等。劳动者正从终身服务一位雇主向持续体验不同工作转变。

（二）合理制定职业规划

大学生应从以下三个方面做好职业规划。

1. 拥有清晰的自我认知

很多人一开始求职会盯着外部，去什么公司发展好？做什么工作收入高？哪种工作不被压榨？什么样的同事好相处？等等。这些问题的出发点无一例外，即都向外看。企业有没有发展空间，实力、财力、企业文化如何等，这些不是不重要，只是相对于求职中的大学生而言没那么重要。因为求职这件事在某种程度上来说是和雇主之间相互匹配的供需关系。企业招聘应届生，更多地看这个人是否可培养、有潜力。所以，求职不能只盯着外部，向内看才是首选。自己的优势、特点、综合素质、自身条件能不能满足招聘方要求，是需要更多关注的地方。

我们要有目标，但更需要脚踏实地。对于如何找到适合自己的工作，第一步就得先从自身所处的环境和市场出发。当自身条件达不到基本标准或门槛时，大学生就需要调整目标，合理谋定职业。如果学历这个硬实力优势不大，个人软实力则是核心竞争力。大学生应发现并找到自己的软实力，可以围绕擅长、热爱及喜欢三个关键词进行思考。

如果未找到个人身上突出擅长的能力，热爱也可以成为思考未来就业方向的元起点。例如，喜欢和人打交道，则那些和人建立强连接关系的岗位都可以选择，如销售、商务、人力资源等。

精训勤练

结合《职业发展与就业指导行动手册》模块五单元一中的"课堂训练 测试你的求职能力",通过测评评估个人的求职能力,结合题目分析原因以求有针对性地改进。

2. 要明确方向选择

大学生应根据自己的发展需求选择适合的发展平台。大企业流程相对规范,制度相对健全。在大的平台上,人们首先能看到各个部门的构成,各个业务线之间如何相互配合协作,在组织经营和管理上能看到更系统的部分;其次是机会和个人成长,大平台因为基础的系统盘已经搭建完成,对应的人才体系和晋升机制也会相对比较完善,个人成长的机会较多。虽然大企业的优势十分明显,但并不意味着只有大企业才是就业的唯一选择。党的二十大报告强调,要"支持中小微企业发展""营造有利于科技型中小微企业成长的良好环境"。中小企业在市场竞争中同样具有优势,特别是从目前市场就业提供的岗位来看,中小企业的招聘需求更旺。虽然中小企业相较于大企业在规模和体制上有所差异,但较多的需求量为大学生提供了更多的就业机会和成长空间。小企业由于人数较少,工作人员在工作时可能承担了多项工作任务或身兼多个角色,这样的工作模式在一定程度上提升了员工横向职业化跨度和纵向专业度,更有可能提升抗压能力、协调能力等多项可迁移能力。换句话说,在小企业工作表现好,一样会成为漂亮的履历。

识物善用

"三点一线"定位模型

"三点一线"定位模型(图 5-1-1)常用于职业定位。有什么——事业和发展的可能性,有哪些职业机会可以作为备选项,需要提前做好职业信息调查;凭什么——能力、资源和优势,主要基于个人能力评估;要什么——价值观,看重什么。通过梳理职业价值观确定选择。

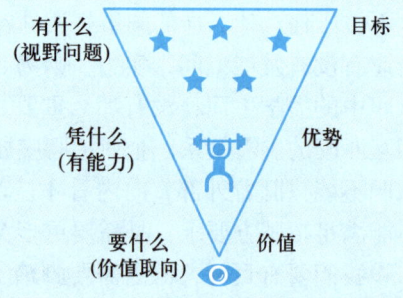

图 5-1-1 "三点一线"定位模型

3. 要保持良好心态

大学生求职,除了找到路径确认方向,还有一项重要的任务:保持良好心态。积极乐观是人们在面对未知和不确定的情形时,能对未来的发展做出正面、积极的判断的良好心态;在面对困难和不利情形时,更多地看到困境中的有利因素,相信事情会向好的方面发展的心理品质。后疫情时代职业发展的不确定性是个人无法掌控的,我们能够掌控的是我们对待它的态度。工作者是积极乐观还是消极悲观,在很大程度上决定事情后续的走向、结果的优劣。积极乐观的人会积极地挖掘资源、发现有利因素，把事情往好的结果去推进；而消极悲观的人则会关注负面的因素，任由糟糕结果无情到来。

➡ 任务挑战

任务说明

请同学们完成《职业发展与就业指导行动手册》模块五单元一中的"单元任务 分析新职业与传统职业的异同"。

通过本任务，帮助同学们认清新职业与传统职业的传承与发展。

单元二 获取就业信息

➡ 知识解码

获得有效的就业信息是开展求职的重要一步，既影响职业定位的合理性，也影响求职准备的针对性及有效性。

一、就业信息的重要性

就业信息是指通过各种媒介传递的与就业有关的资讯和情况，是经求职者加工处理后用以作为择业参考的资料和信息。简言之，就业信息是能为求职者提供就业岗位或就业机会的所有相关信息，包括就业政策、经济发展趋势、用人单位和招聘岗位的情况等。

知识链接：善于捕捉就业信息

职场如战场，在这场"战争"中，信息是决定胜败的关键因素之一。在求职环节，就业信息在求职竞争中十分重要。在就业过程中，谁能运用各种方法、通过各种渠道获得大量、真实、有价值的信息，谁就能抢占先机。

就业信息是职业选择的基本前提。自主择业政策实施后，用人单位与毕业生的自主权得到进一步强化。对毕业生而言，求职行动如果不建立在准确可靠的就业信息的基础上，则难以谈及把握自主择业的主动权。

准确的就业信息是做好求职面试准备的前提。毕业生只有对用人单位的情况有一定的了解，才能知己知彼，在面试中回答好"你为什么来应聘我们单位"这一类的面试问题。

根据认知信息加工（Cognitive Information Processing，CIP）理论，信息越充足，决策越稳定。真实、客观的就业信息是毕业生科学、准确进行择业决策的重要前提。

二、就业信息的收集渠道

不知道行业发展趋势、不了解岗位要求的毕业生在准备面试的时候犹如无的之矢。一方面，毕业生容易陷入凭想象找工作、难以给出面试官考核的重要指标信息的困境；另一方面，毕业生基于对所应聘单位及岗位的想象，无法确保自身入职后能有效适应职业、实现角色转化。由此，求职前收集信息、甄别信息，做好职业定位及求职准备尤为重要。

常见的就业信息收集渠道有四种，毕业生要以积极乐观的心态收集详细的就业信息，选择合适的求职渠道。

（一）就业信息网站

全国性就业信息网站、地方有关部门主办的就业信息网站、各高校就业信息网站、校内就业部门/学院的微信公众号、第三方招聘机构的网站都是常用的就业信息收集平台，具有校园招聘信息充足的特点。此外，毕业生还可关注"国家大学生就业服务平台""中国就业网""中国国家人才网"等国家层面网站，或"重庆高校毕业生就业信息网"等地方层面就业网站。

此外，用人单位招聘网站或某些商业网站亦可作为求职岗位信息收集的补充渠道。前者发布的就业信息比较可靠，但时限较短，需要经常性关注。后者访问量较大，但信息良莠不齐，需要毕业生注意筛选、甄别及验证，尤其注意网站的正规性及个人信息安全，谨防受骗。

> **精训勤练**
>
> 结合《职业发展与就业指导行动手册》模块五单元二中的"课堂训练 建立个人就业信息管理库"，学会收集和处理就业信息。

（二）招聘会活动

国家有关部门、各地方、学校、用人单位等机构组织的现场或网络招聘活动是获取直接就业信息的有效渠道，通过与招聘官的面谈，可以了解到求职岗位的细节及要求。

（三）校企实习和社会实践

校企实习和社会实践是最佳的了解职业、获得职业信息的方法，因为"近水楼台先得月"，所以毕业生在校企实习和社会实践过程中不仅能了解行业特点、岗位要求，还能合理评估人岗匹配性，做出自我定位，甚至有机会获得更多的就业信息，或得到内部推荐的机会。

（四）媒体广告

随着自媒体快速发展，毕业生可通过报纸、杂志、电台、电视台、视频媒体、直播平台等获得就业信息，如带岗直播。毕业生可根据自身喜好及习惯进行就业信息收集，但因信息来源多元，毕业生仍要注意甄别其真实性。

➡ 任务挑战

> **任务说明**
>
> 请同学们完成《职业发展与就业指导行动手册》模块五单元二中的"单元任务 转动求职罗盘"。
>
> 通过本任务,帮助同学们了解求职的全貌,以及应该准备的环节和收集的信息,进而找到求职过程中的重心,最终列出行动计划。

单元三 分析与应用就业信息

➡ 知识解码

广泛收集就业信息仅仅是择业工作的第一步,收集的信息越多,机会就越多。但是,在繁杂的信息群中信息质量参差不齐,所以对收集到的信息进行分析和处理是必不可少的,只有这样才能保证信息真实、准确、有效,更好地为求职服务。

一、就业信息分析

在求职过程中,仅收集及拥有就业信息是不够的,还须对其进行详尽的分析,只有这样才能做出正确、有效的职业定位及求职准备。

(一)筛选及甄别就业信息

进行就业信息筛选及甄别,首先要对就业信息进行去伪存真,判断其真实性。从信息源角度看,政府及学校有关部门发布的就业信息较为可靠,相对而言,来自网络、人才中介机构的就业信息则要多加留意,若对就业信息存有疑虑,则可实地考察或咨询辅导员老师。进行就业信息筛选及甄别,其次要对就业信息去粗存精。各类就业信息庞杂,毕业生在去粗存精时有两个原则:一是适合自己,没有所谓的完美工作,适合自己的才是最好的,在就业信息筛选及甄别过程中,真实和适合是重要的原则;二是及时完整,在就业信息中,无论是宏观的经济社会发展趋势信息还是微观的用人单位招聘信息,都具有很强的时效性,如报名截止时间,对于已经截止报名,并对学历提出高要求的岗位则不必费神进行整理。

以下几种类型的招聘广告值得毕业生格外留意。

(1)没有刊登企业名称的招聘广告。刊登此类招聘广告的企业很可能是未经合法登记的公司,或者某些以招聘为名行骗的中介和公司,因在业内声名狼藉,不敢以真面目示人。

(2)长期刊登且待遇优厚的招聘广告。长期刊登且待遇优厚的招聘广告的真实性值得怀疑及慎重考虑。

模块五　掌握就业信息　做好求职准备

（3）只留下邮箱或邮政信箱的招聘广告。个别非法中介在没有真实岗位需求的情况下，通过只留下邮箱或邮政信箱的招聘广告获得大量求职者的个人资料，或自用，或把资料出卖给其他公司，从中获利。

（4）同一单位招聘量过大的招聘广告。有些单位的招聘广告给人的感觉就是初创企业，但各部门、各岗位都大量招人，其中不乏非法中介的虚假信息，需要毕业生耐心、细心地甄别和排查。

（二）分类及比较就业信息

就业信息可分为就业政策、经济发展趋势和用人单位招聘岗位三类。在筛选及甄别就业信息后，毕业生还应对就业信息进行分类及比较。例如，就业政策中各地的人才政策可根据当地情况分为限制性政策和鼓励性政策，这将对毕业生的就业地域选择产生重要影响。又如，经济发展趋势有宏观与微观之分，也有积极与消极之分，在不同的经济发展趋势下，毕业生会做出不同的职业选择。

具体在招聘信息上，毕业生可根据招聘信息发布渠道对其进行整理分类，优先关注、考虑官方渠道发布的招聘信息；也可根据地域进行分类，优先考虑自己心仪且能力、兴趣较为匹配的岗位。

二、就业信息应用

收集就业信息是为有效求职做准备，从而更好地做出职业决策。决策是一个综合信息整理及思考的过程，决策过程可使用SWOT分析法，也可使用决策平衡单等工具。一旦决定求职方向，在筛选及甄别完有效的就业信息后，则要开展求职准备，如主动与用人单位联系或根据招聘要求投递简历等。

基于就业信息的综合分析，毕业生可做以下五个尝试。

（一）弥补自身不足

参照招聘信息的要求，毕业生可回顾、对照自身的大学学习、实习实践经历，有意识地在求职前尽量缩短差距，在求职、完成毕业实践要求的同时，主动优化知识结构，提高综合素质，力争达到用人单位的选才标准。

（二）实现人职匹配

职业与个人的适配度是择业成功的重要标志。决定一个岗位是否适合自己，可从以下五个方面考量：个人能力是否能满足岗位要求；职业的内容是否能引起个人兴趣；职业的声望是否能满足个人期待；职位的薪酬待遇是否能满足个人期望值；职位所处的文化背景是否符合个人的理念及个性特征。

> **精训勤练**
>
> 　　结合《职业发展与就业指导行动手册》模块五单元三中的"课堂训练　寻找岗位的霍兰德代码"，找到更适配的岗位。

（三）把握求职时效

招聘信息一般有时间限制。整理出求职信息后，毕业生应及时与自己满意的用人单位联系，投递简历，可以根据自己的实际情况，同时设定几个重点目标。一旦收到信息反馈，毕业生应多与用人单位保持联系，争取求职应聘的主动性，以免错失良机。

（四）灵活运用信息

专业对口或相近，往往是用人单位与求职者（尤其是应届毕业生）双向选择中的共同标准，因为它可以使个人更容易发挥专业特长，避免所学专业资源的浪费。但这并不意味着毕业生只能考虑专业对口的工作，在现代社会发展中，随着科技进步及职业变迁，生涯适应能力显得尤为重要，社会上不少的成功人士也是转型从事某种职业而取得成功的，说明个人可以根据实际情况选择跨专业求职，以实现个人与职业的适配共赢发展。

（五）共享互助共赢

有些对自己并无直接用处的信息可能对他人有用。毕业生不妨将自己收集的就业信息适当地与同学、朋友共享，实现互助共赢。

就业信息收集及分析是求职过程的重要开端，越是充分、全面的信息收集，越是能帮助毕业生在求职中做充足准备，掌握主动权。毕业生可利用学校、网络平台、人际关系、毕业实习等积极主动收集就业信息，打好有准备的"求职战"。

➲ 任务挑战

任务说明

请同学们完成《职业发展与就业指导行动手册》模块五单元三中的"单元任务 拆解就业信息"。

通过本任务，帮助同学们提升分析岗位招聘信息的能力，提高求职准备度。

▶ 模块反思

■ 课后评价

回顾本模块所学内容，在开篇表5-0-1"自评"列中对自己的学习成果进行评价，并与"自测"列的得分进行比较，分析分数变化的原因。

■ 延伸思考

（1）做好求职准备包括哪些模块？目前你的准备程度如何？未来如何加强？

（2）哪些新职业是你比较关注的？你能说出从事这些新职业有哪些要求吗？

（3）结合就业形势分析，你目前的求职定位是？

■ 效果检测

掌握就业信息　做好求职准备

模块五 掌握就业信息 做好求职准备

▶ **模块小结**

概念
- 新职业、新就业形态
- 数字化就业
- 就业信息
- 就业信息收集渠道

方法
- 利用就业渠道
- 分析就业信息
- 梳理求职准备要素

工具
- 求职罗盘
- "三点一线"定位模型

模块六

形塑自我品牌　开启求职模式

足不强则迹不远；锋不铦，则割不深。

——《论衡·超奇》

▶ **模块路径**

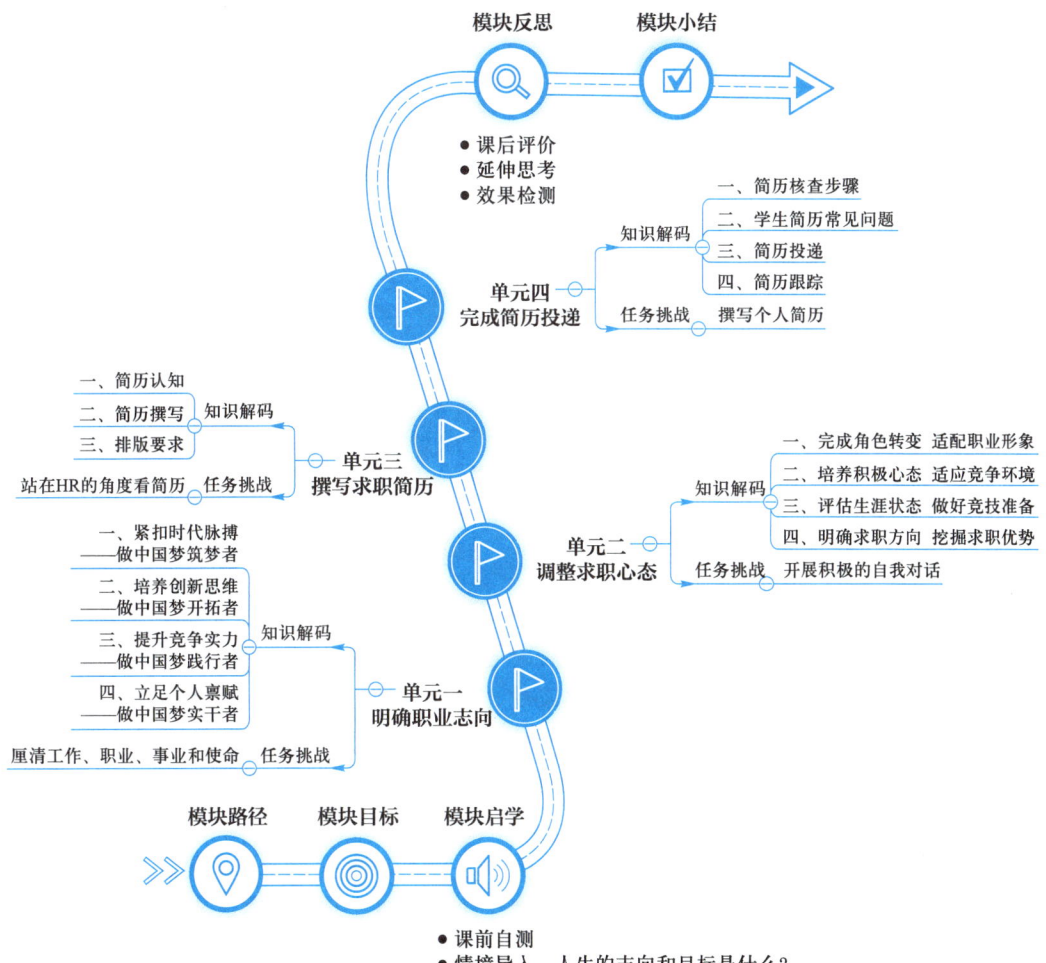

模块六　形塑自我品牌　开启求职模式

▶ 模块目标

知识目标：理解求职目标分析基本框架；掌握 STAR 法则。

能力目标：掌握简历的撰写步骤与方法；能够对自我进行初步的求职分析；有效识别自己的优势与劣势；提升自我表达能力。

素养目标：理解拥有远大志向是一个人职业成功的基础；悦纳自我、欣赏他人，增强求职的信心与动力。

▶ 模块启学

■ 课前自测

在开始本模块学习之前，基于自身已有的知识和经验，认真思考表 6-0-1 中的问题，并在"自测"列就相关问题的了解程度进行如实打分（最高分为 10 分）。

表 6-0-1　模块六学习记录表

题目	自测 （1~10分）	评价 （1~10分）
我理解拥有远大志向是一个人职业成功的基础		
我懂得如何描绘企业人才画像		
我能定义并确认自己的竞争优势		
我能撰写出一份有竞争力的简历		
总分		

■ 情境导入

人生的志向和目标是什么？

韩赟在大学期间基本没有职业规划意识，直到进入毕业年级才开始考虑自己未来的发展问题。一开始，韩赟尝试求职，但对于从事什么职业没有进行清晰的思考和探索，而是直接开始制作简历。没有明确求职目标的韩赟，既不知道如何在简历上展示自己的优势和职业目标，也不懂得简历制作的流程与标准。他依靠网上下载的简历范本，做了一份个人简历就开始了他的海投求职之旅。可是投递出的简历基本石沉大海，韩赟没有得到一个面试机会。

备受打击的韩赟，感觉求职竞争压力太大，自己只有一个专科文凭，不具有竞争实力，于是他转而准备参加专升本考试。由于决定仓促，他没有充足的时间复习，最终成绩不太理想，没有办法进入本科学习，只好重新投入求职的流程。他从网上又下载了一份简历范本，搜索了一些招聘信息，投递了二十几份简历，只有一家公司提供面试机会。经过这次与面试官的互动，他发现对于面试官的许多提问自己心中没有合适的答案可以回答，如为什么选择投递这家公司？能给我们几个录取你的理由吗？你对自己的职业规划是什么？你觉得还需要改进的能力是什么？今后是否还有继续提升学历的打算？另外，他在简历上提及了几本自己喜欢的书，面试官也详细问了这几本书的内容和对他的影响是什么，结果韩赟回答得含糊其词，因为这是他从范本上直接抄下来的，他根本没有读过这些书，自然也就答不上来。

◎ 思考与探究

韩赟的经历体现了一个缺乏生涯意识的人的典型困境。他对于每个目标和行动都缺乏持续完成的毅力，在过程中没有检视自身的问题，当最后迫于无奈准备求职时也没有尽全力准备自己的简历。

针对韩赟的案例，尝试回答以下问题。

（1）为什么韩赟求职和专升本都不成功？他面临的核心问题是什么？

（2）你觉得韩赟的能力优势可能是什么？他的简历应该如何撰写？

单元一　明确职业志向

➡ 知识解码

无论是从职业概念的历史起源来说，还是从当今人们对职业的各种定义来说，职业对于人至少具有两层意义：一是满足人社会生存、发展的手段；二是实现人生价值、为社会做贡献的舞台。当今时代，就业机遇与挑战并存，作为当代大学生要从以下几个方面做好做足准备。

一、紧扣时代脉搏——做中国梦筑梦者

哲学家罗素（Russell）曾说："选择职业就是选择将来的自己。"求职是大学生走向社会的必然之路，是大学生走向成熟的必然之路，更是大学生成就事业走向、实现人生价值的必然之路。

习近平总书记在党的二十大报告中提出，青年强，则国家强。当代中国青年生逢其时，施展才干的舞台无比广阔，实现梦想的前景无比光明。全党要把青年工作作为战略性工作来抓，用党的科学理论武装青年，用党的初心使命感召青年，做青年朋友的知心人、青年工作的热心人、青年群众的引路人。广大青年要坚定不移听党话、跟党走，怀抱梦想又脚踏实地，敢想敢为又善作善成，立志做有理想、敢担当、能吃苦、肯奋斗的新时代好青年，让青春在全面建设社会主义现代化国家的火热实践中绽放绚丽之花。

我们要深刻认识到，个人的理想只有系于时代的桅杆，价值才能远行；个体的奋斗只有融入国家的需求，梦想才能实现。新时代的有志青年，要争做堪当民族复兴重任的时代新人，就要在大学期间做好充足的求职准备。青年应积极响应国家号召，走进基层、服务基层、解决基层人才短缺问题，推动基层人民致富，到基层的广阔天地书写壮阔的篇章。

> **精训勤练**
>
> 结合《职业发展与就业指导行动手册》模块六单元一中的"课堂训练 分享职业榜样",梳理他们的成长轨迹,吸收榜样的力量,让自己变得更加优秀,成为想成为的人。

二、培养创新思维——做中国梦开拓者

习近平总书记强调,"创新是社会进步的灵魂,创业是推动经济社会发展、改善民生的重要途径。青年学生富有想象力和创造力,是创新创业的有生力量。"新时代的大学生应培养创新创业和终身学习思维,增强艰苦创业、立志成才的意识。艰苦创业、自强不息、立志成才是实现中华民族伟大复兴中国梦对青年一代的要求,更是大学生实现自我价值、实现理想抱负、获得幸福的良方。职业院校通过激发复合型人才、夯实基础性人才、培养高层次人才、助推成果型人才,不断实现创新创业可持续发展。学生个人通过努力奋斗、积极进取,不断提升就业竞争力,以创新创业带动就业,不断促进经济繁荣、社会发展。

三、提升竞争实力——做中国梦践行者

核心竞争力是综合素质的体现,包括思想品德素质、专业素质、文化素质、身心素质等。竞争实力无法一蹴而就,它是在大学生活的过程中逐渐培养和塑造的结果,是个人实现择业理想的资本。在新时代背景下,在努力培养创新创业思维的前提下,重视核心竞争力的提升对职业院校学生的职业发展、职业选择和职业竞争力具有关键作用。苦练内功,提升竞争力,首先要求大学生除学习专业知识外还要积极参加各种实习实践活动,在实践中锻炼综合运用知识的能力、解决实际问题的能力,培养沟通能力、组织管理能力和心理承受能力。其次大学生要加强道德修养,遵守诚实守信原则、增强责任感。诚信是市场经济的基本准则,我们在求职过程中无论是简历撰写还是面试考核,切忌夸大事实,更不要随意违约。在职场中,结果是评价标准,责任心是人才评价指标的重要内容之一。

四、立足个人禀赋——做中国梦实干者

时代快速变迁,就业形势日趋严峻。但从经济增长与就业的关系可以看出,长期来说我国的经济发展仍处于上升阶段,对人才的需求不会减少。挑战与机遇并存,我们既要学会积极把握机会,又要理性选择,走最适合自己的发展道路。"吃别人嚼过的馍没味道",这是焦裕禄常说的一句话。我们必须对自己有正确的认识、准确的判断,立足个人实际能力和综合素质设置合理求职期望值。在确立择业目标时,不跟风、不盲从,避免理想主义,克服依赖心理。大学生应树立勇于面对竞争、不怕挫折、终身

学习的择业观。在选择职业时，大学生应根据自己的兴趣与优势所在，找到与自己天赋和个性最为相符的行业和职位。不以事小而不为，不以事杂而乱为，不以急事而盲为，不以事难而怕为，用个人的真才实干为中国梦添砖加瓦。

站在新的历史关口，只有将对美好生活的向往化为脚踏实地的奋斗，把实现中华民族伟大复兴的中国梦作为矢志不渝的事业，我们才能书写出属于自己的、无愧时代的华美篇章。

任务挑战

任务说明

请同学们完成《职业发展与就业指导行动手册》模块六单元一中的"单元任务 厘清工作、职业、事业和使命"。

通过本任务，帮助同学们厘清四者的概念及之间的差异，树立正确的工作信念与价值观，进而更好地规划未来。

单元二　调整求职心态

知识解码

求职心态是影响个人正确择业和顺利就业的重要因素，也是毕业生价值观的具体体现。在就业过程中，毕业生必须做好充分的心理准备，科学设定就业目标，积极主动寻求资源，以理性、积极的心态看待就业过程，以积极健康的心理展现自身才能。

一、完成角色转变　适配职业形象

求职是一个人职业化的开始。职业化是一种工作状态的标准化、规范化、制度化，即在合适的时间、合适的地点，用合适的方式，说合适的话，做合适的事。职业化包含职业化素养、职业化行为规范和职业化技能三个部分。

大学生从学校毕业正式走向社会，生涯中开始有了一个新的角色——工作者。

初入职场的大学生首先要适应"三个转变"——角色转变、环境转变、心态转变。这里主要介绍角色转变。从学生转变为职场人，大学生要学会从"学生思维"转变为"职场思维"。"学生思维"常常表现为忽略客观条件、忽略复杂的外界信息，做出一些理想化的行为、发表理想化的言论。"职场思维"需要我们积极主动地对待工作，客观看待回报，强调工作实效；拥有创造性思维，有更多办法解决工作中的问题；拥有大局意识和交际思维，有团队合作能力。

同时，大学生即使进入职场也仍然有"三个不变"——性格不变、学习习惯不变、追求上进的态度不变。性格是人们对现实的稳定态度和习惯化行为方式的总和，表现为个体独特的心理特征，是稳定不易改变的。学习习惯、追求上进的态度是在过往的学习生活经历中逐渐养成的。这三点是企业在考核人才过程中，最为关注的能力要素。

二、培养积极心态 适应竞争环境

从学校到职场，大学生要主动适应受约束、竞争激烈的职场环境，尽快完成职业化素质养成。企业是有着多项约束的组织，组织内有职业纪律、管理规范、工作规则、客户要求等，所以，一个人是否具备职业化素养，就看他是否能够在多种约束机制下"规范"地生存，以及是否能够按照职业的标准、规范化的制度去要求自己。

初入职场的大学生还要做好心态的转变。大学生求职，从熟悉的校园环境进入未知的职场，舒适圈被打破，同时面临各种未知和新的挑战，感到紧张、焦虑甚至恐惧都是人们的正常反应。良好的求职心态在竞争激烈的社会中是不可或缺的。大学生在求职中往往容易出现焦虑、自身定位模糊、攀比、自卑、逃避、盲从、自负、恐惧、盲目求高、不平衡、"等靠要"等心理。

> 💡 **深思明辨**
>
> 当遇到挫折时你如何进行心理调适？能否和同学们分享一下你的好办法？

个人的信仰和态度会对个人的未来产生深远影响，我们的行为正是我们信念的体现。调整心态，培养积极向上的情绪和态度，找到个人的价值与竞争优势，创造独一无二的个人品牌，让自己成为企业寻找的那个最合适的人。我们要懂得每个人都有自己的优缺点，每个人在社会中都会有他的位置和发挥所长的机会。

求职是一场竞争，是和他人的竞争，更是和自己的竞争。你的才干优势就是你的核心竞争力，你越欣赏自己越可能实现个人和职业目标。

在求职择业中遇到挫折是常见的也是正常的，学会把挫折看成是锻炼意志、增强能力的好机会。大学生应保持良好的竞争心态，主动摆脱受到挫折后的颓丧情绪，认真分析失败的原因，及时调整自己的心态和择业目标，鼓足勇气争取新的机会。

通过刻意练习，学会积极的自我对话方式。当问题出现时，多问自己："我可以做些什么帮助问题的解决？"关注问题的解决而不是陷入失控、无力的情绪体验当中。当我们学会将关注的焦点从问题转向目标，将视角转向未来，脚踏实地从我们可以做的每个最小的行动开始，改变就会发生。

三、评估生涯状态 做好竞技准备

想要获得理想的工作，你需要做的就是准备、准备、再准备。其中包括对自己当前的生涯状态予以充分准确的评估。就像我们日常使用百度地图导航，当我们输入目的地之后，我们还需要输入出发地，只有这样我们才能进行路径的比较与选择。

求职也是一样，我们必须准确评估当下我在求职方面，最大的优势是什么？我有哪些才干（特点）有助于我求职？我的劣势有哪些？哪些因素可能会阻碍我求职？外部环境中对于求职有利的因素有哪些？外部环境中对于求职不利的因素有哪些？对于求职，我已经做了哪些探索或准备？我还需要做哪些探索或准备？

精训勤练

结合《职业发展与就业指导行动手册》模块六单元二中的"课堂训练 评估你的求职准备度"，经过对外部世界和个人特质做出充分探索之后，当你正式进入求职环节时，你是否真的已经做好准备？

四、明确求职方向 挖掘求职优势

校园招聘的标准化流程一般是：提交简历—提交材料（身份证、学历证明、证书等）—笔试—人力资源面试—部门面试—主管领导面试—终试—录取或淘汰。不同的企业招聘流程会略有不同，部分通过招聘系统收集简历的企业会在求职者提交简历的同时进行笔试，面试的程序、形式、内容各企业间也会有差别。

管理大师彼得·德鲁克（Peter Drucker）说过这样一段话："大多数人穷尽一生去弥补劣势，却不知从无能提升到平庸所付出的精力，要远远超过从一流提升到卓越所付出的努力。唯有依靠优势才能实现卓越。"

进入求职季的大学生，要想实现自身的职业理想，必须从自身优势着手，不断分析梳理，形成个人核心竞争力。

识物善用

STAR 法则

STAR 法则是一种讲述自己故事的方式，或者说，是一个清晰、条理的作文模板。无论是撰写简历还是回答面试中关于经验、经历、能力内容的问题，你都可以采用这个工具。

STAR，即 situation（情景）、task（任务）、action（行动）、result（结果）的首字母缩写词。在梳理个人优势时，我们把每一段经历都依照这四个维度进行归纳总结（图 6-2-1）。合理熟练运用此法则，可以轻松地向面试官描述事物的逻辑方式，表现出自己分析阐述问题的清晰性、条理性和逻辑性。

（1）情景（S）。事情是在什么情况下发生的？当时你面对的是一个什么样的境况？面临哪些困境与困难？

（2）任务（T）。你都需要完成哪些任务？需要实现哪些具体目标？

（3）行动（A）。针对这样的境况，你采取了哪些行动步骤？化解了哪些困难？

（4）结果（R）。在这样的情况下你取得了哪些成绩和结果？有哪些收获？

简而言之，STAR 法则就是一种生动讲述自己经历故事的方式。在行动和结果部分，按照"动词＋数量词＋可量化结果"这一公式予以描述。

知识链接：
STAR 法则
应用案例

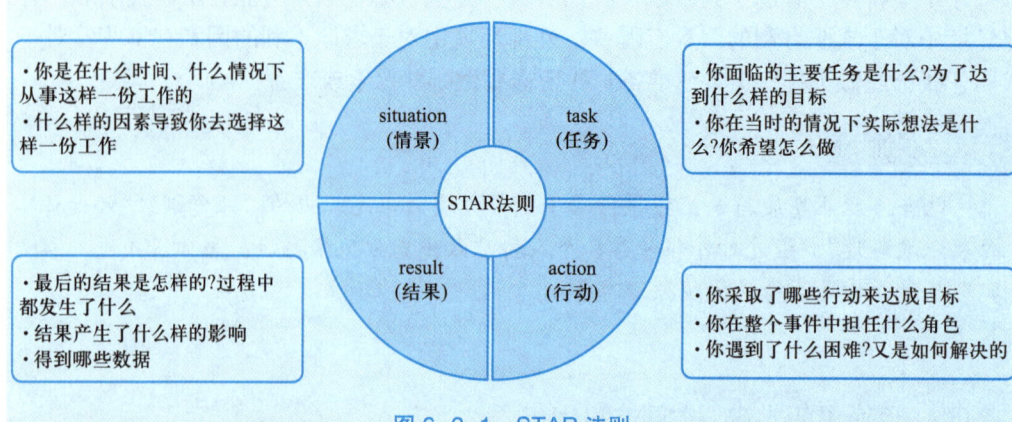

图 6-2-1　STAR 法则

按照 STAR 法则，梳理在校期间的实习、实践、项目、社会工作等经历，不但条理清晰，而且令人容易信服和对讲述人的故事产生兴趣。

任务挑战

任务说明

请同学们完成《职业发展与就业指导行动手册》模块六单元二中的"单元任务　开展积极的自我对话"。

通过本任务，帮助同学们熟悉掌握积极语言自我对话（宣言）的方式，进而保持积极的态度应对学习与生活中的各种挑战。

单元三　撰写求职简历

知识解码

人对人的认知在很大程度上源于第一印象，简历就是求职者给面试官的第一印象，是求职者全面素质和能力体现的缩影。一份专业、充实的简历是求职的敲门砖，帮助你从竞争者中脱颖而出，让你有机会进入心仪的事业平台。

一、简历认知

（一）简历的作用和目的

有人说简历是一把"钥匙"，是负责开启你的求职岗位大门的匹配钥匙；也有人说简历是你的"个人广告"或"产品说明书"，将你的作用、特征、能力进行广而告之，促使阅读者做出选择；还有人说简历是"敲门砖"，"砖"代表有力量，"敲门"代表它的作用——为你叩开你所向往的企业组织的大门。

归根到底，简历只是一种文本形式，是人们用来帮助自己实现某种目的，将自己的过往经历进行凝练，并予以格式化呈现的文本。求职简历就是人们针对求职目标，根据岗位需求，对个人上一阶段的经历，进行高度凝练总结，展示个人能力，表达求职态度，以期赢得面试机会的一种文本形式。同时，一份优秀的简历在面试环节会起到引导面试话题的作用。很多时候面试官会围绕你的简历向你提出问题。

我们必须明确，简历的核心目的只有一个——争取获得面试机会。不同单位、不同岗位的招聘程序会有差异，但概括起来基本上都会经历以下几个阶段：简历筛选、笔试、面试、最终确认。投递求职简历是每个求职者在求职道路上必须迈出的第一步，是每位求职者的必经之路。

品文酌例

HR 看一份简历的时间

企业在招聘高峰时会收到成百上千份简历，很多大型企业甚至会收到上万份简历。有限时间里审阅这些简历并初步确认是否给予面试机会，对 HR（human resources）来说是一项艰巨的任务。在简历筛选阶段，HR 不会也无法一丝不苟地阅读简历。一个成熟的 HR 会快速浏览简历，寻找到与岗位要求相关的重点信息。

据统计，企业 HR 浏览每份简历的用时在 5~30 秒钟。

首先，HR 会花大概 5 秒钟浏览简历的求职岗位信息和基本信息中的硬性要求，没有明确求职岗位或硬件不达标者会被筛掉。然后，HR 会着重看看求职者是否拥有适合岗位的能力和技能。这个过程大概为 10~15 秒钟，同样，若不符合要求，你的简历就会被放弃。如果 HR 看见了和岗位匹配的关键信息，那么他会多花 1 分钟左右的时间继续看你的简历，并且很有可能通知你尽快来公司面试。

这一过程说明，我们应让 HR 在最短的时间内看到他们最希望看到的关键信息，简历的排版和关键信息的展示对一份优秀简历来说至关重要。

（二）简历的基本要素

一份标准的简历一般包括以下基本要素：求职意向、基本信息、教育经历、工作经历（包括校园经历和校外经历）、校园活动、获奖情况、职业技能、自我评价等。简历应按照简洁、清晰、聚焦的原则进行撰写，要素的选择只有一个原则，就是和准备应聘的岗位具有相关性和匹配性。

1. 必写要素项目

（1）求职意向（目标）。在简历上将你的求职意向（目标）在显著地方开宗明义地亮出来，这样既减少人力资源专员额外工作量，又可以提升面试机会，还会给用人单位留下良好印象。

特别强调，一份简历只能针对一个目标岗位。简历内容应围绕目标岗位进行组织展示，凸显你的竞争优势，同时向用人单位表明你是经过深思熟虑的，并对自己的职业发展定位明确。

明确的求职意向（目标）可以分为两种。一种是有明确岗位名称的求职目标，如房地产会计、统计程序员、JAVA 程序员、汽车销售顾问等。还有一种是较为宽泛的求职目标，如 ×× 企业暑期实习生、管培生、设计类相关岗位等。

（2）基本信息。个人的基本信息包括姓名、性别、年龄（出生日期）、籍贯、出生地、政治面貌、联系方式（电话、邮箱、微信、QQ）、毕业院校、可以到岗时间等。基本信息的取舍始终遵循一个原则——相关性，即与求职岗位需求具有相关性的信息可以写，否则可以不写，以保证简历的简洁、清晰、有效。

知识链接：简历的基本信息撰写要求

（3）教育经历。教育经历在一般情况下按照最后学历时间倒序写。如果所在学院或专业在行业领域具有公认的高知名度，则建议写出来。有含金量特别高的培训经历，如 1+X 证书、校企合作项目培训等可以写；成绩排名优秀的可以写出来。辅修的专衔本学历等可以写；若所学专业与应聘岗位专业对口，则可以将专业加粗标记。

很多学生会把在校期间学习的课程写出来。关于课程写不写把握一个原则，如果有与应聘岗位匹配且重要的核心专业课程，而且你的成绩十分优秀，可以凸显你的优秀，则可以写，但最多不超过五门。

（4）工作经历（实习实践经历）。作为在校大学生，工作经历包括校园经历和校外经历两部分，如校内工作经历（如勤工助学岗）、项目经历和科研经历。如果你没有这些经历，则可写校内学生社团组织经历、社会工作经历及专业课程实习实训经历。强调一点，在展示工作经历时，应按照和应聘岗位匹配度从高到低的顺序进行优先排序。

2. 选写要素项目

（1）获奖情况。获奖情况不仅包括各类表彰证书，还包括各种学习、竞赛、科研相关证书及证明。

获奖情况展示应注意这几点：尽量选择与应聘岗位相关的且含金量高的荣誉奖励；三好学生、优秀学生干部、优秀团员等可以放在教育经历里，若奖项很多则可以只展示校级以上奖项；奖学金、竞赛获奖可以写在校园活动经历里。

（2）职业技能。职业技能主要指经过各种学习、培训、考核获得的经权威机构认证的相关证书及证明，如职业资格证书、职业技能等级证书、英语等级证书、培训证书等。

（3）自我评价。自我评价属于选写要素项目，好的自我评价是你求职的加分项。如何写出加分的自我评价呢？

若你的经历分散不聚焦，或缺少相关岗位工作经验，难以突出你的个人优势，甚至跨专业求职，这时候就需要通过高品质自我评价来增加面试机会。

好的自我评价字数不多，采取简单描述加具体事例的格式。例如，勤勉好学——旁听五门课以上，阅读专业书籍近 20 本，三年学业总成绩位列专业前五；计算机能力优秀——常负责同学计算机问题的解决，老师曾邀请开发 App 项目；社交能力强——接待单位期间，通过谈判确定三个走访活动目标，在网络平台做直播拥有 400 名以上"粉丝"。

（4）其他要素。其他要素包括兴趣、爱好、特长、性格等。如果能提炼出与应聘岗位要求一致的要素，则建议写。

简历要素的选择遵循的原则是，是否与应聘岗位需求相关，是否能帮助自己增加获得面试的机会。谨记：所有信息都是为求职目标服务的。

✿ 精训勤练

结合《职业发展与就业指导行动手册》模块六单元三中的"课堂训练 评议简历"，总结优秀简历的特点。

二、简历撰写

谈到简历撰写，很多学生会认为，写简历还不容易吗？现在网络如此强大，网上资源如此丰富，上网下载一个简历模板，按照模板填写，然后一份简历走遍天下。简历撰写真的如此简单？答案显然是否定的。一份好的简历，从准备到撰写到完成投递至少需要以下三个步骤。

（一）明确方向

很多学生求职的路径方式是，首先写求职简历、浏览招聘信息、投递简历，然后等待面试通知。这样的求职路径必然带来问题——简历只是堆砌经历，目标不清晰，重点不突出，无法凸显个人的核心竞争力。

没有明确的求职目标，在撰写简历时就无法根据目标岗位，对自己的经历和能力进行有效排序。求职本身就是个复杂的系统工程，远没有我们想象得那么简单。确立清晰的求职目标能让求职事半功倍。

一份优秀的求职简历一定是有明确的求职方向（目标）的。找寻并确立个人求职方向可以通过以下途径收集相关信息。

1. 了解行业产业信息

人们可以通过咨询公司的行业报告、券商的行业报告、行业协会、政府机构的大型政策、行业年鉴了解行业产业信息。

2. 了解企业信息

人们可以通过企业官方网站、微信公众号、小程序或App了解企业相关信息；可以利用国家企业信用信息公示系统等平台，查询企业合法性。

（二）分析岗位

企业在招聘环节中，对应聘者的考核最为看重的是应聘者的能力和岗位需求是否相匹配。企业在招聘人才时，不是追求最好的最优秀的，而是招聘最合适的。此处的最合适指企业的招聘岗位需求和应聘者所拥有的核心关键词恰好一致。反过来同理，一份优秀的个人简历展示出的核心关键词与企业招聘岗位需求一定是相匹配的。

企业招聘岗位需求的关键词信息就藏在招聘广告中。我们如何才能读懂企业招聘广告呢？可以参考技能三分法。

（三）开始撰写

只有首先真正明确了个人求职目标，然后针对目标岗位完成相关企业人才画像工作后，才正式进入简历撰写阶段。按照表6-3-1盘点个人信息库和整理个人经历库，建立简历素材数据库。

知识链接：
技能三分法

表 6-3-1 简历信息库

项目	包含内容
基本信息	性别、生源地、年龄、民族、籍贯、身高、体重、照片
求职意向	地区、行业、职业、岗位
教育经历	学历、专业、课程、成绩、学校
工作经历	工作内容、担任角色、完成任务、做过事项、相关经历、专业能力等
校园活动	活动名称、担任角色、完成任务、做过事项、多方体验、综合素质等
获奖情况	专业知识、通用技能、学习能力、实践技能等
通用技能	外语、计算机、驾照等
专业技能	职业资格证书（如教师资格证）、1+X职业技能等级证书等，还可以包含发表文章、科研等

（1）个人信息库要求。基本信息尽可能全面；认真考虑这些基本信息可能会让雇主对你产生怎样的印象？你觉得自己对哪些基本信息还不是太确定？

知识链接：
常见的可迁移技能动词

（2）个人经历库要求。从大一起，将自己觉得有必要的经历按照时间段、地点、事件、收获、不足等记录要点；将所有记录进行分类和排序，按照时间由近到远，重要性由高到低进行整理；用精练准确的语言，运用 STAR 法则描述事件和成果。考虑一下，这些记录给你的感触是什么？有哪些表现尤为突出？

● 深思明辨

如果学习成绩不好，缺少工作经验则应怎么办？怎样才能弥补简历的缺陷？思考一下简历是写出来的还是靠行动得来的？

三、排版要求

（一）一页纸原则

要想写好一份简历，我们要学会换位思考，站在人力资源的角度思考问题。好的简历一定是方便阅读的，能够从中快速提取有效信息，帮助人力资源做出判断。所以，建议简历遵循一页纸原则。增加页数就代表着增加阅读时间，同时信息会出现冗长和重复，增加信息筛选的困难。从丰富的经历中，选择与应聘岗位匹配度高的、能更加凸显个人的核心竞争力的内容，进行撰写。

（二）黄金位置

一般来说绝大多数人的阅读习惯是从左至右、从上至下的。在你的简历上，画出一个"F"，简历的上三分之二部分和左侧标题部分所在的区域我们称之为简历的黄金位置，简历中的核心关键信息都应该分布在这个区域。

在撰写个人经历时，坚持一个原则——"要事优先"，这里所谓的"要事"指的是与应聘岗位需求相关的经历，这部分经历要在简历上优先呈现。

目前很多企业或求职平台会要求在线填写提交简历，这种简历以网页形式存在，我们无法要求简历的页数，在这种情况下，我们依然要谨记"要事优先"原则。

（三）字体选择

简历字体建议通篇使用一种，最多不超过两种。对于核心关键信息、需要特别强调的信息可以加粗。建议使用常规字库，避免出现因对方没有安装你使用的字库而出现排版错乱。

（四）照片使用

照片属于非必选项目。如果招聘信息中对形象气质有明确要求，则可以选择职业证件照。职业证件照在正规照相馆拍摄，背景颜色一般为白、蓝、灰三色。我们更推荐使用白底职业证件照。因为简历基本上选用白底黑字，以便于阅读，所以选用白底职业证件照更容易使照片和简历融为一体。

（五）颜色要求

简历颜色一般建议为两色，如果加照片的话，则最多不超过三种颜色。

➡ 任务挑战

任务说明

请同学们完成《职业发展与就业指导行动手册》模块六单元三中的"单元任务 站在HR的角度看简历"。

通过本任务，引导同学们以人力资源视角更好地领会简历撰写的要领。

单元四　完成简历投递

➡ 知识解码

投递过很多简历，却始终得不到企业的回复，这时候我们首先就要考虑重新对标，检查修改自己的简历。优秀的简历都是反复修改出来的，对于高校应届毕业生来说，求职简历是求职的必备利器，没有最优，只有最合适。

一、简历核查步骤

准备Word、PDF等多种版本简历，将你的简历打印出来按照如下要求进行逐一检查。

（1）整体外观核查。是否一页纸？外观是否简洁？打印显示是否清晰？

（2）个人信息检查。所有信息是否客观真实、准确无误？电话号码、邮箱地址是否正确？个人基本信息是否有错别字？所有日期标注是否格式一致？起止日期是否准确？

（3）版式核查。字体、颜色选择是否过多？建议不超过三种。格式是否统一并对齐？行间距、字符间距、标点符号是否合适且前后一致？段落符号是否统一？垂直方向是否对齐？

（4）内容核查。是否有明确求职意向？文字表述是否条理清晰、流畅通顺？是否具备应聘岗位所需要的核心关键词？是否存在口语化表述？专有词汇大小写是否正确？经历是否按照最相关性进行选择和排序？是否根据职位要求做到重点突出、充分体现自身优势？工作绩效表达是否运用了数据做支撑？

人们对于自己的作品，总是会戴着滤镜看，往往很难看出错误和不足。建议将你的简历发送给身边的老师、朋友、家人，请他们帮助审阅，也可以寻求有经验的人士给予指导，如企业人力资源主管、学校指导简历的专任教师或学校就业导师，请他们帮助审阅你的简历。看看你的简历布局是否合理？内容是否具有吸引力？是否做到求职岗位目标明确？你的经历、能力与应聘岗位是否契合度高？是否突出了你的个人优势？是否有错别字等硬伤？

二、学生简历常见问题

（1）罗列课程或成绩单，没有参照或与求职岗位不相关。（不知道你什么知识学得最好）

（2）罗列工作经历，没有相应的过程与结果。（不知道你有什么能力，以及什么能力最突出）

（3）罗列所获奖励。（不知道你的什么奖励最有价值）

（4）对自我评价、自身技能仅做总结性描述，没有例证做支撑。（不具备可信度）

（5）有错别字、文法错误、标点格式错误。（不严谨、粗心）

（6）包装不重细节。（不知道你是不是一个做事认真的人）

三、简历投递

目前企业发布招聘信息一般通过官方网站、招聘平台、微信公众号、小程序、招聘 App、校园招聘会等方式。用友和大易联合发布的《2021 年度企业招聘渠道效果与趋势调研报告》显示，后疫情时代下越来越多的企业举办线上招聘会，采取"直播 + 招聘"的方式选聘人才，截至 2021 年，80.2% 的企业已经搭建了专属的招聘官网。还有些企业通过各类社交网络招聘渠道（如微博、知乎、抖音等）进行人才招聘。不同的发布渠道对应不同的简历投递方式，总体来说，简历投递主要有三种方式：招聘系统投递（官网、招聘平台）、邮箱投递、现场投递。

（一）招聘系统投递

招聘系统投递俗称网申，是一种十分便捷的简历投递方式。招聘网站目前基本上会采取招聘投递系统，此外，很多用人单位也开发了自己的网上招聘系统。

招聘系统投递的优势在于不需要下载模板，直接在网页表单上填写即可；劣势则在于需要逐项填写，比较麻烦。

针对招聘系统投递有如下建议。

（1）提前制订申请计划，关注网申开放时间，尽早提交申请。

（2）提前浏览网申简历需要填写的内容，逐项进行提前准备，包括证书、成绩单等资料的电子版。

（3）建立个人简历素材库，分门别类整理好，并制作素材清单。

（4）部分公司网申后无法再修改。可以用Word文档先写好个人简历，注意，不同岗位对应不同简历。网申时可以采取复制方式，既节省时间，又减少出错概率。目前大部分平台支持简历作为附件上传。

（5）网申时，尽量多使用招聘信息中的关键词。

（6）内容填写尽可能翔实。

（二）邮箱投递

针对邮箱投递有如下建议。

（1）邮箱选择。优先使用大牌邮箱，求职期间请务必将发件名设置为本人真实姓名或学校名–姓名。

（2）文件命名。如果无特殊要求，则可以按照"姓名＋学校（全称）＋应聘岗位＋20××届毕业生"的格式进行命名。

（3）邮件正文。邮件正文不允许空白，可以用几句简短的话说明一下自己的基本情况，或者描述比较突出的实习经历、说明推荐自己的理由，再附上PDF版简历（不要使用Word/JPG格式），要注意邮件格式。

（4）邮件签名。邮件签名包括个人姓名、联系方式、所在学校等信息，如果有与职业相关的个人主页则也可以附上。

（5）邮件发送时间。在收取邮件的时候，通常最新接收到的邮件会显示在最前面。所以，在发送时间上，我们可以设定为定时发送邮件，根据招聘者查看邮件的时间来进行设置。一般最好的发送时间是早上8：30至9：30，因为早上招聘者有充足的时间来处理求职邮件，其精力也是最充沛的。

（6）邮件"曝光"。在校招时，可以联系公司负责校招的人力资源专员，直接发送简历到其邮箱，提高自己简历的曝光，但该走的网络申请流程还是要走。

（7）邮件检查。邮件在发送前一定要做好检查。发件箱与简历邮箱是否一致？称呼是否准确？招聘方对求职材料是否有特别要求？文件命名是否规范、清晰？文件格式、大小是否合适？若文件过大，则会影响邮件打开时间，不利于人力资源专员工作。

（8）邮箱设置。最好在手机或者常用的计算机上设置自动接收功能，以免错过重要邮件，但要定期查阅。

精训勤练

结合《职业发展与就业指导行动手册》模块六单元四中的"课堂训练 写一封简洁的求职信"，增加求职成功率。

（三）现场投递

针对现场投递有如下建议。

（1）针对不同求职目标准备不同的简历，并打印足够的份数。

（2）提前对招聘企业做整体了解，并根据求职目标进行排序。

（3）人力资源除现场收简历外一般还会做一个简单面试，一般时间在五分钟以内，应聘者应做好充分准备。

（4）注意仪表仪态。

四、简历跟踪

在求职高峰期，我们可能会投递十几甚至几十、上百份简历，做好求职管理就十分重要。我们可以通过制作简历投递统计表（图6-4-1）来进行求职进度管理，其中包括已投递公司、投递的岗位、投递方式、相应的笔试/面试时间地点/需要做的准备；可投递但未投递公司、投递的截止时间、相关的网申地址/公众号/投递邮箱等；投递后已被淘汰等。该表格可以根据个人实际需要自行设计。

序号	公司	申请岗位			联系人		简历编号	简历投递			笔试		面试				结果
		职位名称	岗位描述	任职要求	姓名	联系方式		投递方式	邮箱/网申地址	投递时间	进度	方式	时间	进度	时间	地点	面试官	准备材料

图6-4-1 简历投递统计表样例

简历投递后迟迟没有回应，我们可以再次投递，避免因邮件过多被淹没；也可以和对方部门员工或招聘负责人联系，寻求他们的帮助，请他们帮忙查询一下你的简历是否进入审核流程；还可以积极自荐，或寻求内部推荐。这个时候，主动出击恰恰反映了你对这个职位的认同与迫切期望，展现了个人态度。

总之，细节决定成败。你准备得越充分，你离期望的职位就会越近。

➡ 任务挑战

任务说明

请同学们完成《职业发展与就业指导行动手册》模块六单元四中的"单元任务 撰写个人简历"。

通过本任务，帮助同学们依据本模块所学内容，结合目标岗位实际，撰写一份优秀的个人求职简历。

▶ 模块反思

■ 课后评价

回顾本模块所学内容，在开篇表6-0-1"自评"列中对自己的学习成果进行评价，并与"自测"列的得分进行比较,分析分数变化的原因。

■ 延伸思考

(1)标准简历包括哪些要素?在撰写简历时,要素选择遵循的标准是什么?
(2)请简要阐述技能三分法的定义及其获得途径。

■ 效果检测

形塑自我品牌　开启求职模式

▶ 模块小结

概念

· 求职心态
· 简历基本要素

方法

· 撰写优秀简历
· 有效投递简历

工具

· STAR法则
· 简历信息库
· 简历投递统计表

模块七
突破认知局限　应对求职挑战

凡事豫则立，不豫则废。言前定则不跲，事前定则不困，行前定则不疚，道前定则不穷。

——《礼记·中庸》

▶ 模块路径

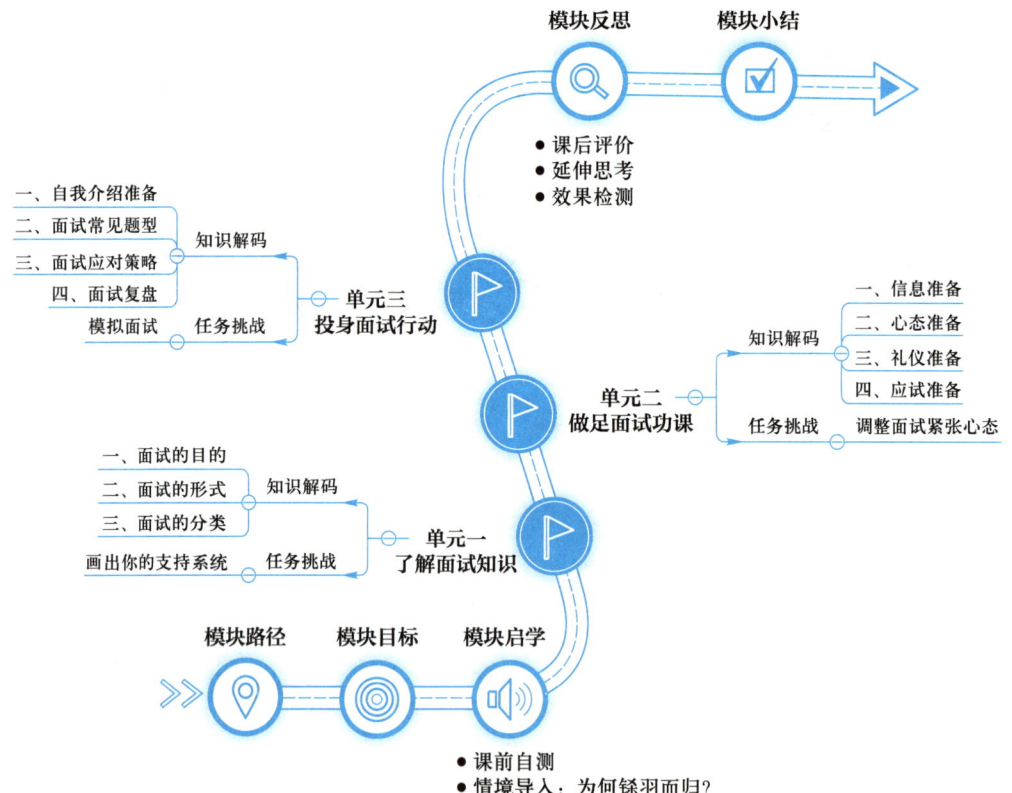

▶ 模块目标

知识目标：掌握面试相关知识；了解面试流程与基本礼仪；了解各类面试形式及评价方法；构建结构化面试题型知识体系；以集体面试为载体，了解领导力的相关知识。

能力目标：熟悉并掌握面试技巧；提升书面和口语表达能力；构建面对问题的思考模式和表达模式；掌握集体面试的要求和考查点；有效准备与应对个体面试和集体面试。

素养目标：建立积极主动的发展意识，树立积极的人生观、价值观和求职观念；从全面提高自身领导力的角度提升行动积极性和自觉性。

▶ 模块启学

■ 课前自测

在开始本模块学习之前，基于自身已有的知识和经验，认真思考表7-0-1中的问题，并在"自测"列就相关问题的了解程度进行如实打分（最高分为10分）。

表7-0-1 模块七学习记录表

题目	自测 （1~10分）	自评 （1~10分）
我能够了解面试相关知识		
我掌握了面试准备的基本步骤		
我了解并善用面试技巧		
我能够流畅地进行一分钟自我介绍		
总分		

■ 情境导入

为何铩羽而归？

苏伊楠是中文专业的学生，个性活泼、口才流利，喜欢交朋友。大二一开始他就积极地为求职做准备。在认真地研究了几家公司后，他筛选了五家投递简历，很幸运地获得了心中第一志愿的一家互联网公司产品岗位的面试机会。

他认真打扮、穿着得体地参加面试。首次面试，面试官问他作为一个文科生怎么会投他们公司，苏伊楠就大谈自己的优势，说文科生的想象力和文笔能力更强，可以给产品的设计和宣传带来活力，还引用了一段名言，把自己的文科优势发挥到极致，顺利进入了下一轮面试。

在最后一轮面试里，总共有三位面试官。他们首先问苏伊楠是否可以用英文介绍自己，苏伊楠心里一紧，结结巴巴地说了一段自我介绍。然后面试官希望他说一说跟产品设计有关的实习经验，为了显示自己有相关经验，苏伊楠依据自己之前查的资料编了两个,但是面试官问了几个细节后,他就有点招架不住了,决定另起一个新话题,和面试官聊起了自己的阅读和旅游的兴趣。但他感觉面试官没什么兴趣了解,只能尴尬地结束话题。

面试的尾声,面试官夸苏伊楠的实习经验丰富,表达能力很好,苏伊楠几乎相信他已经获得这份工作了,但是最后话锋一转,告诉他可能不太合适这个岗位。苏伊楠非常失落,几乎没法听完对方的话,就匆匆离开了面试现场。

◎ 思考与探究

苏伊楠是一个开朗活泼的文科青年,求职也非常积极投入。他的口才和能力也有一定的水平。对于这次面试失败,他做了自我检讨,认为实习的经验一定要说自己真实的事情,千万不能编造,因为面试官会问无数细节,如果不是真实内容,则很容易露出马脚。对于苏伊楠的面试初体验,尝试回答以下问题。

(1)从苏伊楠的面试过程和经验来看,面试准备的重点和关键是什么?
(2)对于苏伊楠下一次的面试,他应该做哪些准备?

单元一　了解面试知识

➡ 知识解码

面试是一种通过组织者精心设计,在特定场景下,针对具体的职位以书面、面谈或线上交流(视频、电话)的形式,由表及里测评考生的知识、能力、经验、性格、价值观等有关素质的一种考试活动。

面试是组织挑选员工的重要方法之一。对于组织来说,通过精心组织的面试,可对应聘者的个人素质能力、求职动机和对工作的期望等进行全方位的进一步评估,获得笔试环节难以获得的信息。对于应聘者来说,认真准备参加面试就是为了获得工作的机会。面试给组织和应聘者提供了进行双向交流的机会,能使组织和应聘者之间相互了解,从而双方都可更准确地做出聘用与否、受聘与否的决定。

面试是组织与应聘者之间的双向选择,是一场平等交流。

一、面试的目的

组织机构组织面试是为了通过人才测评为组织挑选合适的人才。应聘者参加面试是为了获得工作机会。

二、面试的形式

面试形式多种多样,根据面试的内容与要求,大致分为六种,如表 7-1-1 所示。

表 7-1-1　主要面试形式

序号	形式	方式	目的
1	问题式	按照事先拟订的提纲对应聘者进行发问，请予回答	观察应聘者在特殊环境中的表现，考核其知识与业务能力，判断其解决问题的能力，从而获得有关应聘者的第一手资料
2	压力式	招聘者有意识地对应聘者施加压力，就某一问题或某一事件做一连串的发问，详细具体且追根问底，直至无以对答	观察应聘者在特殊压力下的反应、思维敏捷程度及应变能力
3	随意式	面试官与应聘者海阔天空、漫无边际地进行交谈，气氛轻松活跃，无拘无束，双方自由发表言论，各抒己见	于闲聊中观察应聘者的谈吐、举止、知识、能力、气质和风度等，对其做全方位的综合素质考查
4	情景式	事先设定一个情景，提出一个问题或一项计划，请应聘者进入角色模拟完成	考核应聘者分析问题、解决问题的能力
5	综合式	通过多种方式考查应聘者的综合能力和素质，如用外语与其交谈，要求现场作文、即兴演讲，或要求写一段文字，甚至操作一下计算机等	考查其外语水平、文字能力、书面及口头表达等各方面的能力

在实际面试过程中，招聘组织可能采取一种或同时采取几种面试形式，也可能就某一方面的问题对应聘者进行更广泛更深刻的深层次考查，其目的只有一个，即选拔出最合适的应聘者。

> **精训勤练**
>
> 结合《职业发展与就业指导行动手册》模块七单元一中的"课堂训练 回答面试常见的开场问题"，练习运用 STAR 法巧妙应答。

三、面试的分类

（一）按照面试实施方式分类

按照面试实施方式分类，可将面试分为个体面试和集体面试。

1. 个体面试

个体面试又称单独面试，即面试官与应聘者单独面谈，它是面试中最常见的一种形式。个体面试又分为"一对一"和"多对一"两种面试形式。

2. 集体面试

集体面试也称小组面试（俗称群面），主要用于考查应聘者的人际沟通能力、洞察与把握环境的能力、组织领导能力等。集体面试也有两种面试形式，分别为"一对多"和"多对多"。

个体面试与集体面试的形式比较如表 7-1-2 所示。

表 7-1-2　个体面试与集体面试的形式比较

类别		优点	缺点	适用范围
个体面试（单独面试）	一对一	面试双方容易建立关系，应聘者压力较小，易于深入交流，话题容易控制	容易受到面试官知识、情绪等个人因素影响	小规模机构或较低职位招聘；二次面试的时候
	多对一（也称会议型面试或主试团面试）	高效，一次解决多方面的面试要求和问题，可以给应聘者带来更多时间和机会	容易造成应聘者紧张，导致其发挥失常	大型机构招聘；公务员考试
集体面试（群体面试）	一对多	方便招聘者同一时间段对众多应聘者进行比较，快速地找到自己需要的人	应聘者的压力增大并有受到其他应聘者影响的困扰	应聘人数过多的招聘；多用于初筛阶段
	多对多	高效率	应聘者之间会相互影响，并且个性问题无法详询	多见于校园招聘或者一些特殊岗位招聘，往往应聘者人数较多

（二）按照标准化程度分类

按照标准化程度分类，可将面试分为结构化面试、非结构化面试和半结构化面试。

1. 结构化面试

结构化面试是根据特定职位的胜任特征要求，遵循固定的程序，采用专门的题库、评价标准和评价方法，通过面试官与应聘者面对面的言语交流等方式，评价应聘者是否符合招聘岗位要求的人才测评方法。换句话说，结构化面试即所有考生用同样的试题，在同样的时间，面对同样的考官，使用同样的考核标准进行面试。

结构化面试测评的要素涉及知识、能力、品质、动机等，尤其关注价值观等综合素质及知识面的开阔性。结构化面试的优点是吸收融合了标准化测验和传统经验型面试的优点，测试过程可以利于去除面试官的偏见，做出更客观的决定，有效性和可靠性较高；缺点是不能进行设定问题外的提问，局限了面试的深度。

1994 年，结构化面试首次被引入公务员考试，因其体现出来的公平性和科学性，受到考生和用人单位的满意评价，目前已成为公务员考录制度中面试的代表形式。结构化面试评分表如表 7-1-3 所示。

2. 非结构化面试

非结构化面试亦称"随机面试"，是所问问题无须遵循事先安排好的规则和框架，面试官可以任意地与应聘者讨论各种话题，或根据应聘者提出不同问题的面试。非结构化面试的优点是过程自然，面试官可以由此全面了解应聘者情况，应聘者也感觉更随意和放松，更易敞开心扉；缺点是由于结构化和标准化程度低，应聘者之间可比性不强，影响面试的信度和效度。

3. 半结构化面试

半结构化面试包括部分固定问题＋部分灵活机动的问题，即既有相同部分试题，

表 7-1-3 结构化面试评分表

序号		姓名		年龄	文化程度		考前工作单位	
面试要素	解决问题能力	综合分析能力	应变能力	沟通协调能力	求职动机和岗位匹配性	语言表达能力	仪表举止
权重	10	10	5	5	5	10	5
观察要点	分析、处理、解决问题的能力，计划、组织、协调能力，实践经验	思维宽广度与条理度，抽象概括能力，分析比较能力，政策理论水平，逻辑性，洞察力	情绪稳定性，思维反应敏捷性，自制力，思考周密性	合作意识，协调沟通能力，联系群众能力	诚实性，公道性，进取心，原则性，责任心，心理承受能力	语言灵敏性，流畅性，准确性，逻辑性，语言描述能力，思想观点	文化素养，体貌体态，性情，个性，身体状况
评分标准 优	9~10	9~10	4~5	4~5	4~5	9~10	4~5
评分标准 良	6~8	6~8	3	3	2	6~8	3
评分标准 可	3~5	3~5	2	2	2	3~5	2
评分标准 差	0~2	0~2	1	1	1	0~2	1
要素得分							
总分							
考官评语							

考官签字：

年　月　日

也有面试官根据应聘者的当下表现有针对性地提出的一些其他问题，以帮助面试官进行考核评估。

很多大型企业集团偏好选择半结构化面试方式，关注综合素质大于解决问题的能力。对于普通岗位侧重于考核执行力和个人的态度，管培生岗位的选择会更加关注应聘者的可发展潜力及是否与组织有匹配的价值观。

（三）按照面试进程分类

按照面试进程分类，可将面试分为一次性面试和分阶段面试（多轮面试）。

1. 一次性面试

一次性面试指用人单位对应聘者的面试集中于一次进行。在一次性面试中，面试官的阵容一般比较强大，通常由用人单位人事部门负责人、业务部门负责人及人事测评专家组成。应聘者是否能面试过关，甚至被最终录用，就取决于这一次面试。

2. 分阶段面试（多轮面试）

分阶段面试可以分为两种形式，一种叫依序面试，另一种叫逐步面试。

依序面试一般分为初试、复试与综合评定三步。初试的目的在于从众多应聘者中筛选出较好的人选。初试一般由用人单位的人事部门主持，主要考查应聘者的仪表风度、工作态度、上进心、进取精神等，将明显不合格者予以淘汰。初试合格者则进入复试，复试一般由用人部门主管主持，以考查应聘者的专业知识和业务技能为主，衡量应聘者是否适合拟任工作岗位。复试结束后再由人事部门会同用人部门综合评定每位应聘者的成绩，确定最终合格人选。

逐步面试一般按照面试官由低到高的职务层次，依次对应聘者进行面试。

➡ 任务挑战

任务说明

请同学们完成《职业发展与就业指导行动手册》模块七单元一中的"单元任务 画出你的支持系统"。

通过本任务，增强同学们应对求职压力的信心。

单元二 做足面试功课

➡ 知识解码

视频连线：面试前需要做什么准备

面试归根到底就是一场考试，考试前做好充分的复习，有重点地突出强化，是考试取得满意成绩的前提。从你决定开始求职那一刻，你就正式进入了求职赛道。同样，不是坐在面试官面前才开始面试，从你接到面试通知那一刻你的面试就开始了。

一、信息准备

(一) 个人信息

（1）重温个人简历，确认个人各项实践内容及能力优势与应聘岗位的匹配度。

（2）跟家人或熟悉自己的亲友倾谈，征询他们的意见，不妨请他们对你进行一次坦白评估。

（3）与相熟的老师或辅导员讨论自己的抱负和就业倾向，他们或许可以帮助你客观分析自己的长处、短处和就业倾向。

（4）利用心理测验促进自我了解，分析个性品格、兴趣、就业倾向等。

（5）征询职业发展与就业指导专业人员的意见。

(二) 面试信息

在电话通知环节，我们必须开口询问，确认面试有效信息或询问从何处可以获得面试信息。面试信息主要包括：面试时间/地点(具体、清晰、准确)；公司名称/岗位名称；联系人信息（若出现紧急情况，则可以先和对方联系取得谅解）；面试官组成（人力资源专员还是直线经理，或者都有）；面试流程（面试周期、顺序）；需要准备的材料（一般包括学历证明、身份证复印件等资料）；针对面试岗位，需要额外准备什么材料（如做设计，询问是否需要带设计稿）；等等。

(三) 公司及岗位信息

重温撰写求职简历时整理的关于公司及岗位的相关信息。再一次熟悉面试公司的如下信息：公司提供何种产品和服务？公司过去几年的发展趋势如何？公司的组织文化如何？公司的主要竞争者有哪些？该岗位的典型职业发展路径、升职通道如何？公司的培训和员工发展计划如何？其他你想了解的信息等。

(四) 面试官信息

面试官的身份不同，面试过程中对应聘者的考查维度也不尽相同。通常面试官的组成来源有人力资源主管、业务主管和高管三类。不同身份面试官职责分工如表 7-2-1 所示。

表 7-2-1　不同身份面试官职责分工

考查维度	内容说明	人力资源主管面试	业务主管面试	高管面试
基本素质	个性特点、沟通表达能力、学习能力、价值观、个人志向、与企业文化匹配度	重点		重点
应聘动机	成就动机、稳定性	重点		
思维能力	系统思考能力、综合管理、统筹能力	重点	重点	重点
业务能力	岗位胜任素质：解决处理专业问题，成功达成业务目标能力		重点	重点
经历经验	岗位匹配程度：与岗位相关的业务、管理、培训工作		重点	
薪酬期望	自我定位与认知，期望薪酬与招聘预算匹配度	重点		

知识链接：
华为公司研发类和非研发类岗位的招聘流程

（五）面试流程信息

通过公司官网、微博、公众号、小程序获取面试流程信息，或向人力资源专员了解面试流程。不同类别岗位的招聘流程与内容形式也不相同。

二、心态准备

对于多数求职者，从接到面试通知开始，紧张、焦虑等情绪就随之而来，越重视的面试越紧张，越临近面试越紧张。面临求职中的频频受挫，尤其身边同学都已经找到理想的工作时，焦虑情绪将达到顶峰，这些都是正常现象。

我们可以提前学习一些自我调适的方法，帮助我们更好地应对面试。

（1）要客观评价自己。正视自己的真实能力，既不轻视又不高估。明尼苏达工作适应论告诉我们"快乐=能力−期待"。准确评估自己的能力范围，调整不合理期待，是拥有良好心理品质的关键。

（2）充分的准备。因即将到来的重要且紧迫事件而产生的焦虑属于现实性焦虑，应对现实性焦虑最有效的方法就是有效行动。制订切实可行的行动计划，并逐一落实，对准备的材料做到烂熟于心，这些都是提升对未知事件掌控程度的有效方式，可以有效降低人们的焦虑感。更多时候，人们不怕破釜沉舟后的失败，而怕"我本可以"的无奈。

（3）构建自己的求职支持系统。社会支持的内容可以分为以下五种：物质性支持、情绪性支持、尊重性支持、信息性支持、同伴性支持。当你在求职过程中遇到困难或挫折时，你是否有足够的支持系统帮助你渡过难关，这也是你最终求职成功的保障。此外，人与人之间的支持是相互作用的过程，"送人玫瑰，手有余香"，个体在支持他人的同时，也为获得别人的支持打下了基础。

（4）调整心态，用积极自信的精神面貌迎接面试。学会一些有效缓解压力的办法，如瑜伽、冥想、中等强度的运动、深呼吸、扩展动作、听音乐等。

> ☀ 深思明辨
>
> 很多同学面试失败源于紧张，假如你即将参加一场面试，你可以怎样来缓解自己的紧张情绪？

三、礼仪准备

心理学上有一个概念叫首因效应，说的是人与人在第一次交往中给人留下的印象会在对方的头脑中形成并占据着主导地位，即人们最初接触到的信息所形成的印象对人们以后的行为活动和评价会产生重要影响。有学者指出，结交新认识的人，前四分钟至关重要。

在面试过程当中，第一印象十分重要，你永远不会有第二次机会给人留下好的第一印象。曾有咨询公司做过调查，结果显示：约70%的招聘决策是由面试官在4~15

分钟的时间里根据对应聘者第一印象做出的。可见，一旦给面试官留下良好的第一印象，将大大提升面试成功的概率。

影响第一印象的三个因素及其占比：外在形象占50%，声音占40%，言谈举止占10%。外在形象包括相貌、体态、气质、神情和衣着等；声音包括语音、语调、语气、语速、节奏等；言谈举止包括讲话内容、肢体语言、行为习惯等。

（一）形象设计
1. 着装礼仪

着装的基本要求为整洁得体、稳重大方，遵循TOP原则。TOP分别代表时间（time）、场合（occasion）和地点（place），即着装应该与当时的时间、所处的场合和地点相协调。服装风格选择可以根据求职岗位类型而定。例如，行政类、投资咨询、顾问类、银行等职位需要严格遵循商务礼仪要求，选择正式着装；营销广告、销售类等职位建议选择正装，可以不系领带；技术类岗位、艺术设计相关岗位则可以不着正装，在简洁大方的基础上，按个人习惯选择，但不宜选择颜色鲜艳、款式过于前卫的服装，更不能穿奇装异服。

（1）男士着装原则。全身颜色不超过三种，以深灰、深蓝、藏蓝色为首选。深色系带皮鞋，黑色长袜子。衬衣选择硬领，尺码一定要合适，不勒脖子，衬衫衣领高出西装领半厘米，保护西装领，同时增加美感。衬衣袖口应露出1~2厘米、双手自然下垂时看不见袖口，藏好下摆。衬衣领口扣子在正式场合必须全部扣上，通常要系领带。领带的颜色要比衬衣的颜色深。腰带、皮鞋颜色尽量保持一致。皮鞋要适应西装的颜色，棕色皮鞋不要配黑西装，黑色皮鞋也不应该配棕色西装。穿长款的袜子，避免坐下后别人看到你袜子与裤子之间露出的腿，所以袜子一定要够长。如果你想要显腿长，则袜子的颜色与裤子要一致。

特别提示：西装最后一颗纽扣为装饰扣，不要扣。切忌穿运动鞋、休闲皮鞋。

（2）女士着装原则。正装同样遵循三色原则，简洁干练，尺寸合适。下装选裤装、裙装均可，裙装长度以膝盖上下两寸为适宜。正装不宜太紧、太露、太透；不宜选择镂空样式、蕾丝材质衣物。

特别提示：切忌穿超短裙、凉鞋、运动鞋。

对于即将进入职场的大学生而言，得体的着装是职业化的体现，也是进入职场的必备品，花点时间和金钱投资一套合适的职业装是值得的。

2. 仪容仪表礼仪

（1）男士仪容仪表标准。发型要求前不遮眉，侧不挡耳，后不搭领。胡须剃净，脸部干净，鼻毛不露；口气清新，无食物残渣；不留指甲，指甲缝保持清洁；无明显体味。

（2）女士仪容仪表标准。发型干练大方，不可披头散发，刘海不过眉头；自然得体的妆容，不化浓妆，不使用浓重香水，配饰不宜太多；口气清新，无食物残渣；不涂抹鲜艳的指甲油。

职业形象是职业素养的重要组成部分，是可视化的职业素养。如果说职业素养是100分的话，虽然职业形象这个可视化的职业素养可能只占其中的1分，但是恰恰是这1分可以让他人愿意了解你其他的99分。

(二)仪态礼仪

仪态指人的姿势、举止和动作样子。在面试时,应聘者应态度诚恳热情,落落大方、精神饱满、成竹在胸、不卑不亢、面带微笑、语气和缓。

1. 握手

专业的握手手臂呈 L 形(90°)、手心保持干燥温暖、双眼直视对方、握手坚实有力。面对女士、长辈和领导时,不能主动伸手。和女士握手,只宜轻轻握女士手指部分。

2. 进门

先敲门得到允许再进入,注意敲门力度;转身轻轻带上门;进门保持微笑并礼貌问候面试官,等收到邀请或许可再坐下。

3. 坐姿

男士标准坐姿:入座座椅面前三分之二的部分,上体挺直腰部立正,两腿自然分开 45°,小腿垂直地面,双手放在两膝上。女士标准坐姿和男士标准坐姿基本相同,另外女士入座时双腿应并拢、双手交叠于膝上。在谈话时,身体前倾以表示对对方的尊重。

4. 谈话

谈话时要与面试官有恰当的眼神接触,随时表达感谢。不随意打断对方的发言,要善于倾听,不要急于做出反应和承诺。

此外,在面试的时候要特别注意不要出现以下动作。

(1)在日常生活中,人们往往会有一些习惯性动作。例如,摆弄衣衫、领带,将手插进裤袋内,经常拨弄头发;跷二郎腿或者不停抖动;不停转动手中的笔;左摇右摆、双臂交叠胸前、单手或双手托腮等。这些动作在面试中都不适宜,我们随时要留意自己的身体语言,平时要注意养成良好的仪态行为。

(2)求职者在面试时常常会情不自禁地做出一些小动作,面试官往往会通过人们的这些肢体细节动作探测一个人的精神面貌和心理状态。在面试时,切忌做出一些缺乏自信的小动作。例如,面试过程中看表;手上不停拨弄戒指或其他物品;身体前后摆动,双手紧握、颤抖或反复搓手;姿势过于放松随意;眼光向下或游移不定;脚歪着放,脚尖相对或脚跟分开。

(三)电话礼仪

接听电话时直接说"您好!",不要用"喂!"打招呼。

拨打电话尽量避开节假日、21:00 至次日 6:00 和临近下班时间等时间段。若事出紧急,则应先问过时间可否。

若无重要事情,则牢记三分钟原则,即自觉地有意识地将通话时长限定在三分钟之内,若超过则需要征求对方同意。

非紧急事情尽量不要在公众场所打电话。

接听或拨打电话时,身边应有记录的纸笔,记录方法可采用 5W1H 原则[①]。

---

① 5W1H 原则是一种定律,是一种原理,也是一种流程,更是一种工具,广泛运用到企业管理,以及日常工作、生活和学习中,其要求对选定的项目、工序或操作都从原因(何因,why)、对象(何事,what)、地点(何地,where)、时间(何时,when)、人员(何人,who)、方法(何法,how)六个方面提出问题进行思考。

（四）其他礼仪

1. 守时

守时是必须遵守的礼仪底线。建议预先确认路线，适当踩点、提前 10~15 分钟到场。如果确实遇到不可抗因素出现意外，则务必第一时间和联系人沟通，并表达歉意。

2. 诚实守信

诚信是永不过时的礼仪，诚实守信是所有单位一致看重的重要素质。无论面试前准备得多么充分，面试时依然可能碰到不了解的问题，这个时候一定要实事求是，知之为知之，不知为不知。

3. 独立自主

参加面试最好单独前往，避免亲友陪同，以免留下不够独立的印象。面试现场也不要和其他求职者进行过于亲密的交谈，避免留下"拉帮结派"的印象，毕竟你们之间还有竞争关系。

4. 时间概念

回答问题时，准备时间和作答时间要合理分配，不要准备太久，也不要为了表现自己不假思索直接回答问题，一般准备时间占作答时间的四分之一较为合适。准备时最好在草稿纸上列出作答大纲，作答过程中要注意看考官，不要低头，作答要注意层次和逻辑性。

5. 注重细节

关注细节，有始有终。面试时，务必将手机关机或静音，千万不要将手机放在桌上。面试结束时，和面试官礼貌告别再离场。

生活和社交中的礼仪需要我们从日常开始有意识培养，养成良好行为习惯。对于生活中已经养成的诸多小习惯、小动作，需要我们多多留心，随时留意，尽量调整这些小的习惯行为。

礼仪的本质就是尊重，尊重我们面前的面试官，尊重我们身边的人。礼仪就是与人为善，是待人以诚。客户之间的交往，商业活动的成功大多来自高妙的礼仪。

四、应试准备

（一）必备材料

面试必备材料包括：打印清晰的个人简历，自荐信和推荐信，学校审核盖章的求职者就业推荐表，学院盖章统一认定的大学期间学习成绩单，大学阶段各种获奖证书（原件、复印件），发表的论文或作品集等。

面试时，把这些资料复印件装订成册，将原件整理好单独规整，放在随身携带的公文包里，便于用人单位随时查看或索取。准备一个井然有序的公文包会使你看上去办事得体有条理，更加职业化也值得信赖。公文包里除放置上述个人资料外，还可以装一些有关工作或有助于谈话的资料。

（二）自我介绍

针对应聘岗位准备一分钟、三分钟不同版本的自我介绍，并熟练背诵记忆。

(三)回答提纲及逐字稿

预想自己可能被问到的问题,写出回答提纲或逐字稿。

针对所有的面试题,如果进行一个简单分类,则都是围绕三个方面开展的。

(1)针对应聘者个人的问题。常见问题包括:请介绍一下你自己(做个简单的自我介绍),你的个性如何?在别人眼中你是一个什么样的人?你身边的人都是如何形容你的?你有哪些优点(缺点)?你最成功的(失败的)一个经历是什么?

(2)关于你对公司和岗位的认知问题。常见问题包括:你了解我们公司吗?你为什么选择我们公司?你为什么选择这个岗位?你对这份工作最关注的是什么?你应聘这个岗位最大的优势是什么?你有什么问题想要问我吗?

(3)你和岗位是否相匹配的问题。常见问题包括:你是否有相关工作经验?你觉得你从事这项工作最大的优势(困难)是什么?你未来3~5年的工作规划是怎样的?你能接受加班、出差或驻外地工作吗?你有什么问题想要问我吗?

无论题目如何千变万化,我们始终清晰准确回答三个问题:一是"我是谁",即我拥有什么样的能力、经历、品质、独特性;二是"我对公司和岗位的认知与了解";三是"为什么我和这个职岗最匹配、最合适"。

(四)成就故事

应聘者至少准备五个能够体现个人能力的成就故事。建议定期或不定期回顾学习生活中的重要事件,这些都可以成为你面试中的闪光点。运用STAR法则写出你的独特故事,问问自己在这个事件过程中的感受如何,发现了自己什么样的能力。有专家提到,针对任何一个活动,我们至少可以从中梳理出13个技能。

特别注意:成就故事的主角是"我",而不是"我们"。在面试中,这一点非常重要。成就故事讲述的是"我"的故事,展现的是"我"的价值观、能力和对组织的意义和价值。面试官在那个当下,只关心你在该项工作、活动中展现出的能力、素养,他的所有提问也是针对你提的。

如果你在一个较长时间段内缺少这样的故事,就要提高警惕了,要问问自己,为什么会这样?我需要做点什么才能改变这个境况?

> **精训勤练**
>
> 结合《职业发展与就业指导行动手册》模块七单元二中的"课堂训练 讲好你的求职故事",通过梳理成就故事挖掘个人能力,并用合适的方式讲述,提升面试竞争力。

(五)问题清单

在很多企业面试的最后环节,面试官大多会问应聘者:"你有什么问题想要问我吗?"很多学生会害怕这个问题,不知道该不该问,不知道该问多少问题才合适。

这个问题不代表面试结束,这仍然是面试的一部分。这既是双方继续的深入交流,也是面试官对应聘者的考核。人们对于开始和结束时的印象会尤为深刻,这个环节的表现特别重要,毕竟有时候"问题"比"答案"更有效。

应聘者可以根据面试官身份提出相应问题。例如,如果面试官是人力资源专员,则可以询问岗位设置相关问题；如果面试官是部门经理，则可以询问胜任工作需要的关键能力有哪些；如果面试官是企业负责人，则可以向其请教对行业未来发展前景的预判等。此举既可以互动，又能加深彼此了解。

特别注意：避免问隐私，避免问琐碎的细节问题，避免问没有价值的问题，问题不要超过三个。

➲ 任务挑战

> **任务说明**
>
> 请同学们完成《职业发展与就业指导行动手册》模块七单元二中的"单元任务 调整面试紧张心态"。
>
> 通过本任务，有助于同学们真切体验到改变心理能量的技巧，从而掌握改变心理状态的方法。

单元三　投身面试行动

➲ 知识解码

即使应聘者对面试做了充分的准备，也不代表能够顺利通过面试。从知道到做到，中间还隔着一个大量实践练习的过程。面试内容对于不同的应聘者来说是相对变化的、灵活的，不同单位、不同岗位其面试的内容和形式都有所不同，面试题目及考查角度也各有侧重。提前学习面试知识，了解面试题型及答题要点、答题技巧，大量实践演练，不断总结提升，方能从容不迫，展现出最好的状态。

一、自我介绍准备

（一）自我介绍的重要性

"好的开始是成功的一半"，自我介绍几乎是大学生面试中的必备环节，也是应聘者面临的首要关卡。"请做个简要的自我介绍吧！"一般情况下，这是面试官寒暄后的第一个问题。

很多学生觉得自我介绍简直就是多此一举，我的个人情况简历上不是都写得清清楚楚，为什么还要多此一问？很多学生在做自我介绍时，采取的方式也是将简历上的基本信息进行重复表述。

直接把简历信息用作自我介绍，实际上是浪费了一个让面试官对你加深印象和产生兴趣的重要机会。组织安排面试有一个重要目的，即掌握书面材料和笔试环节中难以获得的信息。大学毕业生求职，在一家企业获得的有效面试时间并不多，每一分钟都是至关重要与宝贵的。

一个好的自我介绍就是你的职业画像。面试官通过一分钟的自我介绍，对你的形象气质、沟通表达能力、讲话的条理性和简洁性，文字措辞，逻辑思维能力，以及未来你能够帮助企业解决什么问题等内容会有直观感受。好的自我介绍令面试官对应聘者产生兴趣，接下来他会继续期待你的展示。在面试时做出一个好的自我介绍，可能代表你的面试已经成功一半。

（二）自我介绍的结构

自我介绍的最佳结构：首先以最简要模式阐述姓名、院校、专业等基本信息，其次阐述自己的理想，然后介绍与求职岗位能力标准匹配的重要经历（实习、实践、项目），最后阐述应聘这个公司的理由。

品文酌例

自我介绍范例

各位考官大家好，我叫李明，出生在山水秀丽的四川眉山，毕业于××职业技术大学，我的理想是通过刻苦奋斗，未来成为一名造福社会的优秀企业家。在满怀理想的大学岁月，我曾经担任两个学生社团的核心管理者，先后获得商业项目策划大赛、企业模拟运营大赛等多个奖项。为了增强职业素质，我曾经领导11人团队，对××行业的A、B两家公司进行了职能研究与优化建议。这个项目不仅让我深度认知了企业运营的机理，锤炼了团队领导能力，而且凭借突出表现获得了公司管理层的充分肯定。正因为超越大学平凡生活的历练，我培养了在高强度超负荷和困难任务中的心理素质和执行能力，从而萌生了向贵公司提交求职申请的自信心。贵公司的文化精神、业务范畴和伟大前景，与我的职业规划和能力特长十分契合，如果能有幸加盟像贵司这样的卓越企业，那么我一定会将理想与奉献融入贵司的蓬勃事业，与全体同仁携手并肩，共创辉煌未来，谢谢各位考官！

（三）自我介绍常见问题

自我介绍有如下常见问题。
（1）自我介绍和个人简历高度重合。
（2）时间掌控不好。
（3）表达不流畅。

要避免这些问题，只有一个办法，即提前写好逐字稿，大量练习。

精训勤练

结合《职业发展与就业指导行动手册》模块七单元三中的"课堂训练 录制个人1分钟自我介绍视频"，通过自我介绍的演练，获得自我介绍真实体验，通过朋辈辅导提升自我介绍水平。

二、面试常见题型

（一）引入式问题

引入式问题指一些应聘者熟悉的、简单的问题。这类问题便于切入面试话题，获取基本信息，能够建立良好的面试气氛，令应聘者放松。

（二）动机式问题

动机式问题主要用于了解应聘者在工作中看重什么，以及应聘者的价值观、职业发展规划。通过这类问题，面试官能够了解应聘者求职的真实动因，以及其与企业文化的匹配度。

（三）行为式问题

行为式问题用于了解应聘者的行为特征、能力水平及素质状况。回答行为式问题一般要符合 STAR 法则。通过过去的行为表现，判断应聘者是否具备相应的工作经验与工作能力。

（四）应变式问题

在面试时，面试官会提出一些有难度、两难，甚至多难的问题让应聘者来回答和分析，这些问题即应变式问题。这类问题不一定和工作职责相关。应聘者回答的准确性不是关注的重点，重点是考核应聘者的逻辑思维、分析问题的能力，以及能否透过现象看到事物的本质。

（五）情境式问题

情境式问题指根据招聘岗位胜任素质标准设计实际工作中经常会发生的场景或者是提出一个问题或一个计划，请应聘者进入角色模拟提出解决方案。这类问题用于考核应聘者分析和解决现实问题的能力。常用的有角色扮演、管理游戏、"公文筐"处理等。

（六）压迫式问题

压迫式问题指一些让应聘者感到有心理压力或不好回答的问题，或者针对某一事项或问题做一连串的发问，打破砂锅问到底，直至无法回答。这类问题用于测试应聘者的心理素质、对压力的承受能力、在压力前的应变能力和人际关系能力等，有时也可用于验证应聘者讲述内容的真实性。

视频连线：面试中常见的问题

识物善用

金字塔原理

金字塔原理（图 7-3-1）被广泛用于训练人们拥有重点突出、逻辑清晰、主次分明的逻辑思维、表达方式和有效解决问题的能力。

金字塔原理的基本结构是：中心思想明确，结论先行，以上统下，归类分组，逻辑递进。

金字塔原理有两种使用方式：自上而下和自下而上。

在回答问题时，采取自上而下的表达方式。让结论先行，即在做发言时，先

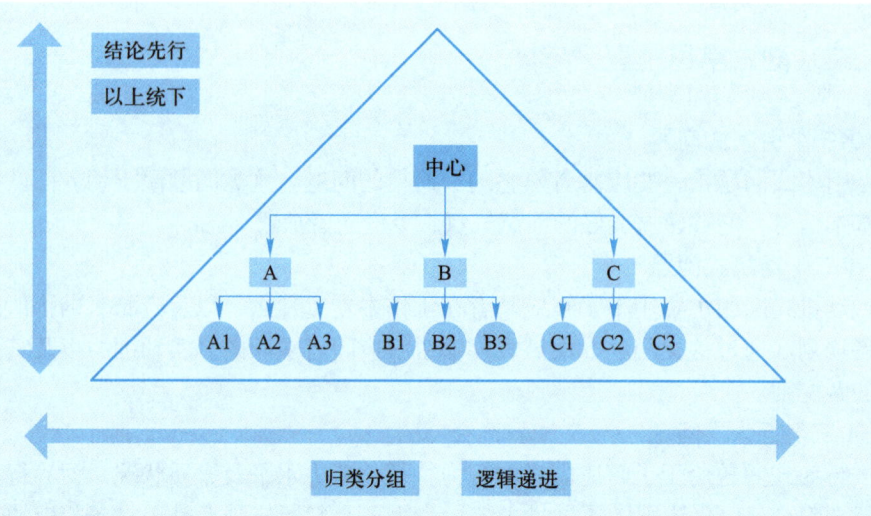

图 7-3-1　金字塔原理

给出个人结论，再给出具体原因。

在分析、总结问题时，适宜采取自下而上的思考方式。先从底层开始，将所有元素根据具体问题进行分析，再按照一定的逻辑关系，如时间顺序、空间顺序、重要性排序或演绎顺序进行凝练总结概括。

三、面试应对策略

面对不同形式的面试应采取不同的策略。

（一）结构化面试应对

1. 结构化面试主要考核内容

（1）一般能力。逻辑思维能力、语言表达能力。

（2）领导能力。计划能力、决策能力、组织协调能力、人际沟通能力、创新能力、应变能力及选拔职位需要的特殊能力（根据不同职位要求确定）。

（3）个性特征。气质风度、情绪态度、自我认知等。

2. 结构化面试题目来源及技能提升

结构化面试题目源自职务分析，考核应聘者是否具备胜任这一岗位的所必需的素质、知识面、业务能力和岗位的某些特色要求。

结构化面试技能的提升可以分为两部分：第一，要掌握知识点；第二，需要进行长时间的自我学习整理、巩固提升，包括整理素材要点、熟悉答题框架、梳理个人经历等。知识层面的掌握是基础，大量实践练习最终够融会贯通，才能在面试中表现得从容不迫。

知识链接：
结构化面试题型

（二）无领导小组讨论应对

无领导小组讨论（leaderless group discussion，LGD）指将五至八个应聘者组成一个小组,给予一个给定的题目,请他们进行一定时间的共同讨论,并且提出解决的方案。在讨论中,各个成员处于平等的地位,不指定小组的领导者。

无领导小组讨论的考核形式最早由军队用于军官选拔,后来大部分世界500强企业将其广泛用于高级人才招聘、职务晋升中。目前,国家公务员考试也将无领导小组讨论作为领导人才素质测评的重要方式之一。

1. 无领导小组讨论主要考核内容

(1)自我坚持性。自信心、精力、表达能力、成就导向。

(2)社交能力。交往性、合作性、应变性、受纳性。

(3)工作能力。条理性、责任心、慎重性、工作努力程度。

(4)情感特征。冲动性、情绪性、焦虑倾向、潜在的情感问题。

(5)智能水平。明智程度、辩论才能、兴趣广度、独创性、社会知觉能力。

(6)对群体行为的影响力。领导力、组织协调能力、人际影响力。

2. 无领导小组讨论的基本流程

(1)招聘者邀请大家做自我介绍。

(2)介绍步骤流程。

(3)小组抽取题目。

(4)3~5分钟阅读题目,个人独立思考。

(5)自由讨论,各抒己见,并最终达成意见。

(6)小组自选代表总结陈述。

3. 无领导小组讨论的角色

无领导小组讨论一般含有五种角色:领导者(leader)、时间把握者(timer)、记录者(recorder)、报告者(reporter)、参与者(member),有些小组可能会将报告者和记录者设为同一人。

(1)领导者。领导者的主要作用是把握讨论节奏,引领讨论方向。领导者需要由思路清晰、逻辑清楚、声音洪亮者担任。没有经验的新人不建议一开始担任领导者角色。

(2)时间把握者。时间把握者需要在讨论一开始就确定。这个角色需要有较强的时间把握能力,同时要具有一定的奉献服务精神。好的时间把握者不但提醒大家时间,而且能清晰表述自己的观点。一个优秀的时间把握者很容易变成领导者。

(3)记录者。记录者负责记录小组讨论的内容和要点,避免重复讨论,对速记能力和逻辑思维能力要求很高。

(4)报告者。报告者主要负责最后的汇报。汇报者需要思路清晰、逻辑清楚、善于总结提炼,并且有较强的表达能力。能做到掷地有声、铿锵有力者非常适合这一角色。报告者需要时刻记录大家的观点并进行提炼总结,取精华去糟粕,推陈出新。

(5)参与者。除以上角色外参与项目中的人统称参与者。如果你未能占据一个凸显自己才能的角色,那么关键是你要成为项目的推动者,贡献好的主意。

无领导小组讨论容易出彩的亮点:贡献出非常棒的点子,直接推动了任务进程;时间把握者非常严格合理地把控了时间,使得进程有条不紊地进行;领导者思路清晰,把控全场,节奏带得好;与时间把握者配合得很好;报告者汇报时间把握合理,表述清楚,掷地有声。

知识链接:
无领导小组讨论题型示例

无领导小组讨论的题型一般分为开放型、排序型、两难型、资源争夺型和意见求同型。

（三）电话面试应对

电话面试很多时候是突然的，容易让人措手不及，求职前的充分准备必不可少。电话面试要关注以下细节。

（1）接到电话尤其是陌生电话时，注意使用常用问候语，切忌语气随意。如果知道来电人是谁，则可以准确礼貌称呼对方以示尊重与重视。

（2）如果周围环境复杂、声音嘈杂，但你身边有合适地方，则可以礼貌请对方稍候，你换个合适环境接电话，或者向对方表达，你需要多长时间到合适地方，然后给对方回电。

（3）如果此时不方便接听电话，或短时间无法找到合适环境接受电话面试，则可以明确说明原因，并与对方商量选择另外的时间，并做好准备。

（4）在求职期间，养成把简历和求职资料随时放在手边的习惯。

（5）即使是电话面试，也要关注自己的肢体语言和面部表情，他们会影响到你的情绪及语音语调。在很多时候，语音语调在信息交流中比谈话内容本身更重要。

（6）电话面试结束后，可以与对方申请当面会谈的机会，以便于双方加深了解。

（四）视频面试应对

视频面试是企业在应对新冠疫情时而开始尝试的面试方式，已日趋成熟，目前已成为很多企业组织的常见面试方式。视频面试应对策略包括以下几个方面。

（1）以平常心态看待视频面试形式，无论是单独面试还是小组面试，视频面试与线下面试在形式内容方面没有太大差别，而且视频面试并不会降低应聘者的成功概率。

（2）应该准确地安排好面试时间，提前和身边人打好招呼，避免面试时被打断。

（3）提前确定面试地点，确保面试环境明亮、安静，背景简洁干净。目前很多高校针对视频面试的普及，会提供成熟的视频面试场地，可以关注学校和学院信息发布，确认所在学校和学院是否提供这类服务。

（4）提前确认面试设备，即计算机、手机、PAD、台灯、耳机、充电器和电源。测试网络是否流畅，视频是否会出现卡顿，确认摄像头方位，提前试用，确保对方看到你的头像大小、视线高度合适，以免造成对方不好的体验。

（5）关注细节。光源不要在脑袋后面，会显得面容发黑；戴眼镜的学生要注意光源不能在前方太低，否则眼镜会反射光源，使对方看不清你的面部；使用计算机面试，注意提前关闭QQ、微信、弹出广告框、来信提醒声音等功能，手机不要发出声音或振动；如果使用手机做面试设备，则要注意关闭来电。

（6）准备一份纸质简历在手上，提前写一下准备稿和答题提纲。不要用一张纸，准备一个文件夹，单张纸容易晃动出声响，影响听者感觉。

（7）在面试时，首先询问对方是否能清晰听到自己的说话声音。保持自然的行为动作，不要有抖腿、转笔等小动作。

（8）眼睛关注摄像头而非画面中的人物眼睛，这样对方才会感到你是关注他的。

（9）建议按线下面试着装，女性可适当化一些淡妆。在面试时，切忌上半身着正装，下半身随意着装甚至是着短裤。

（10）在面试结束时，可以向面试官索取联系方式，如电话、微信，在面试后通过文字的形式加强沟通、跟进进度。

（五）注意事项

（1）在回答问题时，尽量做到条理清晰、直切要点，时间尽量限定在20秒到两分钟之内。切忌长篇大论，泛泛而谈。

（2）正面回答问题，让面试官通过你的回答判断你有能力解决问题。切忌顾左右而言他，甚至是制造新的问题。

（3）在面试中始终坚持真诚可靠、真实可信的态度，让面试官相信你在求职面试中的表现今后会在真实工作场景重现，切忌夸夸其谈，华而不实。

（4）职场大忌——说前任领导或组织的坏话。

> **深思明辨**
>
> 在面试中我们应该如何谈论薪酬问题？

四、面试复盘

很多应聘者知道面试前要充分准备，但往往忽视了面试后的总结复盘。没有人能随随便便成功，求职之路充满荆棘挑战是必然的，如果面试后不能及时总结，则很有可能下次面试还会犯同样的错误，不利于我们的求职进展。

复盘不同于总结，复盘指对做过的事情从头到尾进行一遍思维的推演和审视，同时对其他可能性的行为进行探寻，尝试探索其他的可能性，以找到新的方法。总结是静止的，复盘是动态的。应聘者可以利用工具"快乐三问"对面试进行有效复盘。

> **识物善用**
>
> **"快乐三问"**
>
> 在求职路上，人们总会与各种问题不期而遇：面试"战袍"不够精致、简历不够美观、自我介绍不够出彩、面试回答问题不够流畅等。当遇到问题时，用不同的视角看待同样的问题，得到的结果也会完全不同。当你用抱怨的态度对待问题时，你会越来越沮丧，最终丧失信心；而当你把视角放在如何解决问题上时，你会发现自己变得更加积极主动，会不断想各种办法，努力尝试。
>
> "快乐三问"是一种教练工具，它能够迅速地将人们从消极情绪状态中拉出来，不纠结在问题本身，将注意力放到问题解决上，是一种非常有效的自我反思、自我觉察工具。
>
> "快乐三问"使用流程如下。
>
> （1）哪些应该做的事我没有做？我做了哪些不该做的事？
>
> （2）这件事对我的启发是什么？

（3）接下来，我怎么做可以让结果变得更好？

用"快乐三问"对每次求职进行复盘，相信你的能力素质将会很快提升，并最终找到你心仪的工作。

结合"快乐三问"，人们可以尝试从以下几个角度对面试进行复盘。

（1）在本次面试中，哪些地方我做得比较好，后期可以继续保持或加强？有哪些问题没有考虑到，或考虑不细致、不充分，下次如何提升？

（2）本次最难回答的问题是什么？如果重来一次，那么我可以如何组织我的答案？

（3）在面试技巧上我还有哪些需要练习改善的？

（4）我是否向对方充分展示了我的核心竞争力？

（5）我对相关行业和企业是否有了更多的了解？

➡ 任务挑战

> **任务说明**
>
> 请同学们完成《职业发展与就业指导行动手册》模块七单元三中的"单元任务 模拟面试"。
>
> 通过本任务，增强同学们对面试的直观感受，及时发现不足，有针对性地进行自我提升。

▶ 模块反思

■ 课后评价

回顾本模块所学内容，在开篇表 7-0-1 "自评"列中对自己的学习成果进行评价，并与"自测"列的得分进行比较，分析分数变化的原因。

■ 延伸思考

（1）详述面试的分类。

（2）围绕结构化面试，你将开始什么行动进行准备？

（3）无领导小组讨论中有哪几种角色？

■ 效果检测

突破认知局限　应对求职挑战

▶ **模块小结**

概念

- 面试相关知识
- 个体面试与集体面试
- 结构化面试/非结构化面试/半结构化面试
- 无领导小组讨论

方法

- 准备模拟面试
- 实践模拟面试

工具

- 金字塔原理
- "快乐三问"

模块八

通晓政策法规 维护就业权益

没有无义务的权利，也没有无权利的义务。

——卡尔·马克思

模块路径

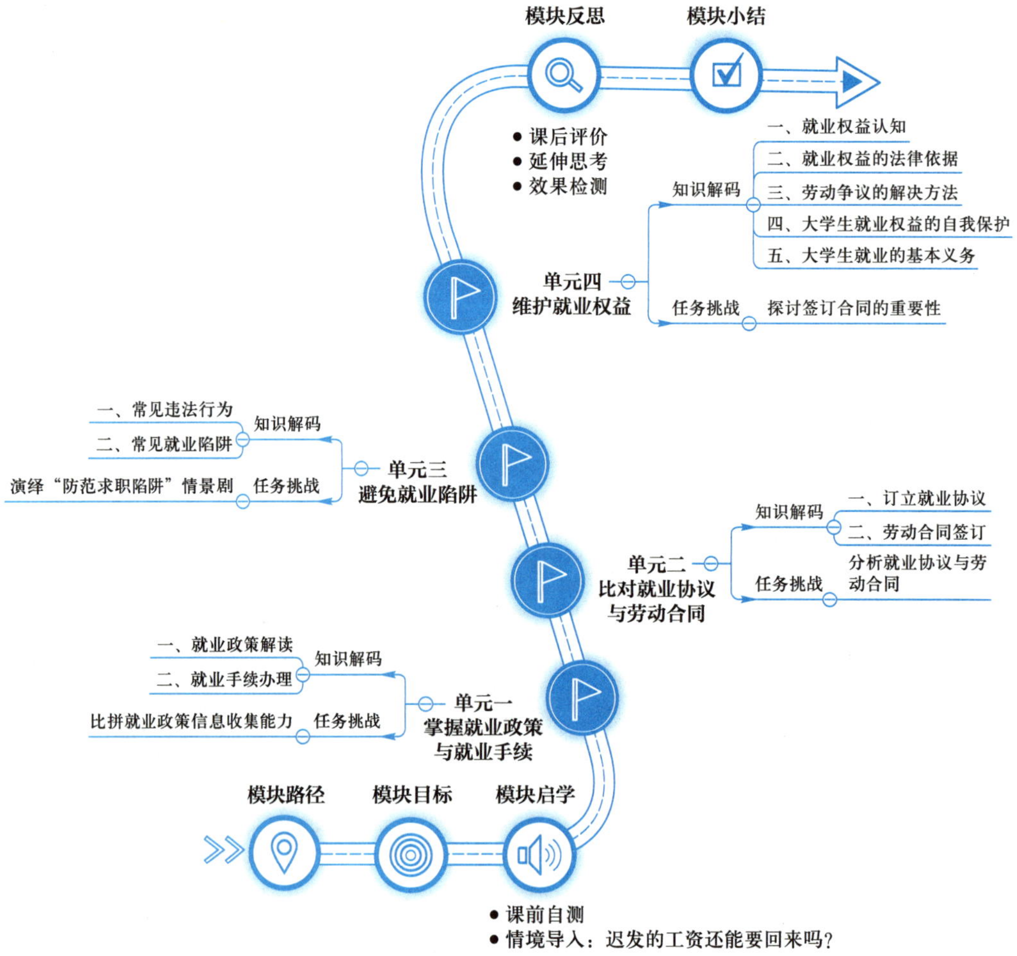

- 单元一 掌握就业政策与就业手续
  - 知识解码
    - 一、就业政策解读
    - 二、就业手续办理
  - 任务挑战：比拼就业政策信息收集能力

- 单元二 比对就业协议与劳动合同
  - 知识解码
    - 一、订立就业协议
    - 二、劳动合同签订
  - 任务挑战：分析就业协议与劳动合同

- 单元三 避免就业陷阱
  - 知识解码
    - 一、常见违法行为
    - 二、常见就业陷阱
  - 任务挑战：演绎"防范求职陷阱"情景剧

- 单元四 维护就业权益
  - 知识解码
    - 一、就业权益认知
    - 二、就业权益的法律依据
    - 三、劳动争议的解决方法
    - 四、大学生就业权益的自我保护
    - 五、大学生就业的基本义务
  - 任务挑战：探讨签订合同的重要性

- 模块反思
  - 课后评价
  - 延伸思考
  - 效果检测

- 模块小结

- 模块启学
  - 课前自测
  - 情境导入：迟发的工资还能要回来吗？

- 模块目标

▶ 模块目标

知识目标：了解不同就业去向的异同及优劣势；了解大学生就业权益内容；能识别常见就业陷阱及了解维权之道。

能力目标：基于不同就业去向异同及优劣势的认知，合理决策毕业去向；掌握就业协议与劳动合同的异同，能正确签订就业协议与劳动合同。

素养目标：能识别就业中的违法行为，规范就业行为；提高大学生法治素养，塑造大学生行为准则。

▶ 模块启学

■ 课前自测

在开始本模块学习之前，基于自身已有的知识和经验，认真思考表8-0-1中的问题，并在"自测"列对相关问题的了解程度进行如实打分（最高分为10分）。

表8-0-1　模块八学习记录表

题目	自测 （1~10分）	自评 （1~10分）
说出学校的就业流程		
说出就业协议与劳动合同的异同		
列举三个以上常见就业陷阱及避免方法		
能在了解宏观及微观就业政策的基础上明确自身毕业去向		
说出大学生就业的权利与义务		
总分		

■ 情境导入

迟发的工资还能要回来吗？

罗弈目前在一家互联网公司上班，7月底入职，有六个月试用期。

后来因为对工作内容不甚满意，他打算当年12月初辞职，但是公司说他的岗位要找到替代的人后他才可以走，并且公司是月底发工资，也就是当月月底才发放上个月的工资。

罗弈心中产生疑问：在试用期内按理来说提前几天告知公司就可以离开，如果公司一定要招到人接替才能走，则他该怎么办？如果公司同意自己离职，那么会不会离职后要不回来迟发的一个月工资？

◎ 思考与探究

《中华人民共和国劳动合同法》第三十七条规定：劳动者提前三十日以书面形式

通知用人单位，可以解除劳动合同。劳动者在试用期内提前三日通知用人单位，可以解除劳动合同。在上述案例中，公司要找到接班的人才让劳动者辞职，这样不合法。当然，从工作交接和负责任的角度来说，劳动者可以综合把握一下合适的情况。但是这是劳动者的个人意愿，公司不能强制劳动者待招到接替的人才离职，这是违反法律规定的。

《劳动合同法》第五十条规定：用人单位应当在解除或者终止劳动合同时出具解除或者终止劳动合同的证明，并在十五日内为劳动者办理档案和社会保险关系转移手续。法律法规及一些地区的规章制度对于结清工资有时限性要求。案例中的罗弈可以根据相关规定要求单位结清工资。

尝试回答以下问题。
（1）在求职时，你要如何增加关于用工制度的知识？
（2）在你决定接受一份工作前，你会做什么来保障自己的权益？

单元一　掌握就业政策与就业手续

🔅 知识解码

毕业生求职就业须了解就业政策，并依照就业流程办理就业手续。

一、就业政策解读

就业政策是指政府和社会群体为了解决现实社会中劳动者就业问题制定和推行的一系列方案及采取的措施。

> 💡 **深思明辨**
>
> 你平时关注过就业政策吗？你都知道哪些促进高校毕业生就业创业的政策？从哪些途径可以了解这些政策？

（一）通用性就业政策

1. 职业培训补贴和职业技能鉴定补贴政策

对参加就业技能培训和创业培训的毕业年度高校毕业生，培训后取得职业资格证书的（或职业技能等级证书、专项职业能力证书、培训合格证书），给予一定标准的职业培训补贴。

2. 社会保险补贴政策

小微企业招用离校两年内未就业高校毕业生，与之签订一年以上劳动合同并为其缴纳社会保险费的，按其为高校毕业生实际缴纳的社会保险费给予补贴，不包括个人缴纳部分，期限最长不超过一年。社会保险补贴实行"先缴后补"。

对离校两年内未就业的高校毕业生灵活就业后缴纳的社会保险费，给予一定数额的社会保险补贴，补贴标准原则上不超过其实际缴费的三分之二，补贴期限最长不超过两年。

3. 就业见习补贴政策

对吸纳离校两年内未就业高校毕业生、16~24岁失业青年参加就业见习的单位，给予一定标准的就业见习补贴，用于见习单位支付见习人员见习期间基本生活费、为见习人员办理人身意外伤害保险，以及对见习人员的指导管理费用。对见习人员见习期满留用率达到50%以上的单位，可适当提高见习补贴标准。对见习期未满与高校毕业生签订劳动合同的，给予见习单位剩余期限见习补贴。

4. 一次性求职创业补贴政策

对毕业学年有就业创业意愿并积极求职创业的低保家庭、贫困残疾人家庭、原建档立卡贫困家庭和特困人员中的高校毕业生和中等职业学校（含技工院校）毕业生，残疾及获得国家助学贷款的高校毕业生和中等职业学校（含技工院校）毕业生，给予一次性求职创业补贴。

5. 学费补偿和助学贷款代偿政策

对高校毕业生到中西部地区、艰苦边远地区和老工业基地县以下基层单位就业、履行一定服务期限的，以及应征入伍服义务兵役的，给予学费补偿和国家助学贷款代偿。本专科学生每人每年最高不超过8 000元，研究生每人每年最高不超过12 000元。符合条件的高校毕业生可向高校学生资助管理部门申请。

（二）专项就业政策

1. "三支一扶"

"三支一扶"计划是人社部牵头，中共中央组织部、教育部、财政部、农业部（现农业农村部）、卫生部（现国家卫生健康委员会）、扶贫办、共青团中央共同组织开展的高校毕业生到农村基层从事支教、支农、支医和扶贫工作的简称。招募的高校应届毕业生服务期间的身份是"三支一扶"志愿者。"三支一扶"计划自2006年实施以来，截至2022年8月，已累计选派46.9万名高校毕业生到基层服务。

知识链接："三支一扶"文件

"三支一扶"组织招募的工作流程：每年4月底前，各地收集、汇总、上报乡镇一级教育、农业、卫生等基层岗位需求信息；每年5月底前，各地根据下达的招募计划，采取考核或考试的方式进行公开招募；每年7月底前，派遣"三支一扶"大学生到服务单位报到。《关于组织开展高校毕业生到农村基层从事支教、支农、支医和扶贫工作的通知》在"三支一扶"大学生工作期间的户档管理、日常管理、考核管理和经费保障等方面做出了详尽的规定。对服务期满考核合格的大学生，颁发由人事部（现人力资源和社会保障部）统一印制的《高校毕业生到农村基层服务证书》，作为服务期满后享受相关就业优惠政策的依据。具体招募工作和优惠政策可在各省级人社部门官网了解。

2. 大学生参军入伍

军营是一所大学校，是一座大熔炉。在这所大学校里，人们不但可以学政治、懂军事、尽义务、保国防，而且可以培养性格、锻炼意志、学会立身做人。参军报国既是磨砺人生，实现理想抱负的重要途径，又是热爱祖国的高尚行为。谁选择了军营，

知识链接：2022年《大学新生应征入伍宣传单》

谁就选择了光荣，选择了责任。

根据国务院、中央军委2022年征兵命令，当年的高校毕业生为征兵重点人群。大学生入伍指部队每年从在校大学生和大学毕业生中招收义务兵，报名流程有网上登记、初审初检、体检政审、走访调查、预定新兵、张榜公示、批准入伍。

高校毕业生应征入伍服义务兵役，除享有优先报名应征、优先体检政审、优先审批定兵、优先安排使用"四个优先"政策，家庭按规定享受军属待遇外，还享受优先选拔使用、学费补偿和国家助学贷款代偿、退役后考学升学优惠、就业服务等政策。具体招募工作和优惠政策可在全国征兵网查看。

3. 特岗教师

为进一步加强农村教师队伍建设，促进义务教育均衡发展，教育部、财政部、人事部（现人力资源和社会保障部）、中央编办出台《关于实施农村义务教育阶段学校教师特设岗位计划的通知》（教师〔2006〕2号），各省结合教师队伍整体超缺编情况、学科结构分布等因素，经省政府同意，报教育部核准，面向全国招聘高校毕业生到地区县以下农村学校任教。

知识链接：大学生基层就业典型人物事迹

特岗教师聘期为三年。特岗教师招聘信息一般是在每年的五六月份发布，经过考核、培训等一系列的招聘程序之后，在九月前到所分配的中小学校报到，正式上岗。特岗教师的招聘遵循"公开、公平、自愿、择优"的原则。特岗教师服务期满后有三个选择，一是可以选择在当地留任，保证有编有岗，并享受当地教师同等待遇；二是异地留转，或到城镇学校应聘，今后城镇学校中小学自然减员的补充，首先要补充这些经过了三年实践锻炼的特岗教师；三是可重新选择就业，各地政府包括教育部门要为此提供便利。从西部已实施特岗教师计划的省份来看，三年服务期满后，绝大多数特岗教师选择了留任，有的省份特岗教师留任比例高达97%。

4. 大学生志愿服务西部计划

大学生志愿服务西部计划，是共青团中央、教育部根据国务院常务会议、《国务院办公厅关于做好2003年普通高等学校毕业生就业工作的通知》和2003年全国高校毕业生就业工作电视电话会议精神的要求而实施的，财政部、人社部给予相关政策、资金支持。该项计划从2003年开始实施，每年4~5月组织报名，按照公开招募、自愿报名、组织选拔、集中派遣的方式，每年招募一定数量的普通高等学校应届毕业生或在读研究生，到西部基层开展为期1~3年的教育、卫生、农技、扶贫等志愿服务。志愿者在服务期间，中央财政给予一定生活补贴。志愿者服务期满并考核合格可享受报考公务员优先录取、考研加分等优惠政策，具体招募工作和优惠政策可在中国青年网查看。

知识链接：西部计划志愿者先进事迹

> **精训勤练**
>
> 结合《职业发展与就业指导行动手册》模块八单元一中的"课堂训练 查看毕业地图"，参考本校毕业生就业去向，搜寻自己感兴趣的就业政策。

单元一 掌握就业政策与就业手续

识物善用

"生命之花"

如果你的生命是一朵花,并且只能花开五朵,则每朵花都可以且只能承载一项对你来说非常重要的内容,这些内容可以是具体的人或事,也可以是抽象的精神与情感。请保持内心平静,然后选出五项希望被承载的内容,并将它们写在花朵上,告诉自己这五朵花于你而言意味着什么,它们为何如此重要。用"生命之花"(图8-1-1)工具可以帮助我们探寻生命的理想与价值取向,树立正确的人生态度。

图 8-1-1 "生命之花"

二、就业手续办理

(一)就业流程

一般而言,大学生就业流程包括和用人单位双向选择、和用人单位达成录取意向、与用人单位签订就业协议、单位盖章、毕业生签字、办理转档手续、办理离校手续、在规定时间内去用人单位报到等。通用就业流程如图 8-1-2 所示。

值得注意的是,各学校的就业手续办理流程略有不同,请及时关注学校就业指导部门发布的信息。

(二)毕业去向及毕业派遣

毕业去向主要是指毕业生的就业状态,主要分为就业、升学、未就业三大类。其中就业包含就业协议和合同就业(如签就业协议或劳动合同就业、应征义务兵、参加基层项目等)、自主创业、灵活就业(如自由职业等);升学包含国内升学(如专升本、第二学士学位、研究生)和出国出境深造;未就业包含待就业、不就业拟升学、其他暂不就业。

根据 2022 年 5 月国务院办公厅印发的《关于进一步做好高校毕业生等青年

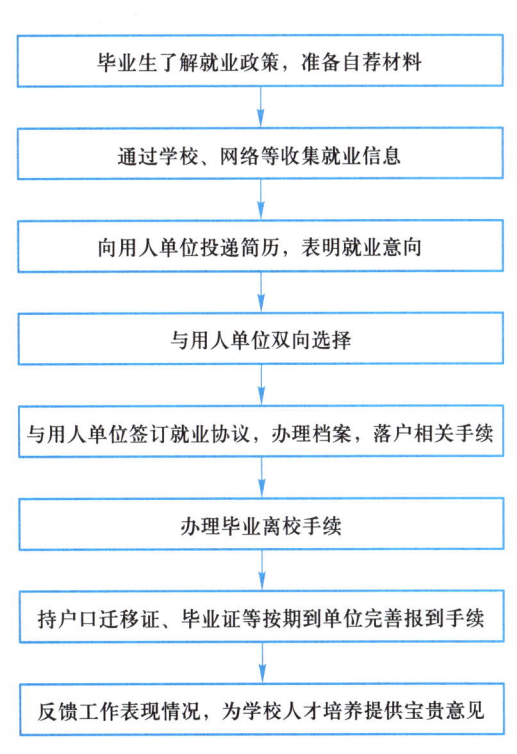

图 8-1-2 通用就业流程

161

就业创业工作的通知》，取消高校毕业生离校前由公共就业人才服务机构在就业协议书上签章环节，取消高校毕业生离校后到公共就业人才服务机构办理报到手续。应届高校毕业生可凭普通高等教育学历证书、与用人单位签订的劳动（聘用）合同或就业协议，在就业地办理落户手续（超大城市按现有规定执行）；可凭普通高等教育学历证书，在原户籍地办理落户手续。教育部门要健全高校毕业生网上签约系统，方便用人单位与高校毕业生网上签约，鼓励受疫情影响地区用人单位与高校毕业生实行网上签约。对延迟离校的应届高校毕业生，相应延长报到入职、档案转递、落户办理时限。从2023年起，不再发放《全国普通高等学校本专科毕业生就业报到证》和《全国毕业研究生就业报到证》（以下统称就业报到证），取消就业报到证补办、改派手续，不再将就业报到证作为办理高校毕业生招聘录用、落户、档案接收转递等手续的必需材料。

任务挑战

> **任务说明**
>
> 请同学们完成《职业发展与就业指导行动手册》模块八单元一中的"单元任务 比拼就业政策信息收集能力"。
> 通过本任务，帮助同学们全面了解并掌握有关就业政策。

单元二　比对就业协议与劳动合同

知识解码

大学毕业生是一个特殊的社会团体，在就业过程中享有相应的法律保障。法律保障主要有就业协议（全称《全国普通高等学校毕业生就业协议书》）和劳动合同两个方面。

一、订立就业协议

知识链接：《全国普通高等学校毕业生就业协议书》

就业协议是由教育部高校学生司统一制订的，由毕业生、学校、用人单位三方共同参与签订的协议书。签订就业协议一方面是由于应届毕业生在寻找工作的时候还是学生身份，不符合签订劳动合同应有的主体条件；另一方面是为了确保毕业生毕业后能与用人单位顺利签订劳动合同。就业协议一经订立即产生法律效力，并且对签约的三方都有约束力。如果学生签订了就业协议，毕业后就必须到已签约的单位就业，如果其毕业后又到其他单位就业，那么该签约单位就可以依据就业协议要求学校和学生共同承担违约责任。

（一）就业协议的作用

就业协议是为了明确毕业生、用人单位、学校三方在大学毕业生就业工作中的权利和义务，经协商签订的协议。

学校凭就业协议派遣毕业生，依据就业协议的内容转移学生档案。

（二）就业协议的法律性质

就业协议具有合同的某些法律属性，但它与劳动合同又有明显的不同。

就业协议具有合同的属性，主要表现在三个方面：一是签订就业协议的主体是毕业生（自然人）和用人单位（法人、其他组织），他们在签订就业协议时的法律地位是平等的；二是就业协议是双方意见的协商，任何一方都不能将自己的意志强加给另一方；三是就业协议所涉及的权利义务均属于我国民事法律管辖的范围。

（三）就业协议填写须知及注意事项

目前各省份都开始推行网络签约，毕业生和用人单位可按照相关官方网络就业平台的操作流程进行签约。

（1）用人单位基本信息。毕业生须详细询问用人单位的全称、统一社会信用代码、所属行业、单位性质等基本信息，所有信息须填写准确。用人单位名称须与就业协议下方加盖公章的用人单位或其上级主管部门一致。

（2）毕业生基本信息。如实填写个人基本信息，确保姓名、联系电话、邮箱等信息无误。毕业生生源地以大学入学前高考时的常住户口所在地为生源地。

（3）档案转递信息。按照国家规定，档案不能由个人保管、携带，必须由具备档案保管权的单位保管，毕业生须通过专门的渠道转递档案。具备人事档案保管权的单位一般为各大中型国有企业、党政机关、事业单位、政府人才交流机构等。毕业生务必与签约单位确认是否需要转递档案到单位，并准确填写转递单位及地址。

个人档案是个人在社会活动中形成的有一定价值的纸质或电子文件记录，如成绩单、毕业生鉴定表、入党申请等。离开大学校园后，很多时候会用到个人档案，如评定职称、申请教师资格证、公招考试等。大学毕业时，有些毕业生因暂时未就业或就业单位不需要档案就忽略了这个重要的文件，这极有可能给日后的就业等事宜造成困扰。所以毕业生一定要知道个人档案的去向（图8-2-1），以便日后使用。

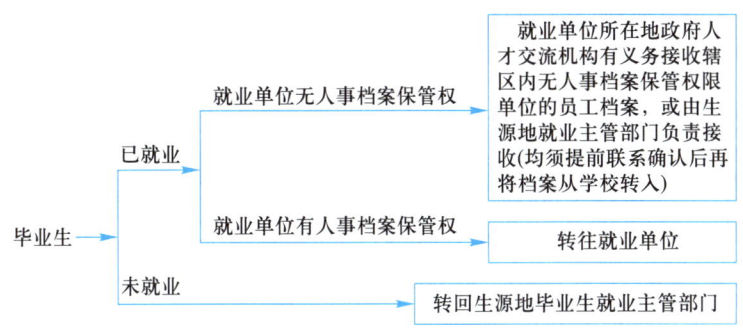

图8-2-1 毕业生个人档案去向

（4）协议条款及补充条款。就业协议一般提供固定的协议条款模板。毕业生与用人单位如果有其他协商一致的条款或承诺则可以列入补充条款。例如，部分用人单位会在通用条款的基础上额外补充试用期、正式入职报到时间、违约金等补充条款。毕业生在签订就业协议时应仔细确认协议书中是否有补充条款，对补充条款内容要进行仔细确认，特别是违约金等违约责任相关的内容，以免后续产生纠纷。

（5）三方签署意见。用人单位、毕业生、学校三方确认就业协议信息无误后打印出纸质协议书，签名并标注日期。用人单位先盖章（须为单位公章或人事部门章），院（系）及毕业生本人同意后，在院（系）和学校就业主管部门加盖公章。

（四）就业协议违约责任与劳动争议

有些大学毕业生最初草率地与一家单位签订了就业协议，但后来发现了更适合自己的岗位，想解除与原单位的就业协议，从而引起争议。

目前国家还没有明确的关于解决就业协议争议的法律规定。但在实践中，解决就业协议争议的主要办法有以下三种。

（1）大学毕业生与用人单位协商解决。这种办法适用于因大学毕业生引起的就业协议争议，大学毕业生可向用人单位赔礼道歉，并说明情况，赢得用人单位的理解，必要时须支付违约金，经双方协商解除协议。

（2）学校或当地省级毕业生就业主管部门与用人单位协调解决。这种办法大多适用于因用人单位引起的就业协议争议，由学校或行政部门介入，针对纠纷予以调解，使双方达成和解。

（3）通过法律途径。对于协商调解不成的纠纷，可向人民法院起诉，由人民法院依法裁决。

当然，如果大学毕业生单方面希望解除就业协议，那么除了可与用人单位协商解决，还可考虑到原单位的其他岗位就业，如果仍然不合适，则再向用人单位提出辞职。

二、劳动合同签订

劳动合同是用人单位与劳动者之间明确权利与义务的协议，所有劳动合同都必须依据《中华人民共和国劳动合同法》（以下简称《劳动合同法》）制定，而不能依据用人单位的单方面意愿制定。

（一）现行的《劳动合同法》来由

现行的《劳动合同法》于2007年6月29日由第十届全国人民代表大会常务委员会第二十八次会议修订通过，自2008年1月1日起施行。2012年12月28日，第十一届全国人民代表大会常务委员会第三十次会议通过了《劳动合同法》的修订决定，2013年7月1日起施行修订后的《劳动合同法》。

为了更好地保护自身的合法权益，大学毕业生可登录"中国人大网"官网学习现在施行的《劳动合同法》的全部内容。

（二）有效劳动合同应具备的要素

劳动合同既具有合同的一般特征和相应的法律约束力，同时作为一种特殊的合同类型，又具有自己的特色。有效劳动合同应具备的要素如表8-2-1所示。

表 8-2-1 有效劳动合同应具备的要素

要素	具体描述
主体资格合法	劳动者的主体资格合法,指劳动者必须是年满16周岁、具备劳动权利能力和劳动行为能力的公民。未满16周岁的未成年人不能作为主体与用人单位签订劳动合同。用人单位的主体资格合法,指用人单位须经主管部门批准依法从事生产经营和其他相应的业务,享有法律赋予的用人资格或能力
合同内容合法	合同内容合法主要指劳动合同的内容不得违反法律、行政法规的强制性规定。例如,《中华人民共和国劳动法》(以下简称《劳动法》)第二十一条明确规定:劳动合同可以约定试用期。试用期最长不得超过六个月。在这里"最长不得超过六个月"就是法律关于劳动合同试用期的强制性规定。假若某劳动者与用人单位签订的劳动合同约定的试用期为十个月,则违背了"最长不得超过六个月"的强制性法律规定
当事人意思表示真实	根据《劳动法》第十八条第(二)款的规定,采取欺诈、威胁等手段订立的劳动合同,因为违背了当事人的真实意愿,所以是无效的。另外,如果有证据证明当事人对合同内容有重大误解,则这样的劳动合同也应无效
合同订立的形式合法	《劳动法》第十九条明确规定,劳动合同应当以书面形式订立。对于以口头、录音、录像等形式订立的劳动合同,均无效

(三)劳动合同的基本内容

根据《劳动合同法》的规定,劳动合同的内容主要由法定条款和约定条款两类构成。法定条款即法律规定劳动合同必须具备的条款,只有具备了这些条款的劳动合同才能依法成立。一般法定条款包含七个方面的内容,具体如表 8-2-2 所示。

知识链接:
劳动合同
约定条款

表 8-2-2 劳动合同法定条款基本内容

法律规定包含内容	具体描述
合同期限	除依法允许订立不定期合同的情况外,合同都应当规定有效期限。其中应包括合同的生效日期和终止日期,或者决定合同有效期限的工作(工程)项目。例如,某大学毕业生2017年3月1日被录用开始工作,工作时间为六个月,那么合同的期限规定为:本劳动合同从2017年3月1日生效,到2017年9月1日终止
工作内容	关于劳动者的劳动岗位、劳动任务条款
劳动保护和劳动条件	关于用人单位应当为劳动者提供劳动安全条件、卫生条件和生产资料条件的条款。例如,用人单位应为建筑工人发放安全帽
劳动报酬	关于劳动报酬的形式、构成、标准等条款
劳动纪律	关于劳动者应当遵守劳动纪律的条款。例如,在上班时间不得私自外出,以及如何请假等
合同终止条件	关于劳动合同在法定终止条件之外的哪些情况下可以或应当终止的条款。例如,合同到期终止,或就业单位出现破产、停业等情况时终止合同等
违约责任	关于违反劳动合同的劳动者和用人单位,各自应如何承担责任的条款

知识链接：
人社部发布的劳动合同示范文本

提醒：由于某些劳动合同自身的特殊性，立法特别要求，除一般法定条款外，还必须规定一定的特有条款。例如，外商投资企业劳动合同和私营企业劳动合同中，应包括工时和休假条款。

（四）劳动合同订立原则与签订注意事项

劳动合同的签订指劳动者和用人单位经过相互选择和平等协商后，就劳动合同条款达成协议，从而确定劳动关系和明确双方相互的权利、义务的法律行为。

1. 劳动合同的订立原则

《劳动合同法》规定，订立劳动合同要遵循合法、平等、自愿、协商一致的原则，不得违反法律和行政法规的规定。

（1）合法。无论是劳动合同的当事人、内容和形式，还是订立劳动合同的程序，都必须符合有关法规和政策的要求。尤其需要强调的是，凡与劳动合同有关的强制性法律规范和强制性劳动标准，都必须严格遵守。因而，在订立劳动合同的过程中只能有限制地体现契约自由的精神。

（2）平等。平等指订立劳动合同的双方当事人法律地位平等。因此，大学毕业生应该依据《劳动合同法》有关规定，合理地要求与用人单位签订劳动合同。在签订劳动合同前，要仔细阅读劳动合同条款，对于模棱两可的条款要坚持改写清楚，对于不合法的内容要严肃拒绝，以维护自己的合法权益。

> **品文酌例**
>
> **劳动关系能不能解除？**
>
> 汤敏刚刚应聘到一家科技公司上班，公司在正式录用汤敏时，与她签订了为期两年的劳动合同，并在合同中规定，试用期为两个月。可是，从上班的第一周开始，公司就以各种理由要求汤敏等员工经常加班，劳动强度非常大。为此，汤敏上班半个月后打算辞职，谁知，汤敏的辞职请求却被公司拒绝了。汤敏很迷茫，不知道公司这种强迫自己继续工作的行为是否可以作为她解除劳动关系的理由，如果劳动关系解除了，那么自己需不需要承担相应的法律责任？
>
> 根据《劳动合同法》第三十七条规定，虽然本案例的主人公汤敏与公司签订了劳动合同，但在试用期内无法适应公司的工作强度，可以合法行使解除劳动合同的权利。

（3）自愿。自愿指劳动合同的订立应完全出于双方当事人的意愿，任何一方都不得强迫对方接受其意志；除合同管理机关依法监督外，任何第三方都不得干涉劳动合同的订立。

（4）协商一致。在订立劳动合同过程中，合同订立与否及合同的具体内容，都只能在双方当事人经过平等协商方式取得一致意见的基础上来确定。因而，只有协商一致，劳动合同才能成立。

2. 劳动合同签订注意事项

建立劳动关系必须签订劳动合同。《劳动合同法》第十条规定："建立劳动关系，应当订立书面劳动合同。"《劳动合同法》关于劳动合同的签订有如下规定。

用人单位自用工之日起超过一个月但不满一年未与劳动者订立书面劳动合同的，应当向劳动者每月支付二倍的工资。

用人单位自用工之日起满一年未与劳动者订立书面劳动合同的，视为用人单位与劳动者已订立无固定期限劳动合同。一旦订立无固定期限劳动合同，如果没有发生法律规定的可以解除劳动合同的情形，则用人单位无法辞退劳动者，否则，要支付二倍的经济补偿金。

（1）个人隐私保护。为了保护劳动者的隐私，《劳动合同法》第八条规定："用人单位招用劳动者时，应当如实告知劳动者工作内容、工作条件、工作地点、职业危害、安全生产状况、劳动报酬，以及劳动者要求了解的其他情况；用人单位有权了解劳动者与劳动合同直接相关的基本情况，劳动者应当如实说明。"如果不属于"与劳动合同直接相关的基本情况"，则用人单位无权过问，劳动者也有权拒绝回答。

知识链接：事实劳动关系的成立

另外，《就业服务与就业管理规定》也规定，用人单位在招用人员时，除国家规定的不适合妇女从事的工种或者岗位外，不得以性别为由拒绝录用妇女或者提高对妇女的录用标准。用人单位录用女职工，不得在劳动合同中规定限制女职工结婚、生育的内容。

（2）不得要求提供担保或收取财物。某些不正规的用人单位在招聘或录用过程中，为了谋取钱财，利用招聘向求职者收取招聘费、培训费、押金或服装费，或出现扣押证件等行为，这些在《劳动合同法》中都是被禁止的。同时，《劳动合同法》第八十四条还规定："用人单位违反本法规定，扣押劳动者居民身份证等证件的，由劳动行政部门责令限期退还劳动者本人，并依照有关法律规定给予处罚。用人单位违反本法规定，以担保或者其他名义向劳动者收取财物的，由劳动行政部门责令限期退还劳动者本人，并以每人五百元以上二千元以下的标准处以罚款；给劳动者造成损害的，应当承担赔偿责任。"

（3）试用期。试用期指用人单位和劳动者为相互了解和选择，在劳动合同中约定的不超过六个月的考察期。《劳动合同法》第十九条规定：劳动合同期限三个月以上不满一年的，试用期不得超过一个月；劳动合同期限一年以上不满三年的，试用期不得超过二个月；三年以上固定期限和无固定期限的劳动合同，试用期不得超过六个月。劳动合同中约定试用期不是必备条款，而是协商条款，是否约定由劳动者和用人单位协商确定。但是，如果双方约定试用期，就必须遵守有关规定。

知识链接：劳动合同中约定试用期应遵守的六点规定

精训勤练

结合《职业发展与就业指导行动手册》模块八单元二中的"课堂训练 评估你对就业知识的掌握程度"，了解自身的就业知识储备。

（4）关于违约金。《劳动合同法》对违约金给予严格的限制，明确规定只有以下两种情形才可以在劳动合同中约定违约金。

在培训服务期约定违约金。用人单位为劳动者提供专项培训，对其进行专业技术培训的，可以与该劳动者订立协议，约定服务期。如果劳动者违反服务期约定，则应当按照约定向用人单位支付违约金,但违约金数额不得超过用人单位提供的培训费用。

在竞业限制中约定违约金。用人单位与劳动者可以在劳动合同中约定保守用人单位的商业秘密和与知识产权相关的保密事项,对负有保守商业秘密和知识产权义务的高级管理人员、高级技术人员和其他负有保密义务的人员,可以约定竞业限制,若劳动者违反竞业限制的约定,则应当支付违约金。

知识链接:试用期间侵犯劳动者权益的行为

除以上两种情况外,用人单位要求劳动者支付违约金都是不合法的行为。部分公司会制定竞业限制,竞业限制的约定不得违反法律法规的规定。在解除或者终止劳动合同后,受竞业限制的人员到与本单位生产或者经营同类产品、从事同类业务的有竞争关系的其他用人单位就业,或者自己开业生产经营同类产品、从事同类业务的竞业限制期限,不得超过两年。

> **深思明辨**
>
> 李黎与用人单位签订的劳动合同中约定,在公司的服务期为五年,劳动合同中没有说违约金的问题,只是简单地说如果劳动者不满五年离开公司的话,则劳动者需要赔偿工资及其他费用总数的300%。这个协议合不合法?

知识链接:非全日制用工的法律规定

(5)关于辞退。《劳动合同法》中关于用人单位辞退劳动者的情形分为三种类型:即时通知解除、预告通知解除和经济性裁员。为了更好地保护劳动者的合法权益,《劳动合同法》对每一类辞退员工的情形都有条件限制。用人单位单方即时通知解除劳动合同的,用人单位需要承担举证责任,即劳动者在试用期内不符合录用条件,或严重违纪、营私舞弊给单位造成重大损失,或劳动合同无效,或员工兼职给单位工作造成严重影响,或被追究刑事责任等;预告通知解除劳动合同的,需要符合法定情形,并且履行法定程序;经济性裁员要符合裁员的条件并履行法定程序等。

➡ 任务挑战

> **任务说明**
>
> 请同学们完成《职业发展与就业指导行动手册》模块八单元二中的"单元任务 分析就业协议与劳动合同"。
>
> 通过本任务,加深同学们对就业协议与劳动合同异同的认知。

单元三 避免就业陷阱

➡ 知识解码

大学毕业生在找工作的过程中,由于求职心切,加上社会经验的不足,很容易遇到各种各样的招聘骗局。因此在求职就业的过程中,大学毕业生一定要树立遵纪守法意识，提高防范意识，学会识别虚假或欺诈性质的就业信息，保护自身权益。

一、常见违法行为

近年来，就业形势依然严峻且复杂，面对就业机会，大部分大学生格外珍惜，但这在无形中给不法分子带来了欺骗求职人员的机会。因此，大学生在求职路上要时刻保持头脑清醒，提高警惕，谨防上当受骗。

（一）犯罪团伙坑

一般而言，涉及犯罪团伙业务的"岗位"承诺的薪酬远高于市场价。大学生社会经验少，走出校园想尽快挣钱回馈家庭。一些犯罪团伙就抓住了这种心理，打出高薪的噱头，诱骗大学生入伙。因此，当遇到超高薪岗位、优厚条件的外地工作时务必要提高警惕，谨慎前往。

知识链接：常见的违法行为案例

（二）非法行为坑

在求职就业过程中，遇到所在公司的"上级领导"指使从事违法犯罪活动，任务可能触犯法律法规时，不及时向公安机关报案或严词拒绝，而是为保住工作选择完成指令，就可能违法犯罪被追究法律责任，因此，大学生应加强法治知识学习，增强法律意识。

二、常见就业陷阱

大学生就业陷阱是指招聘单位、其他机构或个人，利用大学生的弱势地位（如社会经验不足、自我保护意识差、就业竞争激烈等），以提供就业机会为诱因，采用违法悖德等手段，与大学生达成权利与义务不对等的各类就业意向（协议），以期侵害大学生合法权益的现象。

（一）培训贷陷阱

培训贷是指某些培训机构将高薪就业作为诱饵，向求职人员承诺培训后包就业，但须向指定借贷机构贷款支付培训费用。然而，当培训结束后，该机构并不会兑现承诺，求职者还会因此欠下一大笔债务。

知识链接：远离培训贷陷阱案例

对策：大学生要增强辨别和防范意识，在参加培训前，一要看培训机构是否具备培训资质，二要看经营范围是否包含培训内容，三要看承诺薪资是否与社会同等岗位条件薪资水平大体一致。同时，要注意保留足够的材料，一旦发现被骗，立即向有关部门报案。

（二）传销陷阱

传销是国家明令禁止的行为，特征是发展"下线"，通过骗取他人加入，缴纳各种形式的费用来牟取钱财。有些非法的传销机构披着合法的公司外衣，打着对外招聘的幌子，要应聘者上岗后先购买公司的产品或者缴纳入会费，再进行销售。识别传销，主要是看三个特征：一是入门费，是否需要认购商品或缴纳费用取得加入资格，牟取非法利益；二是拉人头，是否需要发展他人成为自己的下线，并对发展的人员以直接或间接滚动发展的人员数量为依据给付报酬；三是计酬方式，是否以直接或间接发展

知识链接：远离传销陷阱案例

人员的销售业绩为依据计算报酬，牟取非法利益。

对策：大学生要了解国家有关禁止传销的法规规定，掌握识别传销的基本知识；自觉抵制各种诱惑，坚信"天上不会掉馅饼"，树立勤劳致富、拒绝传销的防范意识。如果遭遇传销公司，则不要轻信传销者的发财梦而被洗脑，也不要因为自己受骗上当再想办法去骗别人，保持头脑冷静；利用一切办法与外界取得联系，发出求救信号，同时想办法尽快脱身并报警。

> **精训勤练**
>
> 结合《职业发展与就业指导行动手册》模块八单元三中的"课堂训练 分析求职陷阱线索"，学会识别求职陷阱。

（三）剽窃作品版权

知识链接：新型求职陷阱列举

剽窃作品版权是用人单位以招聘为名，无偿占有应聘者的广告设计、策划方案等创意，甚至是知识产权等无形资产的现象。例如，某些单位按程序对前来应聘的应聘者进行面试和笔试。在面试和笔试时，故意把本单位遇到的问题，以考查的形式分发给应聘者作答或设计，待应聘者利用自己的专业优势完成作答后，再找出各种理由不予以录取。通过这种手段，用人单位将应聘者的劳动果实据为己有。

对策：为防患于未然，大学生在应聘专业技术、创意设计等领域的岗位时，应做好备份。一份提交给公司，并附上"版权声明"；另一份自己留存，并要求招聘单位在留存份上签字确认，以证明该作品的版权归属。

➡ 任务挑战

> **任务说明**
>
> 请同学们完成《职业发展与就业指导行动手册》模块八单元三中的"单元任务 演绎'防范求职陷阱'情景剧"。
>
> 本任务以自编情景剧的沉浸式方式，帮助同学们学习并掌握识别求职陷阱的技巧和应对方法。

单元四　维护就业权益

➡ 知识解码

大学生从踏出学校大门的那一天起，就跨入了社会的大门。为了很好地保护自己，大学生必须先了解自己应有的就业权利与义务。党的二十大报告也特别强调，健全劳动法律法规，完善劳动关系协商协调机制，完善劳动者权益保障制度，加强灵活就业和新就业形态劳动者权益保障。

一、就业权益认知

大学生作为就业市场的一个重要主体，在就业过程中除普通劳动者所享有的劳动报酬权、休息休假权等一般权利外，还享有许多其他特殊权利。

（一）获取信息权

就业信息是毕业生择业成功的前提和关键，只有在充分获取信息的基础上，才能结合自身情况选择适合自己发展的用人单位。毕业生获取信息权应包括三方面内容。

1. 信息公开

信息公开指所有用人信息向全体毕业生公开。目前有部分省、自治区、直辖市建立了高校毕业生需求信息登记制度，凡须录用高校毕业生的用人单位，须到省级高校毕业生就业指导中心和有关高校办理信息登记。由省级高校毕业生就业指导中心通过高校向毕业生发布用人需求信息及高校毕业生就业指导中心通过各种途径获取的就业信息，任何单位和个人不得隐瞒或截留。

2. 信息及时

信息及时指毕业生获取的信息必须及时有效，而不能将过时无利用价值的信息传递给毕业生。

3. 信息全面

毕业生有权获取准确、全面的就业信息，以便对用人单位有全面的了解，从而做出符合自身需求的选择。

（二）被推荐权

高校向用人单位推荐毕业生是高校毕业生就业工作的重要职责。学校推荐往往会在很大程度上影响用人单位对毕业生的取舍。毕业生的被推荐权包含以下几方面：第一，实事求是推荐。高校在对毕业生进行推荐时应根据毕业生的实际情况如实向用人单位推荐，不能故意贬低或随意拔高毕业生在校的实际表现。第二，公平推荐。高校在对毕业生进行推荐时应做到公平公正。第三，择优推荐。高校在公开公正的基础上，根据毕业生在校表现实行择优推荐，用人单位在录用时也应坚持择优标准。

（三）违约求偿权

毕业生、用人单位、学校三方签订就业协议后，任何一方不得擅自毁约。如果用人单位无故要求解约，则毕业生有权要求对方严格履行就业协议，否则用人单位应对毕业生承担违约责任，支付违约金，毕业生有权要求用人单位对自己进行补偿。在目前的就业过程中，由于各方面的原因，毕业生重复签订多份协议的情况时有发生，这一现象应当引起各方面的注意。

品文酌例

就业没有"双保险"

张璋是某"双高校"的应届毕业生，每年的10月份都有不少公司到他所在的学校进行招聘。张璋一直想成为一名公务员，但由于国家公务员的录取结果要在第二年的 5 月才公布，为了保险起见，张璋在学校双选会上与一家公司签订了就业协议。第二年 5 月，国家公务员录取结果公布，张璋如愿以偿地考上了公务员，于是张璋决定与原先签订了就业协议的公司解除协议，该公司要求张璋按照就业协议的约定缴纳 3 000 元违约金。

《民法典》中第五百七十七条规定：当事人一方不履行合同义务或者履行合同义务不符合约定的，应当承担继续履行、采取补救措施或者赔偿损失等违约责任。因此，张璋应当按照就业协议中的约定承担违约责任。同时，根据法律规定，用人单位需要证明张璋的违约行为给单位带来的损失及损失程度，以支持自己对违约金的金额主张。作为当事人的张璋也可以据此依法向劳动保障部门提出劳动仲裁，或者直接诉请法律来维护自身的合法权益。

《全国普通高等学校毕业生就业协议书》管理办法中规定，大学毕业生在协议书上签署个人意见之后，用人单位或学校两方之中只要有一方在协议书上签字，大学毕业生就不得单方面终止协议。大学毕业生违约后，必须首先办理完毕与原签约单位的解约手续，然后将原协议书交还学校招生就业工作处，并领取新的协议书。

（四）平等就业权

无论是《劳动法》还是《中华人民共和国就业促进法》（以下简称《就业促进法》）都对平等就业权做了明确的规定，即劳动者就业不因民族、种族、性别、宗教信仰等因素的不同而受歧视，《就业促进法》更是要求各级人民政府应当创造公平的就业环境，消除就业歧视。根据国家规定，高校毕业生在国家就业方针、政策指导下通过供需见面会，双向选择实行自主择业。毕业生就业只要符合国家有关就业方针、政策，就可以自主选择用人单位。任何单位或个人均不得干涉，更不可将个人意志强加于毕业生。强令毕业生到某单位就业的行为是侵犯毕业生平等就业权的行为。

（五）职业选择权

《劳动法》规定，劳动者有权根据自己的意愿、自身的素质、能力、志趣和爱好，以及市场信息等选择适合自己才能、爱好的职业，即劳动者拥有自由选择职业的权利。职业选择权有利于劳动者充分发挥自己的特长，促进社会生产力的发展。因此，毕业生有权按照自己的意愿选择职业，包括自由选择是否从事职业劳动、从事何种职业、何时从事职业、在哪家用人单位从事职业劳动等权利。

（六）择业知情权

毕业生享有对用人单位的主体资格、工作岗位、工作条件、工作环境、工作待遇等真实情况进行了解的权利。在现实中，会有一些用人单位夸大资本、规模及待遇，回避某些职业危害，这就侵犯了毕业生的择业知情权。

（七）劳动报酬与休息休假权

毕业生有按照劳动的数量和质量取得报酬的权利，法律同时规定了"最低工资"和"同工同酬"制度对这项权利予以保障。另外，作为《中华人民共和国宪法》（以下简称《宪法》）规定的公民基本权利——休息休假权是实现劳动权的必要保证。用人单位不得强迫或者变相强迫劳动者加班。

（八）社会保障权

用人单位只要与劳动者建立劳动关系，就应当根据社会保险规定的缴纳比例为劳动者缴纳法定的各种社会保险，包括医疗、失业、生育、养老、工伤等保险，以及住房公积金等。

（九）拒绝收费权

《劳动合同法》规定：用人单位招用劳动者，不得扣押劳动者的居民身份证和其他证件，不得要求劳动者提供担保或者以其他名义向劳动者收取财物。

（十）档案、户口保留学校两年权

离校时未落实工作单位的高校毕业生可按规定将档案、户口在学校保留两年，落实工作单位后再及时办理就业手续。

二、就业权益的法律依据

与大学生就业有关的法律法规有《劳动合同法》《劳动法》《就业促进法》，以及《中华人民共和国劳动争议调解仲裁法》（以下简称《劳动争议调解仲裁法》）、《普通高等学校毕业生就业工作暂行规定》《中华人民共和国公务员法》《中华人民共和国教师法》等。本书将详细介绍前三部法律法规。

（一）《劳动合同法》

《劳动合同法》于2008年1月1日起生效，从劳动合同的订立、履行、变更、解除到终止，《劳动合同法》明确了劳动合同双方当事人的权利和义务。这部法律的实施，更加有力地保护了劳动者的合法权益。之前许多单位在招聘大学生的时候，都要求先试用再签订劳动合同。很多大学生因为没有工作经验，所以在正式入职前都要实习或见习，一些单位不会跟大学生订立任何书面合同或协议，有时只有一个口头约定。一些大学生在试用期结束后被单位无理由地辞退，大学生拿不到任何报酬不说，还失去了寻找其他工作的机会，陷入两难的局面。这些情况在《劳动合同法》实施后得到了改善。因为《劳动合同法》明确规定：建立劳动关系，应当订立书面劳动合同。另外，《劳动合同法》还缩短了试用期的期限，规定不满三年的合同，试用期由原来的三个月减少为两个月。《劳动合同法》还规定固定期限劳动合同只能签订两次，第三次就必须签订无固定期限劳动合同。

（二）《劳动法》

《劳动法》规定：劳动者享有平等就业和选择职业的权利、取得劳动报酬的权利、休息休假的权利、获得劳动安全卫生保护的权利、接受职业技能培训的权利、享受社会保险和福利的权利、提请劳动争议处理的权利以及法律规定的其他劳动权利。劳动合同是劳动者与用人单位确立劳动关系，明确双方权利和义务的协议。一旦劳动者所在单位违反劳动合同，劳动者可以以此为依据通过行政、协商、仲裁和司法等手段维护自己的权益。劳动合同应当以书面形式订立，并具备以下条款：劳动合同期限、工作内容、劳动保护和劳动条件、劳动报酬、劳动纪律、劳动合同终止的条件、违反劳动合同的责任。除此必备条款外，当事人还可以协商约定其他内容。

(三)《就业促进法》

《就业促进法》第二十二条规定，各级人民政府统筹做好城镇新增劳动者就业、农村富余劳动者转移就业和失业人员就业工作。各级人民政府应当根据妇女、残疾人、高等学校和中等职业学校毕业生、退役军人等不同就业群体的特点，采取相应措施，鼓励社会各方面通过开展有针对性的创业培训、就业服务等活动，提高其就业能力和创业能力，并依法给予扶持和帮助。《就业促进法》第七条关于国家倡导劳动者树立正确的择业观念，提高就业能力和创业能力，鼓励劳动者自主创业、自谋职业的规定，对青年特别是知识青年来说更具有优势。《就业促进法》第十九条规定，国家实行有利于促进就业的金融政策，对自主创业人员在一定期限内给予小额信贷等扶持，把对创业的金融支持以法律的形式确定下来，显示了国家在促进大学生创业和提升国民经济质量方面的决心。

三、劳动争议的解决方法

根据《劳动法》第七十七条规定："用人单位与劳动者发生劳动争议，当事人可以依法申请调解、仲裁、提起诉讼，也可以协商解决。调解原则适用于仲裁和诉讼程序。"根据这样的规定，劳动者与用人单位可以选择下列程序解决劳动争议：发生劳动争议后，当事人可以向行政部门投诉；向相关调解组织申请调解；自劳动争议调解组织收到调解申请之日起15日内未达成调解协议的，当事人可以向劳动仲裁机构申请仲裁。达成调解协议后，一方在协议约定期限内不履行调解协议的，另一方当事人也可以依法申请仲裁。

另外，《劳动争议调解仲裁法》规定，劳动争议申请仲裁的时效期间为一年，从当事人知道或者应当知道其权利被侵害之日起计算。劳动关系存续期间因拖欠劳动报酬发生争议的，劳动者申请仲裁不受仲裁时效期间为一年的限制；但是，劳动关系终止的，应当自劳动关系终止之日起一年内提出。

四、大学生就业权益的自我保护

知识链接：如何保护自己的就业权益

（一）预防侵害自身合法权益行为的发生

大学生在就业求职过程中，应本着诚实、信用、平等的原则，以自身的实力参与竞争。同时，大学生要有风险意识，对于一些用人单位使用虚假广告、高薪待遇等欺骗手段招聘的做法，要有提防戒备心理，预防侵害自身合法权益行为的发生。

在大学生的就业中，最重要的材料就是就业协议，它是学校、毕业生、用人单位三者之间具有法律效力的就业契约，同时明确和保护三方的利益。一方面，大学生必须充分重视和深刻理解就业协议的重要性，关注就业协议的内容，要有通过就业协议来保护自己合法权益的意识，谨慎签约；另一方面，就业协议一旦签订即具有法律效力，必须具有严格遵守、履行就业协议内容的意识，积极履约，任何一方不得无故毁约、违约等，否则将受到经济和法律的制裁。有些大学生法律意识淡薄，在与用人单位达成口头录用意向后，没有及时签订就业协议，到最后毕业派遣时，用人单位却以岗位已录满、用人指标没有批下来为由拒绝录用,而此时就业工作接近尾声,早已失去再找工作的机会,大学生只能自吞苦果。有时大学生还会遇到用人单位要求缴纳押金的情况。在签订劳动合同时,用人单位要求劳动者提供押金的做法是法律明令禁止的。但是在签订就业协议时是否可以收取押金在法律上没有明文规定。一般认为,参照劳动合同,签订就业协议收取押金不合理。但若用人单位坚持收取押金,则一定要在就业协议中注明或让用人单位出具标明"押金"字样的收据。

(二) 维护自身合法权益

在就业过程中,大学生不可避免地会遇到一些不公平现象,使自身的正当权益受到侵害。此时,大学生要敢于拿起法律武器据理力争,将自己置于与用人单位平等的地位。在实际维护自身合法权益的过程中,大学生除依靠个人的力量外,还可以通过寻求学校帮助、向国家行政机关投诉、借助新闻媒体和寻求法律援助等方式来维护自己的合法权益。

总之,在求职前或求职过程中,大学生应主动学习《劳动法》等相关法律法规,提高自己的求职素质和独立思考的能力,把握底线,切莫急于求成、急功近利。当遭受侵害时,大学生要充分利用法律武器。最关键的是要提高自身的防范能力。

(1) 从招聘广告开始防范风险。为了吸引求职者,提高招聘效率,一些用人单位可能会出现对劳动条件和报酬的虚假夸大,因此,招聘广告的核实不可忽视,对过分强调形象与容貌、提供过高薪金的求职信息,一定要格外小心。

(2) 验证用人单位相关资质。求职者可以通过全国组织机构代码管理中心、全国企业信用信息公示系统等网站查询招聘单位的真实性和合法性,并做到"四看",即一看公司规模;二看营业执照;三看企业是否存在违规经营及经营异常记录;四看合同。

(3) 在应聘过程中防范风险。保护个人隐私,保存好招聘信息、录用通知书、就业协议等证据。如果通过网络招聘平台求职,不要轻易填写过于翔实的个人信息。应聘过程中需提交相关证件、证书等材料,可先提交复印件,尽量不要随意提交证件、证书原件。与用人单位签订就业协议时,应就协议中的条款内容与单位进行充分沟通,明确后再填写。

(4) 谨慎面对体检和外地上岗。如遇到单位要求必须体检才能上岗时,请注意:单位不应当指定医院,也不能去私立医院或者诊所。对外地企业或某外地分公司、分厂办事处的高薪招聘,无论其待遇有多优厚,求职者都要保持清醒的头脑和高度的警惕,不要轻信招聘者的口头承诺。

(5) 权益受到侵害时及时举报。劳动者要保留好劳动合同、入职材料、工资发放银行流水等证据材料,当自身权益受到侵害时,要及时向劳动监察机构投诉或向劳动争议仲裁机构申请劳动仲裁,通过法律途径维护自身合法权益。

> **精训勤练**
>
> 结合《职业发展与就业指导行动手册》模块八单元四中的"课堂训练 自制维护权益宝典",梳理求职各环节维护权益的方法。

五、大学生就业的基本义务

权利和义务是相对的，大学生在享有多项就业权利的同时，也应该履行一定的义务。大学生就业的基本义务主要包括以下几个方面。

（一）回报国家、服务社会的义务

国家《宪法》规定，劳动对于公民来说，既是权利又是义务，是权利和义务的结合与统一。对大学生而言，有自主择业的权利，也有回报国家的义务。大学生应从大局出发，认真执行国家的方针、政策，根据需要为国家服务。

按照"得之于社会、还之于社会、报之于社会"的原则，大学生应积极地、有责任地依托自己的职业行为，发挥自己的专业优势，以此来回报国家、社会和家庭，承担起自己应尽的义务。

（二）实事求是介绍自己情况的义务

大学生在求职择业过程中应如实向用人单位介绍自己的情况，这既是基本的择业道德要求，也是自己应尽的义务。

大学生在填写就业推荐表、自荐信，与用人单位洽谈介绍自己时，必须实事求是，不得弄虚作假，对于自己的缺点不能回避，有过失也不可隐瞒，应该以诚相见。只有如实介绍自己的情况，才能让人觉得可信、可靠，从而获得用人单位的信任。

如果大学生提供虚假信息，则不仅会耽误用人单位录取优秀人才的机会，还会失去用人单位的信任，甚至出现被退回或发生争议的风险。

（三）配合学校完成毕业交接的义务

大学生在离校前，学校要根据《普通高等学校学生管理规定》《高等学校学生行为准则》结合大学生在校期间各方面的基本情况，实事求是地对大学生做出鉴定。大学生应该认真总结，并积极配合学校做好此项工作，切实履行好此项义务。

另外，部分大学生在校期间接触到学校许多科技成果，甚至还直接参与了成果的研究与开发，因此，大学生有保护学校知识产权的义务，不能以此作为与用人单位签约的筹码，否则，将会因侵犯学校的知识产权而承担相应的法律责任。

（四）严格遵守和履行就业协议的义务

大学生与用人单位通过双向选择签订就业协议后，应严格遵守和履行就业协议，保证就业工作顺利进行。就业协议一经签订就不能随便违约，违约行为不但影响学校正常的就业秩序，而且会损害用人单位、学校及其他学生等各方面的利益。因此，大学生应该慎重签约，严格履约。

（五）按规定期限到用人单位报到的义务

大学生在办理完离校手续后，应按规定期限到用人单位报到。未按时到用人单位报到的大学生，学校不再负责其就业问题。

（六）依照职责完成工作任务的义务

大学生是受过高等教育的人才，用人单位都会寄予厚望，并赋予重要职责。因此，大学生有义务遵守劳动纪律，积极努力地将自己的知识和才能充分发挥出来，切实履行工作职责，认真完成所承担的工作任务，为单位的发展做出自己应有的贡献。

（七）保守商业机密的义务

一些用人单位在录用大学生之前，为了全方位了解大学生的情况，会安排其到单位实习。在实习期间，大学生要严格遵守用人单位的规章制度，尤其是一些商业机密，更要严加保密，防止侵权行为的发生。

➡ 任务挑战

> **任务说明**
>
> 请同学们完成《职业发展与就业指导行动手册》模块八单元四中的"单元任务 探讨签订合同的重要性"。
>
> 通过本任务，帮助同学们总结梳理实习阶段签订合同的重要性及注意事项。

▶ 模块反思

■ 课后评价

回顾本模块所学内容，在开篇表 8-0-1 "自评"列中对自己的学习成果进行评价，并与"自测"列的得分进行比较，分析分数变化的原因。

■ 延伸思考

（1）各种就业去向的优劣势是什么？你将如何选择？

（2）大学生应如何避免就业陷阱？

■ 效果检测

通晓政策法规　维护就业权益

▶ 模块小结

概念

- 就业政策
- 就业协议
- 劳动合同
- 就业权益

方法

- 解决劳动争议
- 识别违法行为及就业陷阱
- 维护就业权益

工具

- 相关法律法规

模块九

适应角色转换　达成就业愿景

知止而后有定，定而后能静，静而后能安，安而后能虑，虑而后能得。

——《大学》

▶ **模块路径**

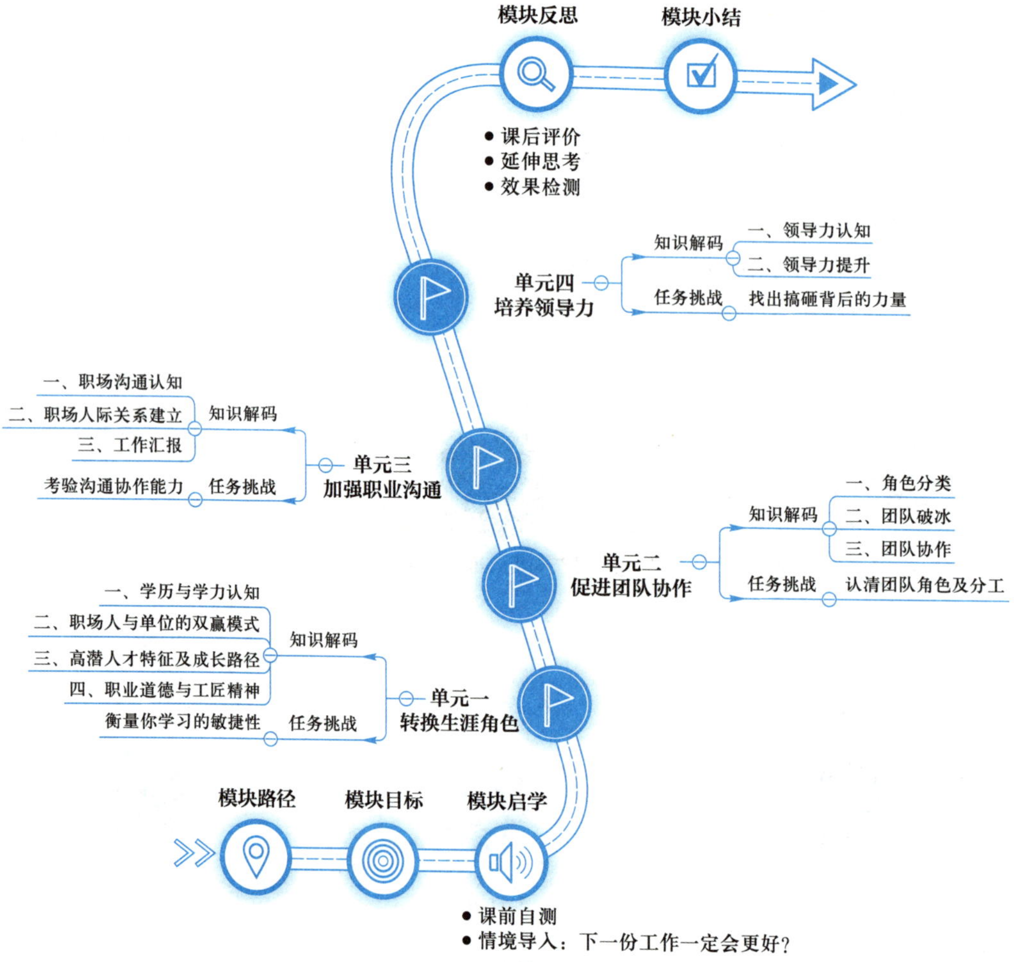

- 模块反思
  - 课后评价
  - 延伸思考
  - 效果检测
- 模块小结

- 单元四 培养领导力
  - 知识解码
    - 一、领导力认知
    - 二、领导力提升
  - 任务挑战：找出搞砸背后的力量

- 单元三 加强职业沟通
  - 知识解码
    - 一、职场沟通认知
    - 二、职场人际关系建立
    - 三、工作汇报
  - 任务挑战：考验沟通协作能力

- 单元二 促进团队协作
  - 知识解码
    - 一、角色分类
    - 二、团队破冰
    - 三、团队协作
  - 任务挑战：认清团队角色及分工

- 单元一 转换生涯角色
  - 知识解码
    - 一、学历与学力认知
    - 二、职场人与单位的双赢模式
    - 三、高潜人才特征及成长路径
    - 四、职业道德与工匠精神
  - 任务挑战：衡量你学习的敏捷性

- 模块路径
- 模块目标
- 模块启学
  - 课前自测
  - 情境导入：下一份工作一定会更好？

▶ 模块目标

知识目标：理解学生与职场人的区别；了解企业高潜人才特征；了解团队角色及团队协作方法。

能力目标：掌握从学生到职场人的角色转化及适应方法；提升人际交往能力及沟通技巧；理解领导力内涵，并掌握提升领导力的方法。

素养目标：理解新时代职业道德要求，并愿意在职业发展中实践修炼工匠精神。

▶ 模块启学

■ 课前自测

在开始本模块学习之前，基于自身已有的知识和经验，认真思考表 9-0-1 中的问题，并在"自测"列就相关问题的了解程度进行如实打分（最高分为 10 分）。

表 9-0-1　模块九学习记录表

题目	自测 （1~10分）	自评 （1~10分）
说出学生与职场人的区别		
能找到自身与岗位要求的差距，并能制订提升计划		
能了解高潜人才的特征，了解工匠精神		
能掌握制定目标及分解目标的方法		
能掌握复盘的方法		
总分		

■ 情境导入

下一份工作一定会更好？

徐芳蕾是某高等职业院校商务管理专业的毕业生，在一家电子科技企业从事外文翻译与文秘工作。她专业素养良好，但也有较明显的缺点，即缺乏耐心与持之以恒的精神，时有浮躁情绪出现。在正式工作的三个月时间里，她的拖延症暴露无遗。一旦面对复杂困难的工作时，她总是表现出无奈和烦躁，有意拖延和选择躲避。这种状态维持了几个月后，终于在一次重要的项目会议中，直属领导当众批评了她，因为她迟交的工作报告书严重影响了工作进度，项目无法按期交付。会议结束后，领导单独约她面谈工作绩效问题，她开始怀疑自身的工作能力，并有辞职跳槽的想法。

徐芳蕾回到学校寻求就业导师的帮助和指导。老师了解了她对现在工作岗位的认知、与领导同事之间的关系及由竞争产生的压力等问题后发现，徐芳蕾的问题不仅出在心理层面，还涉及责任心和自律性等职业素养层面。与在校期间老师和同学无微不至的关怀与帮助不同，身处职场，每个人各司其职，要求具备独当一面的素质能力。

独自加班时的自怜加上缺乏清晰的自我定位和能力认知，导致她时常将工作拖到无法收场的局面。后来，随着各种怨气（埋怨公司没有给予足够的培训，没有前辈的言传身教）的升级，她在工作中迷失了行动方向，因缺乏经验而出现的错误更加重了挫败感，最终导致其产生了辞职的想法。

◎ 思考与探究

徐芳蕾作为刚步入职场的大学生，出现了社会角色的转换、能力定位的改变，以及对社会环境的适应问题和困扰。作为职业人，当察觉自身能力不足时，她既没有对自我进行检讨和为能力提升做努力，也没有寻求更积极的解决方案，反而选择拖延和抱怨，最终导致陷入了职业困境。面对徐芳蕾的处境，尝试回答以下问题。

（1）你认为如果徐芳蕾更换工作，这种状况是否就不会再发生呢？

（2）如果你在工作上遇到类似的困难和察觉自身能力不足，那么你会如何处理？

单元一　转换生涯角色

➡ 知识解码

从学生到职场人，不仅仅是角色的变化，更是生涯发展阶段的转变。如何适应工作、在工作中实现自身的价值，如何在工作中克服困难、提升能力，逐渐凸显自己的特色，而不是频繁跳槽，将不适应当成不适合，是每位职场新人需要直面的议题。

一、学历与学力认知

无论是专科生还是本科生，一纸文凭仅是块敲门砖，身处职场就如行舟，不进则退。当进入职场后，学习能力才是职业发展的"永动机"。

作为职场新人，面对新的环境、新的同事、新的任务……有很多需要重新学习的地方。访谈众多企业人力资源专员对当代大学生的建议发现，他们高频提到的一个观点是：具备基本学历固然重要，但更重要的是具备学力（实际的知识与能力水平），即持续提升自身的情绪管理能力、协同合作能力、抗压及复原力、组织及计划能力、有效沟通能力等，这些能力关乎能否成功执行日常工作，进入职场以后能发展成怎样。以华为公司为例，华为公司的员工中高学历占比较高，但这并非其硬性招聘标准，没有职位是按照学历来划分的。比起看应聘者是什么学校毕业的，华为公司更重视能力，而只将学历作为一个受教育的阶段结果。

> 💡 **深思明辨**
>
> 李华毕业后进入工厂一线工作，但工作时常需要倒班，平时的加班也不少，几个月下来他感觉非常不适应，于是萌生了离职的念头，对此你有何看法？

职场新人最容易陷入将"不适应"当作"不适合",而轻易产生跳槽的念头,频繁跳槽并不会带来更多的职业选择,相反,会出现随着年龄的增加,面试机会逐渐减少的情况。要破解这一问题,大学生走向职场需要做好从学生到职场人的角色转换。

根据明尼苏达工作适应论(图9-1-1),能在工作中发挥应有价值,实现组织及个人满意的前提是人职匹配,适配最基本的要求是技能符合工作要求,而职场中的要求是多维度的,因组织、岗位而异。大学生进入职场,需要主动认识职业发展的底层逻辑,只有用职场人的角度去思考问题,才能更好地促进自己适应职场要求。

知识链接:
明尼苏达工作适应论

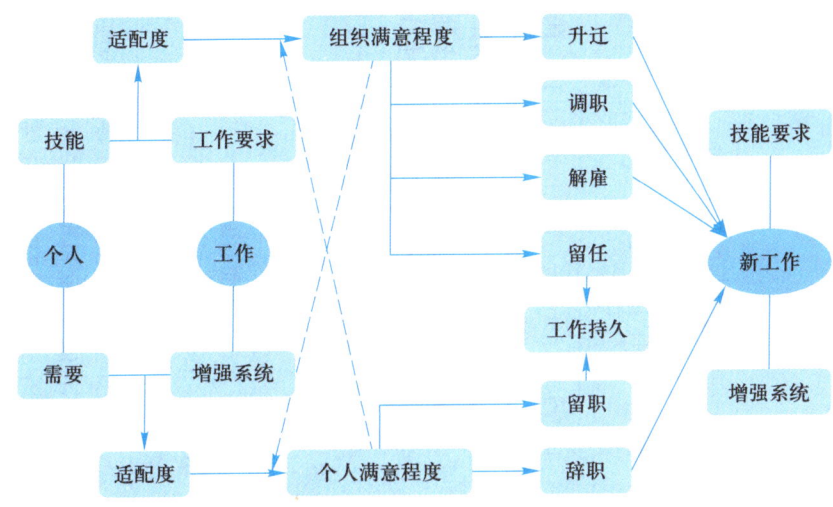

图9-1-1 明尼苏达工作适应论

(一)角色转变

在学校,学生的主要任务是学习,即按照课表去上课,完成老师布置的作业,修完学分拿到毕业证。学校里的教师为了让学生多些见习实践及体验,多以鼓励为主,常常强调过程而非结果。

进入职场,你会发现没有人给你安排宿舍,也不会有人告诉你到哪里吃饭好,在工作上须具备多任务处理能力,除处理本职工作外,还有领导交代的各种临时任务,并且领导不会事无巨细地告知每一步该怎么做,这都需要职场人自行想办法去达到领导的要求。除了工作内容的变化,职场人还需要面对除上级领导外的同部门的同事、其他部门的同事,以及客户或上下游合作单位。你再也不能以"内向""社恐"为借口,拒绝和他人交流,在工作中迟到一分钟也要为此"买单"。

具体而言,学生与职场人对比如表9-1-1所示。

可见,从学生到职场人的角色转变,角色所承担的社会责任增强,要求更高。由此,当大学生去单位报到、签下劳动合同、拿到工牌的那一瞬间,就应从内心深处对那个曾经单纯稚嫩的自己说再见,并用职场人的身份要求自己开始人生的新旅途。

(二)心态调整

大学生在角色转换中,心理状态极易出现多变和不稳定现象。因此,当遇到问题时,大学生应争取新公司组织和领导的帮忙、同事们的理解与鼓励,同时要善于控制和调

模块九　适应角色转换　达成就业愿景

表 9-1-1　学生与职场人对比

对比项目	学生	职场人
活动方式	以学习书本知识为主要活动。作为受教育者，其认识社会的途径是间接的，认识的内容主要也是理论性的；同时，在校期间，学生更多的是接受自家庭和社会的供给和资助，一直处在一种接受外界给予的方式下，因此容易缺乏自主能力	要求运用自己掌握的知识和能力，通过具体的工作向外界提供自己的劳动，同时，在遵守法律法规和利用单位规章制度的前提下，职场人在生活上有较大的自由度
社会责任	主要责任是学好科学文化知识，掌握社会生活的基本技能，逐步完善自己，以便将来为社会服务，实现自己的人生价值。因此，学生社会责任的履行，主要关系到学生本人掌握知识的多少和能力培养的程度	以特定的身份去履行自己的职责，依靠自己所掌握的知识或技能去创造社会效益和经济效益。因此，职场人社会责任的履行不仅影响着个人价值的实现，还会影响到企业、行业形象。例如，作为一名医生，如果医术精湛、医德高尚，能履行自己的职责，那么他不仅能为医生行业树立风范，还会为所在的医院为所在地带来名誉；反之，则会损害医疗工作者和医院的形象
社会权利	主要是依法接受教育，并取得家庭或社会的经济援助	在开展工作的过程中依法行使职权，并在履行义务的同时获取报酬和其他相应的社会福利待遇
社会规范	从教育和培养的角度出发规范学生的行为。例如，通过制定学籍管理条例、学生生活管理条例等规章制度，对学生的学习和生活提出相应的要求，以引导学生健康成长，使其成为对社会有用的人才	对从业者行为模式的规范因为职业的不同而千差万别。这些规范既具体又严格，一旦违背就必须承担相应责任，甚至追究法律责任
全面独立的要求	在经济上主要依靠家庭的资助；在学业上习惯了教师的指导；在生活上主要依赖家长的关照	由于有了工作报酬，在经济上逐步成为独立者；在工作上要求能够独当一面，不再依靠家庭和教师；在学习上要学会自我安排，在自己日常的工作、生活中通过自身的体验来了解和认知社会；在生活上要学会自己照顾自己

整自己的心理状态，以乐观豁达、勤奋好学、踏实肯干的作风赢得大家的肯定，使自己顺利进入角色。

1. 依恋心理

一些大学生在角色转换过程中容易出现依恋学生角色的情况。大学生走上工作岗位后，来到一个全新的环境，人事皆非，很容易出现"怀旧"心态。大学生活大多呈现"寝室—教室—食堂"的"三点一线"规律，大学生的生涯角色相对单一，当进入职场后，常常会自觉或不自觉地将自己置于学生角色来要求自己和对待工作。例如，以学生角色的习惯方式观察和分析事物，以学生角色的社会义务和社会规范来要求自己，很难适应职场中较为复杂的人际关系，难以承受职业责任的压力，从而留恋相对单纯的学生时代。

2. 对职业角色的畏惧心理

一些大学生毕业后进入新的工作环境时，往往不知道工作应该从何做起，如何开展，而且在工作中怕承担责任，总是畏首畏尾，缺乏年轻人的朝气和锐气。在工作上全靠领导安排，对自己的工作性质、工作范围、相互关系等还没有足够的认识。因此，大学生在履行角色义务、遵守角色规范方面还存在着一定的不足。进入职场后，其他人不会再用学生的标准来要求你，因此大学生一定要调整心态，尽快适应职业角色，克服对职业角色的畏惧。

3. 眼高手低的高傲心理

一些大学生常以文凭、学位或结业于名校而傲，轻视实践，只想从事高层次的工作，看不起基层工作人员，甚至认为大学生从事基层工作是大材小用，表现出不踏实的浮躁作风和不稳定的情绪。这类大学生往往缺乏敬业精神，不能深入了解本职工作的性质、职责范围，在实际工作中表现出难以合作的态度，这往往也会阻碍他们顺利进入新的角色。

4. 失望心理

一些大学生往往把毕业后的生活想得过于理想化，对职业角色的期望值过高。一旦接触现实，就容易产生一种失落感，从而出现情绪低落的现象。如果不能及时从这种失望的情绪中摆脱出来，那么将难以尽快融入新的角色。大学生可以在学生阶段时多做社会调查，尽可能多地熟悉和了解社会，缩短理想与现实之间的差距，这样毕业后才能更快地投入工作中。

5. 消极退缩的自卑心理

一些大学生面对新的工作环境和生疏的人际关系，往往缺乏应有的自信。他们在工作中放不开手脚，胆小畏缩，甘居人后，从而产生不求有功但求无过的消极心理，这十分不利于自己才能的正常发挥。

6. 浮躁心理

一些大学生在角色转换的过程中，受到利益的驱使，迟迟不能或不愿进入角色，缺乏踏实的敬业精神。尤其是在当下开放的人事制度下，一些大学生为了追求高薪频频跳槽，结果既耽误了自己，又损害了公司的利益。

（三）职业适应

从学生到职场人的角色转变，实质上是从理论落实到实践的过程，也是社会化的

知识链接：
职场交往制胜利器

过程。能否较快且顺利地实现角色的转变，反映了大学生潜在素质和能力水平的高低。大学生应以积极的态度顺应工作需要，主动适应岗位要求，努力完善自己，为职业发展打下扎实基础。具体而言，大学生需要努力实现以下目标，以加速职业适应。

（1）业务熟练，能够通过学习，熟悉所从事的工作。

（2）与组织其他成员成功地建立起合作关系。

（3）全面了解正式或非正式工作关系，以及组织内部权力结构。

（4）掌握组织独有的专业术语及缩略语、行话等。

（5）了解特定的组织目标和价值观。

（6）理解和赞成组织的传统、习惯、仪式等，并熟悉组织重要成员或有影响力成员的个人背景和工作经历。

总而言之，职场新人要学会在组织中行事，逐步了解和认同组织的价值观，具备组织所需的能力及社会知识，进而在组织中担当某种角色，真正成为组织的一员。

精训勤练

结合《职业发展与就业指导行动手册》模块九单元一中的"课堂训练 接收来自未来的信"，想象你适应职场后的生活。

二、职场人与单位的双赢模式

职业发展不是你赢我输的模式，而是相互成就的模式。作为职场新人，要清楚职业的本质是持续的社会交换，而职业发展的底层逻辑是持续地成人达己。职业发展一般要经历三个阶段（图9-1-2），不同阶段的职业发展重心不同，应采取的策略也各异。

图 9-1-2 职业发展三阶段重心及策略

（一）生存期的职业发展重心及策略

入职前五年是职业发展的生存期，此阶段的特点是职业能力与岗位要求、组织要求还有一些差距，需要不断根据岗位及组织的要求提升能力，通过项目实践，给出可交付的结果，赢得组织信赖，形成职业发展的正向循环。

此阶段还需要注意控制支出，实现经济独立，养成储蓄的习惯，避免入不敷出，提高自身的抗风险能力。

（二）发展期的职业发展重心及策略

工作第六年到三十五岁左右是职业发展期，在此阶段通常职场人已有家庭，时间相对不足，精力有所下降，同时还可能面临职场中年危机。为更好地应对，未雨绸缪，职场人须有意识地将自身的能力产品化，并注意积累社会资源和个人品牌。

能力产品化指通过项目执行情况体现自己的能力，让用人单位看到自身的价值，争取能力溢出，以增加自己可交换的职业价值，甚至发展出"斜杆职业"。为了适应可能出现的职场转型，职场人需要注意社会资源及人脉的积累，如平台及组织红利等。

（三）事业期的职业发展重心及策略

事业期是人生中可遵循初心，自我实现的阶段。无论是做转型做慈善事业，还是做互联网教育等，这一阶段的职业转型都需要借用更多（如金钱、信誉等）资源去实现，去做改变世界的事，产生影响力，去回馈和满足，从而实现使命和愿景。

三、高潜人才特征及成长路径

在不确定性因素倍增的时代，为什么用人单位，尤其是企业更倾向于挖掘和培养高潜人才？因为原有的人才选拔机制是从岗位到人，也即先确定岗位职责，再根据岗位职责确定岗位需要招怎样的员工。但在变化的环境下，岗位的职责也可能会发生变化，因应这种变化，企业会将更多的权力下放给员工，让员工自主决定自己的工作方向和内容。但这一做法是一把双刃剑，如果权力下放给了不适合的人，造成的负面影响则更大。

经过多年实践，企业发现虽然不能100%确定岗位未来所有的工作内容，但是高潜人才能更好地适应变化，在各种环境下帮助企业取得成功，并且实现个人价值。

（一）高潜人才特征

企业人才地图是指能够帮助企业明确关键人才发展的现状，了解关键人才的整体优势、弱势的战略地图（图9-1-3），近年来因其具有对人才精准定位的功能，以及对企业人力资源管理的重要支撑作用而被广泛使用。一般而言，企业人才地图将人才分为四个层级。

（1）高潜员工。位于企业人才地图最顶端的高潜员工具有优秀的绩效表现，高效

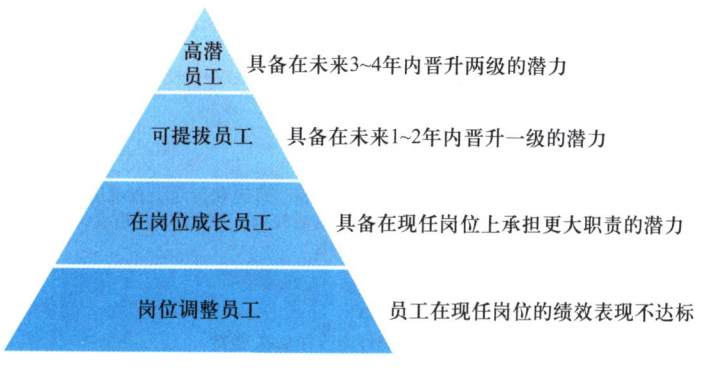

图9-1-3 企业人才地图

的岗位技能，高超的领导力行为，强烈的领导意愿和卓越的学习能力。高潜员工具备在未来3~4年内晋升两级的潜力，被列为某层级2%的最优员工。

（2）可提拔员工。可提拔员工具有优秀的绩效表现，有效的岗位技能，优秀的领导力行为，强烈的领导意愿和出色的学习能力。这类员工具备在未来1~2年内晋升一级的潜力。

（3）在岗位成长员工。在岗位成长员工具有良好的绩效表现，有效的岗位技能。这类员工具备在现任岗位上承担更大职责的潜力。

（4）岗位调整员工。岗位调整员工由于能力不足、动力不足、人岗匹配度不高等原因，在现任岗位的绩效表现不达标。

可见，高潜人才一般易于学习新的任务和职能；喜欢和能够处理好模糊和复杂状况；不接受现状；迫不及待；喜欢尝试新事物，尝试不同的方法；倾向于挑战极限；失败时，愿意承担压力。职场新人应有面向未来的发展意识，从未来岗位需求及人工智能所隐藏的挑战角度进行前瞻性的能力培养及提升。

（二）高潜人才成长路径

从"潜"字的含义来说，"潜"代表"隐藏的"，展现出来的就是能力，而没有展现出来的就是潜力。

知识链接：从T型人才发展为π型人才

智睿咨询公司（DDI）有个经典的成功典范模型：做过什么奠定经验基础，知道什么奠定技术专业基础，能做什么就是一系列行为表现，而个人具有什么特质就是做事能不能成功的潜在因素。换个角度来理解，个人通过实践积累经验所形成的就是能力，当能力长期固定后形成人的稳定个性特质了。对于能力的考查就是对于展现出来的行为的考查。

有人从另外一个角度理解，根据麦克利兰冰山理论模型（图9-1-4）可知：冰山以上部分包括知识和技能，是外在表现、表象能力，属于容易了解与测量的部分，相

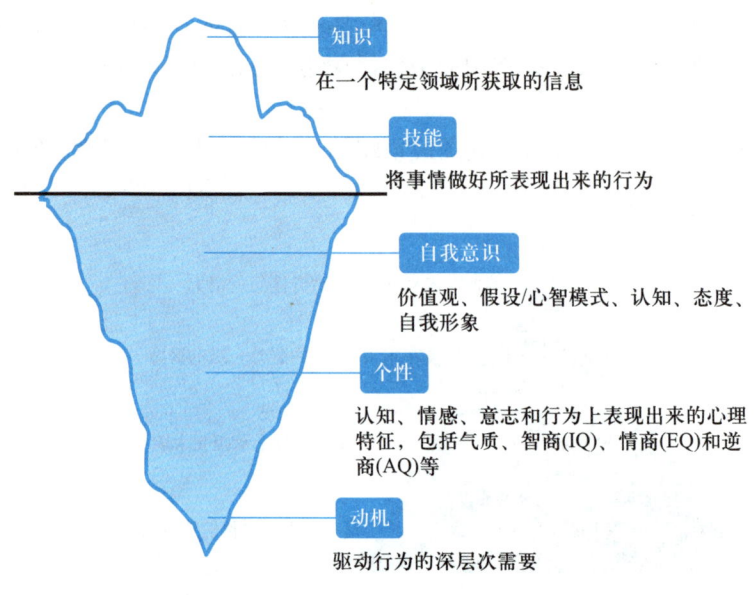

图9-1-4　麦克利兰冰山理论模型

对而言这部分也比较容易通过培训来改变和发展；而冰山以下部分包括自我意识、个性和动机，是人内在的、难以测量的部分，属于潜在能力，它们不太容易通过外界的影响而得到改变，但却对人的行为与表现起着关键性的作用。人要创造价值必须具备冰山模型中的两部分能力，其中潜在能力决定着专业人才能否创造卓越绩效。因此，企业挑选高潜人才、高管职位的人，更看中冰山以下的素质，他们通常会将冰山理论模型应用于招聘环节中，根据不同岗位所需要的核心素质，结合冰山理论模型的各项素质权重进行评测，选拔优秀的高潜人才。

高潜人才通常是具有冒险精神和领导能力且乐于接受挑战和变化的，面对困境，他们能够快速学习和掌握新知识，正面应对不确定性，帮助企业渡过难关。要成为高潜人才，最核心的要素是让自己具备学习的敏捷性，坚持不懈地学习，丰富知识体系，提高思考和判断能力，能将从过去经历中吸取的经验教训，应用到新的状况及挑战中，不断突破成长。

四、职业道德与工匠精神

信息智能时代给传统的企业生产方式和高等职业专业设置带来很大冲击。一些简单重复的工作岗位将会被智能化取代，作为新时代大学生，我们的核心竞争力在哪里？我们应该恪守的职业道德有哪些？我们应该如何培育自己的工匠精神？

（一）职业道德的培育

1. 职业道德的基本内容

职业道德的基本内容包含以下五个方面。

（1）爱岗敬业。爱岗敬业是最基本的职业道德，是对人们工作态度的一种普遍要求。它要求人们要热爱自己的工作岗位，用恭敬严肃的态度对待自己的工作。

（2）诚实守信。诚实守信是做人的基本准则，也是社会道德和职业道德的一个基本规范。诚实就是表里如一。守信就是信守诺言，讲信誉，重信用，忠实履行自己承担的义务。

（3）办事公道。办事公道是对于人和事的一种态度，也是千百年来人们所称道的职业道德。它要求人们待人处事要公正、公平。

（4）服务群众。服务群众就是为人民群众服务，社会全体从业者通过互相服务，促进社会发展、实现共同幸福。服务群众是一种现实的生活方式，也是职业道德的一个基本内容。

（5）奉献社会。奉献社会就是积极自觉地为社会做贡献。奉献社会自始至终体现在爱岗敬业、诚实守信、办事公道和服务群众的各种要求之中。

2. 良好职业道德的养成

职业道德行为是从业者在一定的职业道德知识、情感、意志、信念支配下所采取的自觉活动，良好职业道德的养成可以从以下几个方面努力。

（1）在日常生活中培养。培养人的优良习惯的载体是日常生活，长期坚持，习惯就会成为一种自然，即自觉的行为。从小事做起，严格遵守行为规范。从自我做起，自觉养成优良习惯。学会慎独自省，不断自我提高。

（2）在社会实践中体验。"人的正确思想，只能从社会实践中来。"要积极参加社会实践，了解社会、了解自我、了解职业，培养职业情感。

（3）在专业学习中训练。专业理论知识和专业技能是形成职业信念和职业道德行为的前提和基础。在专业学习和实习中增强职业认识，遵守职业规范，重视技能训练，向劳动模范、先进人物学习，刻苦钻研，培养过硬的专业技能，提高职业素养。

（4）在职业活动中强化。职业活动是检验一个人职业道德品质高低的试金石。在职业活动中要做到将道德知识内化为信念，形成强大的精神支柱，将职业道德信念外化为行为，履行好责任和义务。

（二）工匠精神的涵养

1. 新时代工匠精神解读

视频连线：新时代工匠

"工匠"是有工艺专长的匠人，"精神"是指人的意识、思维等，"工匠精神"即工匠对自己的产品精雕细琢、精益求精的精神理念。

新时代的"工匠精神"的基本内涵主要包括爱岗敬业的职业精神、精益求精的品质精神、协作共进的团队精神、追求卓越的创新精神四个方面的内容。其中，爱岗敬业的职业精神是根本，精益求精的品质精神是核心，协作共进的团队精神是要义，追求卓越的创新精神是灵魂。

习近平总书记在 2020 年 11 月 24 日全国劳动模范和先进工作者表彰大会上提到：劳模精神、劳动精神、工匠精神是以爱国主义为核心的民族精神和以改革创新为核心的时代精神的生动体现，是鼓舞全党全国各族人民风雨无阻、勇敢前进的强大精神动力。

新时代工匠尤其是产业工人的生产方式已不再是手工作坊，而是大机器生产，他们所承担的工作只是众多工序中的一小部分。例如，"复兴号"列车的一列车厢就有三万七千多道工序，这三万七千多道工序一个人是不可能完成的，必须由车间或班组即团队协作来完成。团队需要的是协作共进，而不是各自为战。因此，协作共进的团队精神是现代工匠精神的要义。所谓协作，就是团队成员的分工合作；所谓共进，就是团队成员的共同努力、共同进步。

随着中国经济进入高质量发展新阶段，整个社会对高素质技术技能人才的需求更加旺盛。作为新时代的大学生，只有在全面了解职业的基础上形成正确的职业观、就业观，结合自己的学习实际形成正确的成才观，才能有力地撬动自身的发展内驱力，学习真知识，练就真本领。

2. 如何培育自身的工匠精神

视频连线：传承工匠精神

大学是工匠精神培育的黄金时期，要培育工匠精神可以从"勤学、创新、行动"三方面入手，着力提升自己的学习能力、创新能力和实践能力。

（1）以"勤学"为核心学习工匠精神。

第一，学习工匠精神所蕴含的职业道德。爱岗敬业、奉献社会是工匠们最根本、最深层、最强劲的动力来源。大学生应追求崇高的职业理想，将个人价值的实现同推动国家、社会的繁荣发展紧密联系在一起。

第二，学习工匠精神所蕴含的职业态度。精益求精、追求卓越是工匠们在制造中秉承的产品所要达到的精度和高度。大学生应敬畏职业、热爱职业，对工作一丝不苟、孜孜不倦，不应有遇事浅尝辄止、遇险即退的心态，应不断追求从完成到完美的过程。

第三，学习工匠精神所蕴含的文化内涵。弘扬文化、传承文化是工匠们从事制造的灵魂和精髓。新时代大学生应坚持古为今用，自觉延续文化基因，弘扬中华优秀传统文化。

（2）以"创新"为动力提升个人素质。

第一，激发创新意识。观念是行动的先导，大学生应提升主观能动性，激发参与创新的精神动力。

第二，训练创新思维。大学生应自觉融入工匠精神创新思维的训练，持续训练发散思维和逻辑思维，提升高瞻远瞩、敏锐判断的能力。

第三，提高创新素质。大学生应积极锻炼自身发现问题、分析判断、解决问题、发明创造的创新素质，成为敢于创新、勇于探索、乐于实践的大学生。

（3）以"行动"为关键践行工匠精神。

第一，对标榜样。在学榜样、做榜样的过程中，学会自我教育、自我管理、自我服务、自我监督，将工匠精神融入日常学习生活。

第二，协同合作。在社会实践中积极主动向优秀员工学习工匠精神，学会共同协作、优势互补。

第三，报效祖国。掌握扎实的专业知识和技能本领，提升专业自信，积累实践经验，增强责任感和使命感，将爱国情怀具体体现在敬业乐业上，将个人抱负融入国家建设中。

➲ 任务挑战

> **任务说明**
>
> 请学生完成《职业发展与就业指导行动手册》模块九单元一中的"单元任务 衡量你学习的敏捷性"。
>
> 通过本任务，帮助学生了解自己学习的敏捷性，以便在今后的学习和工作中有针对性地加以练习、努力提升。

单元二　促进团队协作

➲ 知识解码

在职场中，团队需要有共同的目标及明确的分工，只有这样才能促进项目的有效推进，交付有价值的结果。

一、角色分类

团队协作精神是职业发展必备的精神之一，因为很多任务不是个人能够独立完成的。例如，开发一款产品需要有产品策划、程序和用户界面（user interface，UI）设计，后期还需要有运营等，团队成员需要很好地配合。

企业团队内常见的角色有以下四种。

（1）统合者。着重大原则和整体目标；可能拒绝应付小细节。

（2）沟通者。重视人际关系与团队互动过程，能化解冲突，建立团队归属感。

（3）贡献者。提供问题解决导向，稳定推动团队向前，有效率、可靠；把团队视为能分享专业的专家；可能完美主义，容易陷入细节。

（4）挑战者。跳跃性思考，具有批判性思维，愿意尝试创新与改变，与团队常有冲突。

二、团队破冰

任何一个团队都会经历建立关系，即破冰的过程。一般而言，团队破冰要注意以下三点问题。

（一）提问

提问的问题分为封闭式问题和开放式问题。

（1）封闭式问题的答案往往只有简短的寥寥数字，难以建立沟通关系。例如，你下班了没有？吃饭了没有？

（2）开放式问题是有多种答案的，是可以让话题充分打开并对其进行深入探讨的。例如，你第一次来重庆吗？重庆的哪些方面是你喜欢的？

（二）聆听

通过聆听，你能真正进入对方的世界，了解对方的需求，适时地认可对方或者夸赞对方，甚至发现合作机会。

真正的聆听是放下自己的故事，真的聚焦在对方的话语里、故事里和倾诉人身上。当你放下自己的故事、经验、建议等各种思绪时，你会发现你能听到对方的语言、感受到对方的情绪，明白他要的是什么。

（三）肯定

人天然就有连接的需求，当你能够提供肯定、认可这样的情绪价值时，你会发现对方越发愿意跟你聊天，而适当的肯定还能让对方愿意表达得更多。

三、团队协作

团队协作是指在目标实施过程中，部门与部门之间、个人与个人之间的协调与配合。团队协作应该是多方面的、广泛的，只要是一个部门或一个岗位实现承担的目标必须得到的外界支援和配合，就应该成为团队协作的内容，一般包括资源、技术、配合、信息方面的协作。简单理解，团队协作是把我的事和你的事变成我们的事。

（一）"我们"是一种态度

每个人潜意识里都会选择对自己最有利、最方便、最舒服的方式来采取行动。只有在这个潜意识里放入"我们"，才不会觉得团队协作是一种额外的工作。

单元二 促进团队协作

📖 品文酌例

如何融入团队

薛申申从国企跳槽来到一家民营企业,他的能力、经验和人脉的确能帮助到这家正在成长中的民企,但同事们总是感觉他与大家格格不入,与大家的配合自然也不太顺畅。在一次业务会议上,薛申申发牢骚似的提出自己的意见:"你们总是习惯没有太多风险考量,同时对新业务的投入不够,你们这样做肯定做不大。我以前在国企的时候,首先会严格立项,然后整合资源。毕竟这个行业是资源和关系型,你们这样是很难做大的。"

虽然薛申申说的可能是事实,但同事们听着十分难受,还在尴尬之际,部门总监一拍桌子,说道:"薛申申,你已经是公司的一员了,不要总用'你们'来说同事们,也不要用'我怎么样'来把自己放到外部来看问题,既然你已经加入我们,那么你就是我们的一分子,再也不要用'你们'来旁观同事们了,这是你应该改变的态度。"

薛申申在职场发展中遇到了什么问题?

(二)相互扶持是团队的黏合剂

沙子聚在一起的时候,即使高高堆起,看似一个整体,却被风一吹就散去,因为它们仍旧是一个个的个体,相互之间没有黏性。"一盘散沙"正是此意。

相互扶持需要建立在认同的基础上。对于组织或者团队而言,存在错误是难免的,但如果人与人之间彼此认同、个体对组织目标认同、部门与部门相互认同,那么人们就会以积极的方式来处理问题,而不是让问题恶化。

认同是企业文化构建的基础,却在各种眼花缭乱的文化用语宣贯之下被忽略。如果一个人不认同企业的价值观、不认同所在的组织环境,那么他每待一天都是痛苦的,在这种情况下谈何团队协作?如果人与人之间不能认同,那么说什么都是错,还谈何配合工作?高度协作的组织必须要强调认同,这是问题和矛盾的原点。只有认同,才能认为这是"我们"的事,而非你的事要我配合。

知识链接:
团队冲突
应对方法

⚙️ 精训勤练

结合《职业发展与就业指导行动手册》模块九单元二中的"课堂训练 解手链",体会团队的竞争与合作。

➲ 任务挑战

任务说明

请同学们完成《职业发展与就业指导行动手册》模块九单元二中的"单元任务 认清团队角色及分工"。

通过本任务,帮助同学们加深对团队角色类型及分工的认知。

单元三　加强职业沟通

⊃ 知识解码

沟通是人类社会交往的基本过程，也是一切社会赖以形成的基础。良好的沟通能力是构成事业基础的一个要项。沟通能力是大学生生存与发展的必备条件，也是一个人成功的必要条件。

一、职场沟通认知

（一）沟通的概念

沟通的英文 commumication 一词源于希腊文，有传情达意交换彼此的意念、感受与态度的意思，除了要让人明白，还要互相回馈。所以，沟通的目的在于去除发信人和收信人的阻碍，令信息可借着适当的渠道畅通无阻地传达（图9-3-1）。沟通是一种信息交流的过程，可借由文字、图像、语言、表情、动作等媒介在人与人之间产生互动。

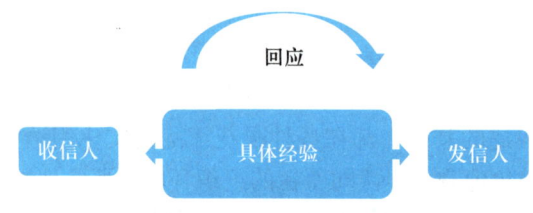

图9-3-1　畅通无阻的沟通

（二）高效沟通的技巧

要想实现高效沟通，需要做好沟通前、中、后的细节。

1. 沟通前明确需求

在沟通前，自问以下几个问题。

（1）我希望通过这次沟通获得什么？或实现什么愿望？

（2）对方是怎么看待这一次沟通的？他可能想获得什么？

（3）我们之间共同的目标是什么？

（4）如果我跟对方提出目标诉求，则可能会面对哪些拒绝？

（5）被拒绝时我怎么做才能保持平和的状态坚持目标？

在沟通前，我们既要明确自身的目的，也要思考沟通对象的目的。因为只有在满足对方的前提下，你的目的才有可能实现。

2. 沟通中的双向性

沟通是双向的。正如要想让乒乓球持续打下去，就一定要以对方打得到的方式击球，而这跟两名球员的击球与回击息息有关。

在沟通中，要想从对方那里获得价值，除了先给予，还要像打乒乓球一样会提问。巧妙提问需要把握两个原则。

（1）间接提问。提问不能太直接，不然就会陷入你问我答的紧张状态。我们可以在提问前加一个"垫子"。例如，你可以先迎合对方的观点"你这句话一下就说到点子上"，再提你的问题"你是怎么想到这个问题的？"对方获得了认可，自然就会愿意分享更多信息给你了。

（2）灵活提问。当你不知道对方想什么时，可以借助探索类的开放性问题，让对方多说一点。例如，"你最关注的要求是什么？"当你知道对方想法，却不清楚具体要求时，可以借助澄清式提问，深入了解更具体的信息。例如，"你希望改善到什么程度？是什么原因让你想选这个选择呢？"

当你知道对方想什么，又想融入自己的观点和建议时，可以增加补充类问题。例如，"我过去也接触过这类事情，除了你说的这几点原因，我觉得可能还有……你觉得呢？"

当你做到优先给予和巧妙提问时，基本对方就会很乐意给你提供信息了。不过若要对方更信任你，愿意配合你实现目标，则你还需要学会有效地倾听。

3. 沟通后确认目标

沟通中的共识只是口头承诺，要想真正达成目的，还要靠沟通后的有效推进。因此，在沟通后，你还需要借助以下三步驱动目标的实现。

（1）在沟通达成共识后，最好能够对共同的目标做出明确清晰的承诺。例如，一定要定义清楚目标的具体要求是什么，具体什么时间完成，如果涉及多人协作，则还要明确主要责任人。

（2）在过程中增加一个确认节点，以确保对方行动能按目标预期推进。

（3）关注风险。目标达成的过程一定是会存在风险的，所以你还要关注目标达成过程是否有变化，以便随时调整应对策略。

（三）沟通的行为准则

沟通的行为准则最为重要的功能是减少可能导致关系破裂的消极因素，旨在在维持关系的过程中达到个人的目标。

1. 互惠互利原则

社会交换理论的创始者乔治·霍曼斯（George Homans）认为，人与人之间的交往是一种利益交换的过程。不可否认这句话有着一定的合理性，协调这种利益关系的方针就是沟通的基本行为原则：互惠互利。当然，这个原则不应该看成仅仅是物质的等价交换，高尚的道德观和人情、友谊同样是交往中重要的交换砝码。

知识链接：
沟通的策略和技巧

互惠互利原则有以下三个特点。

（1）互酬常常是不同步的，不能要求帮助后就马上给予酬答，而常常是铭记情义，在适当时给予答谢。

（2）互酬常常是不等量的，你给我几分好处，我也不能马上就还你。

（3）交往中不只存在作为一般等价物的货币报偿形式，其他的报偿形式也同样存在。人们会根据不同的对象用不同的报偿形式。

按照一般的规律，人们总是希望在精神上得到朋友的支持和鼓励，而把需要在生活环境与工作环境得到实际帮助的愿望寄托在邻居关系与同事关系上。

2. 诚信原则

诚信原则包含两方面的内容：一是在沟通中要讲真话，不说假话，做到"言必信"；二是遵守诺言，实现诺言，说到做到。行失于言将有损形象，要尽量避免。

3. 相容原则

交往者要有一颗包容的心，要有一颗爱心，要有一颗尊重别人的心。爱人者必被人所爱，久而久之人与人之间就会产生一种亲和力。有了爱心，就有了理解。爱心越大，越具有忍耐性和宽容性。

4. 发展原则

沟通双方要意识到世界在变动发展之中。因此在人际沟通的过程中，切不可以不变的观点看待对方，对人的思想、行为的变化都应持客观、公正的态度。

同学间的关系可以类比为家庭或者朋友的关系，此时没有利益的冲突，有足够的时间和空间来交流，如果大家珍惜这个时间，保持有效沟通，则一定可以获得稳固的人际关系基础。

二、职场人际关系建立

（一）职场人际关系的分类

在职场生活中，无论你扮演什么角色，处于任何一种合作关系、权威关系或竞争关系，都不可避免地与他人产生一些心理较量，这个过程中最重要的就是心理沟通，以及自我价值展示。

1. 合作关系

职场中所有的关系都可以被称为合作关系，因为在一个团队里，有着共同的目标，即便短期各自工作内容和方向不同，但从更长远的发展来看，都是一种"合作"。

针对发生在同部门之间的合作关系，首先需要确立规则，这个规则通常由上级领导确定。在规则确定当下，同事之间需要了解规则，以及彼此之间所承担的权责，此时需要格外注意权责分配是否相对公平。因为在分配过程中会涉及利益分配，难免产生博弈，这个时候只有体现自身价值才能争取更多机会。如果发现问题则应及时提出，否则一旦确认进入执行环节，再做改变就会引起人际矛盾。如果权责公布之后确认没有异议，在执行环节就需要各自通力配合，在保证本职工作顺利完成的情况下，可多向团队其他成员提供帮助，如果出现矛盾则应共同解决，而不是过多指责，这样合作下来，团队之间才会有默契，人际关系才会得到很好的平衡。

针对发生在其他部门之间的合作关系，关键是要确认合作模式和流程，与同部门合作类似，权责划分清楚、遇到问题通力解决才是维系好的人际关系之道。与同部门之间合作不同的是，不同部门之间相对陌生，所做工作也有差异。因此，给彼此预留多一些工作时间和保持紧密沟通就格外重要。

2. 权威关系

如果博弈双方相差悬殊，则普通的人际交往规则便不再适用。因此，在职场人际关系中，对待领导和下属，尤其需要注意调整方法。

对待领导，最重要的工作是请示和汇报。领导所负责的工作一定比普通员工多很多，并且更要紧，普通员工所做的工作也是领导从手中拆分出去的，领导是"领头羊"，掌握更多信息，并随时要带领队伍调整方向。所以，与领导及时请示和汇报工作尤为重要，这便于领导了解实际工作进展，从而做出最合时宜、最恰当的决策。只有有了更好的方向决策，团队的工作才会取得相对有效的成果。这样一来，领导也会认同你的价值和工作方式，久而久之，你甚至会有更多提升的机会。

对待下属，要通过沟通交流了解他们的需求和期望，提供支持和帮助，使他们能够充分发挥自身潜能，全力以赴地完成任务。在工作中与下属建立良好的沟通协调机制，保持良好的关系，能够让他们感到温暖、放心和信任。要给予激励与关心，使他们看到自己工作的价值和意义，从而内生动力。

3. 竞争关系

每一次竞争都是一次机会，每一次机会都关系到实际利益，尤其是在晋升、评奖、裁员的时候。竞争是此消彼长的，需要技巧，使用不当便容易伤害同事感情，所以说，竞争之后还能维持良好的同事关系，可谓一种智慧。

（1）要确定参与竞争，而不是消极退缩，或者妥协、谦让。在职场中，要凭实力说话，而不是靠迁就来赢得一份并不会得到尊重的情感。大胆参与竞争，让好的职场人际关系在公开透明的实力展现背景下慢慢生发。

（2）竞争需要彼此相对透明、理解，而不是背后搞些"小动作"。坦然表达自己的愿望，展露自己的实力，同时尊重竞争者的选择和实力，与其他同事和相关领导保持良好的关系，不过分亲昵，不搞小团体，避免非正当竞争的行为，让竞争在公开的场合下进行，保持一个良好的心态，在过程中努力，不论结果如何，都自然会赢得良好的职场人际关系。

（3）在竞争结束后，坦然面对。无论成败，都要感谢对手、感谢参与者、感谢自己，正是这样一场经历，才让自己拥有更丰富的职场人生，如果遇到不公正待遇，则遵从自己的内心做出抉择。

（二）初入职场的人际关系处理

1. 保持"空杯"心态

大学生面对职场新环境，会发现曾经在校园中的风光和荣誉等都成为过去式，因此，将心态归零，保持谦虚和低调的心态去学习才是王道。也许你会在初入职场后发现自己做的事情是和自己的工作"无关"的小事，但只有这些小事的积累才能让你更好地认识工作，也能帮你建立好与同事的关系，推动职场人际关系的发展。

2. 善于倾听

初入职场后总会有职场中的前辈为你讲授大道理等，这个时候不要着急反驳，而要学会倾听和分辨信息，分清善意和无效信息。你可以通过与同事的交流获得更多信息，也可以通过此更好地融入新环境。如果因为某些事情被领导批评了，则不要急于辩解，先听听领导说了哪些内容，了解领导的想法后再寻找机会进行解释和沟通。由于每个人看待问题的角度有所差异，形成的观点也不同，我们要学会接受差异、善于倾听，也要能与他人达成共识。

3. 适时表现

在职场中，不管别人提出什么问题或疑问，我们都需要有自己的节奏和想法，但是也要积极听取长辈有用的建议和教导。面对不好回答的问题可以用得体大方的玩笑话回答，既能缓和现场尴尬气氛，也用一种不为人察觉的方式规避了问题。公司希望每位员工可以创造价值，这也就意味着需要我们施展自己的能力。

4. 乐于赞美

心理学研究发现："人性中最深切的秉质是被人赏识的渴望，打动人最好的方式就是真诚的欣赏和善意的赞许，而不是批评指责。"欣赏他人，是尊重，是气度，更是一种智慧。

在具体操作上，依据"赞美之环"（图9-3-2），赞美可分为以下四个步骤。

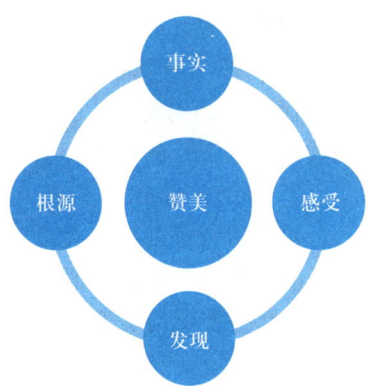

图9-3-2 "赞美之环"

（1）谈事实——我看到、听到、观察到……

（2）谈感受——我感受到……（被××打动/感动/触动）

（3）谈发现——我觉得你……

（4）谈根源——你是如何做到这些的/你是怎么学来的/从哪里学来的……

> **精训勤练**
>
> 结合《职业发展与就业指导行动手册》模块九单元三中的"课堂训练 赞美你的伙伴"，学习如何赞美别人。

5. 学会给予

善人者，人善之；利人者，人利之。你想得到什么，就要先付出什么。如果你想获取价值，就请先给对方提供部分价值。例如，你和同事中午聚餐，结账时同事抢着买了单，明天你俩再吃饭时，一定是你抢着买单。

接受了别人的恩惠，你的心里就会有一种负债感，这种负债感会促使你尽快以相同的方式还掉人情债。在沟通时，你可以先站在帮助对方的出发点，主动分享你可以提供的有价值的信息，当对方感受到你给予的帮助，自然会愿意配合你表露的想法和达成共识。

6. 懂得尊重

在面对三观不同的人时，有人懂得尊重，有人则喜欢用自己的标准去衡量别人的人生。要知道，三观没有对错，更没有高低，正如康德所说："我尊敬任何一个独立的灵魂，虽然有些我并不认可，但我可以尽可能地去理解。"

三、工作汇报

在职场中，人们常会遇到向上级汇报工作的情况，虽然好的工作汇报可能不会让你快速晋升,但是一场糟糕的汇报很有可能就会影响你的职业发展。向领导汇报要做到以下三点。

(一)回应领导结论先行

回应领导结论先行具体要做到三步:讲结论—讲经过—再重复结论。领导的时间是很宝贵的,假如你汇报工作的时候,半天说不到重点,领导就会着急和不耐烦。因此,我们在汇报工作时要坚持结论先行,在汇报结构上,可以采用"总—分—总"的结构。先把你的"结论"说出来,再说支持结论的具体依据,也就是分论点,最后再强调一下你的"结论"。根据汇报内容和领导要求,适当地把握汇报的时间长短,不要过多地纠缠工作的推进过程及相关细节。

(二)主动汇报

主动汇报就是汇报方根据需要主动向领导汇报工作。这种汇报的内容一般有三种:一是在工作上的新思路、新想法,在没实施之前向领导进行汇报,以求得领导的指导、肯定,以便在决策上"合法化";二是在工作过程中遇到了自己难以克服的困难或重大问题,需要及时向领导反映情况,以求得领导的指点和帮助;三是在领导部署的工作阶段性完成或全部完成后,向领导汇报工作进度、开展工作的主要做法、基本经验及今后的打算。

(三)汇报准备要充分

在向领导汇报工作之前,人们应将要汇报的工作仔细梳理一下。有文件材料的,要熟悉内容,做到心中有数;没有文件材料的,需要打好腹稿,理好脉络,分清层次,充分做好汇报准备工作,确保在汇报时有的放矢。首先,花时间想想你汇报的目标。重点汇报什么内容?需要达到什么目的?其次,围绕目标打造一套工作汇报模板,把握关键环节,使汇报环环相连、丝丝相扣。工作汇报模板订制思路可参照图9-3-3。

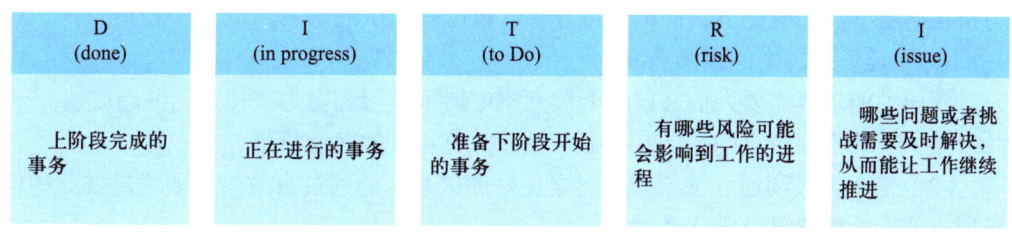

图9-3-3 工作汇报模板订制思路

任务挑战

任务说明

请同学们完成《职业发展与就业指导行动手册》模块九单元三中的"单元任务 考验沟通协作能力"。

通过本任务,帮助同学们有效提升沟通技能。

单元四　培养领导力

⮕ 知识解码

一个人如果具备卓越的领导力，那么最终无论如何都能够成就职业生涯。可以说卓越的领导力是辉煌职业生涯的基础。从社会发展的角度来看，领导力是推动社会变革诸多因素中的重要因素。为了适应当前社会的实际需求，适应社会发展，并引领社会发展，大学生应该主动培养自己的领导力，发展领导力。

一、领导力认知

20世纪末陆续有人著书提出领袖并非个人英雄或强权领导，而是相信每个人都具备领袖潜力，可在不同的岗位展现潜能。若众人能各尽其职，就可为社会带来更多贡献。领导力是可以培育出来的，若人不断提升素质，潜能就可发挥得尽善尽美。

（一）领导力的概念

领导力（leadership）指在管辖的范围内充分地利用人力和客观条件，以最小的成本办成所需的事，从而提高整个团体的办事效率的能力。

领导力在更大意义上是一组从实践中生长的领导者素养，无论是学习力、决策力、感召力、组织力、行动力、执行力的提升，还是领导者必备的多样态人格素养的养成，最需要的不是知识，而是个人的实践性经历和手把手的教练式传承。由此可见，领导力指在终身学习的前提下，向内挖掘并释放自己和团队的潜力。

（二）培养领导力的素质要求

领导力的培养需要人们在以下七项素质中持续学习和努力，使其均渐趋成熟。

（1）全然贡献自己的技能。尽显所长，并将自己的潜能贡献。

（2）善于与人沟通。善于与人建立良好的关系，能通过有效的沟通增进彼此的信任感，并能鼓励自己及跟随者的士气。

（3）目标方向清晰。拥有清楚的蓝图和计划，有效监察计划使其循序渐进完成，并能按照处境调节变动，不为目前难题所困，向着目标和理想迈进。

（4）勇于承担责任。遇到挑战或危急，不会临阵退缩或虎头蛇尾；承担责任后怀着破釜沉舟、义无反顾的精神完成任务。

（5）具备专业能力。熟悉任务或具备理想的知识，并能给予卓越的意见，以便能妥善领队、决定分工、制订策略、预算资源、联系网络等。

（6）掌握跟随者需要。带领者须清楚掌握跟随者的想法和需要，清晰每位成员的角色分配，并能知人善任，发挥所长，使跟随者认可他的带领。

（7）拥有资源网络。拥有丰富的资源网络在运用和联络上能带来不少便利，可支持和协助完成任务或解决问题。

二、领导力提升

（一）目标制定及管理

管理大师彼得·德鲁克在其《管理实践》一书中提出"目标管理"的概念，他认为，人们不是有了工作才有目标，而是有了目标才能确定自己的工作方向及步骤。例如，我要在毕业五年内，在工作的城市买一所住房，这就是短期的生活目标。

制定目标不仅让我们思考要争取的东西，还让我们衡量目标与现状的差距，以及评估需要做哪些努力以达成目标。

1. 目标的制定

制定目标需要符合 SMART 原则，其本质要求是砍掉模棱两可、标准争议、不切实际、无关目标、无限拖延，让目标从"一千个人心中的一千个哈姆雷特"变成同一个。

2. 目标分解与达成

目标一旦确立，接下来则需要将其分解成一个个阶段性的小目标，以利于目标的一步步达成。

分解目标最有效的方法有以下几种。

（1）剥洋葱法。像剥洋葱一样，先将大目标分解成若干个小目标，再将每个小目标分解成若干个更小的目标，一直分解下去，直到现在该去干点什么。实现目标的过程，即由现在到将来，由低级到高级，由小目标到大目标，一步步前进。但是，设定目标最高效的方法却与实现它的过程正好相反。在设定目标时，运用剥洋葱的方法，由将来到现在，由高级到低级，由大目标到小目标，层层分解。

（2）多杈树法。我们可以想象一下，有一棵大树，从树干开始，就会有若干个分枝，每个分枝会有小的树枝，每个小的树枝会有更小的树枝，直到叶子。树干代表大目标，每个树枝代表小目标，叶子代表我们现在的目标，或代表我们现在要去做的每件事情，所应该达到的结果。每个小目标都是大目标的第一层树杈，列出达成每个小目标所有的必要条件与充分条件，它们就会变成大目标的第二层树杈。如此类推，直到画出所有的树叶（即时目标），才算完成该目标的多杈树分解。一棵完整的目标多杈树，就是一套完整的达成该目标的行动计划。

（二）复盘与再行动

伟大哲学家苏格拉底曾说："未经审视的人生是不值得过的。"

职场发展中的复盘，就是从即将结束的项目中，总结成功经验，吸取失败教训。我们每个人都有一个年度目标或者终极目标，但是怎么实现目标，过程可能会受诸多因素影响。好比创业，公司有发展战略，也有年度发展目标，这些战略及目标可以不变，但是路线可能随着经济形势及环境的变化一直在变，这个经济形势及环境的变化就被称为"浮冰"。

简单来说，复盘就是根据上周的"浮冰"动向做三件事：继续做（continue doing）、停止做（stop doing）、开始做（start to do）。

行动和复盘是一个整体，是一个周而复始、循环往复的过程，两者相辅相成。复盘是行动过后针对该行动做深度的分析。我们需要根据复盘的结果，对之前的行动做出优化、调整后再行动。要学会把事物的反思引导到行动上去,只有这样才可以进入"复盘—行动—再复盘—再行动"的正向螺旋循环中。只有通过足够的时间进行这个循环,才能螺旋式成长,达成最终目标。

精训勤练

结合《职业发展与就业指导行动手册》模块九单元四中的"课堂练习 练习复盘",练习在具体的场景中如何复盘,掌握复盘的方法。

识物善用

PDCA 循环法

PDCA 循环法(图9-4-1)又称戴明循环法。P-D-C-A 这四个字母分别代表:plan(计划)、do(行动)、check(检查)、act(处理)。该方法的本质就是给任何事情都扣上闭环,有开始就必须有结束,避免石沉大海,做到凡事有交代,件件有着落,事事有回音。

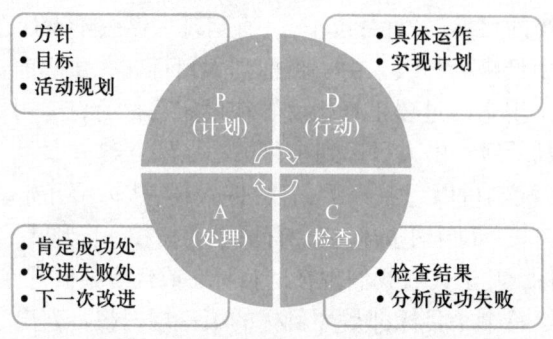

图 9-4-1 PDCA 循环法

PDCA 循环法的具体运用包括以下四个步骤。

(1)目标回顾。先预先设定一个目标,该目标应符合 SMART 原则,具体可量化、可实现、有时间期限。

(2)对比结果。在事情结束后对比当初设定的目标,看看哪些目标实现了、有什么亮点,哪些目标未实现。

(3)分析原因。对于实现了的目标分析成功的关键要素是什么,对于未实现的目标找出失败的原因是什么。

(4)经验总结。从整个过程中总结经验教训,如果下次做同样的事情,则应如何做到更好。

(三)高效时间管理

国外某知名学府曾对 3 000 名经理人做了调查研究,发现凡是优秀的经理人都能做到精于安排时间，使时间的浪费减少到最低限度。根据有关专家的研究和许多领导者的实践经验，驾驭时间、提高效率的方法可以概括为下列五个方面。

1. 集中时间

切忌平均分配时间。要把自己有限的时间集中在处理重要的事情上，切忌每样工作都抓，要有勇气并机智地拒绝不必要的事。一件事情来了，首先问：这件事情值不值得做？绝不可遇到事情就做，更不能因为反正做了事，没有偷懒，就心安理得。

2. 平衡两类时间

任何人都存在着两类时间，一类是属于自己控制的时间，称作"自由时间"；另一类是属于对他人他事的反应时间，不由自己支配，称作"应对时间"。两类时间都是客观存在的，都是必要的。

没有"自由时间"的人，完全处于被动、应付状态，不能自己支配时间，不是一个有效的经理人。但是，要完全控制自己的时间在客观上也不可能，只有平衡这两类时间，才能达成目标。

3. 利用零散时间

时间往往很难集中，而零散的时间却到处都是，珍惜和利用零散的时间是创造时间效率的一个重要方面，用零散的时间做零散的事情就会大大提高做事的效率。

> **深思明辨**
>
> 1分钟能做哪些事情？请说出你能想到的10件。

4. 利用闲暇时间

常常听到有人说："等我有空再做。"这句话通常表示目前没有时间做事情，表明没有空余的时间。凡是在事业上有所成就的人，都有一个成功的诀窍：变"闲暇"为"不闲"，他们会很好地利用闲暇时间，也就是不偷清闲，不贪安逸。

5. 不浪费时间

在很多时候我们是自己的"奴隶"，常常让自己陷入繁杂的事务中去，事实上并不是每一件事情都必须做，如果我们花时间去做不值得做的事情，就会浪费时间，有些人认为，不管怎样总算是做了一些事情，总比什么都没有做好。事实上，这样比什么都不做还要糟糕，因为不值得做的事会让你误以为自己完成了某些事情，从而更加陷入没有价值的追求中。

任务挑战

> **任务说明**
>
> 请同学们完成《职业发展与就业指导行动手册》模块九单元四中的"单元任务　找出搞砸背后的力量"。
>
> 通过本任务，引导同学们正确看待失败与挑战。

▶ 模块反思

■ 课后评价

回顾本模块所学内容,在开篇表 9-0-1 "自评"列中对自己的学习成果进行评价,并与"自测"列的得分进行比较,分析分数变化的原因。

■ 延伸思考

(1)你是如何理解高潜人才的?如何让自己成为高潜人才?

(2)如何在大学期间培育自己的工匠精神?

■ 效果检测

适应角色转换　达成就业愿景

▶ 模块小结

概念

- 高潜人才
- 工匠精神
- 团队角色分类
- 高效沟通
- 领导力

方法

- 运用剥洋葱法
- 运用多杈树法

工具

- "赞美之环"
- PDCA循环法

参考文献

[1] 国家职业分类大典修订工作委员会. 中华人民共和国职业分类大典[M]. 2022年版. 北京：中国劳动社会保障出版社，2022.

[2] 钟谷兰，杨开. 大学生职业生涯发展与规划[M]. 2版. 上海：华东师范大学出版社，2016.

[3] 科特雷尔. 个人发展手册[M]. 凌水华，译. 2版. 北京：中国传媒大学出版社，2020.

[4] 吕一中. 职业道德教育与就业指导[M]. 3版. 北京：北京师范大学出版社，2019.

[5] 鲍利斯. 你的降落伞是什么颜色？[M]. 李春雨，王鹏程，陈雁，译. 北京：中国友谊出版公司，2018.

[6] 刘霞，宋卫. 大学生创新创业指导[M]. 北京：人民邮电出版社，2019.

[7] 费舍尔，杜安. 图解创业：创业可视化操作指南[M]. 黄珏苹，译. 北京：中信出版社，2017.

[8] 黄明睿，张进. 创新与创业基础[M]. 北京：高等教育出版社，2018.

[9] 盛晓娟. 大学生互联网+创新创业优秀案例选辑[M]. 北京：中国经济出版社，2020.

[10] 李根文，孙兆华，解国琴，等. 我是创业家：创新创业实战体验手册[M]. 北京：清华大学出版社，2020.

[11] 牟惠康. 创业辅导：基于创业力提升的研究[M]. 北京：人民出版社，2007.

[12] 德博诺. 六顶思考帽：如何简单而高效地思考[M]. 马睿，译. 北京：中信出版社，2016.

[13] 戴裕崴. 高职生职业生涯规划与就业创业指导[M]. 5版. 北京：高等教育出版社，2022.

[14] 高丽华，王蕊. 创新创业基础[M]. 北京：高等教育出版社，2021.

[15] 王晓芳. 一张画布重塑你的职业生涯[M]. 北京：机械工业出版社，2021.

[16] 奥斯特瓦德，皮尼厄. 商业模式新生代[M]. 黄涛，郁婧，译. 北京：机械工业出版社，2016.

[17] 曾准. "互联网+"大学生创新创业教程（高职版）[M]. 广州：广东教育出版社，2021.

[18] 吴晓义. "互联网+"大学生创新创业教程（本科版）[M]. 广州：广东教育出版社，2021.

[19] 赵连营，阮飞，潘强. 创业基础（微课版）[M]. 天津：南开大学出版社，2018.

[20] 曹敏. 大学生职业发展与就业指导[M]. 长沙：湖南科学技术出版社，2017.

[21] 杨洪，秦晓燕. 大学生就业指导（慕课版）[M]. 北京：人民邮电出版社，2019.

［22］谢珊，李国章.成就职场：素质储备与就业力提升［M］.广州：世界图书出版社，2018.

［23］许秀娟,刘雅.大学生职业生涯规划（慕课版）［M］.2版.北京:人民邮电出版社，2019.

［24］新锦成研究院.2020大学生就业质量研究［M］.北京：现代教育出版社，2020.

［25］杨志雄，陈婕，索昕煜.大学生就业指导：职业选择与职场适应（微课版）［M］.北京：航空工业出版社，2019.

［26］杜俊峰.大学生就业与创业指导：扬帆职场 创业起航［M］.2版.天津：南开大学出版社，2016.

［27］拉思.盖洛普优势识别器2.0［M］.常霄，译.北京：中国青年出版社，2012.

［28］武承泽.简历写作与求职通关一册通［M］.北京：人民邮电出版社，2020.

［29］阴军莉,谢伟,刘琳琳.大学生就业与创业指导教程［M］.武汉:武汉大学出版社，2015.

［30］廖满嫒，王胜媛，孙兆华.成为更好的自己:生涯规划实战体验手册［M］.北京:清华大学出版社，2020.

［31］李梅，沐兰.步步向前：7步提高职业竞争力［M］.北京：北京大学出版社，2015.

［32］苏柯尼卡，苏夫曼，本达特.职业规划攻略［M］.边珩，靳慧霞，宋佶霖，等，译.北京：化学工业出版社，2014.

［33］拉斯特.职场思维:加速职业成功的技能、策略和见解［M］.刘薇娜，李惠英，译.北京：电子工业出版社，2018.

［34］图尔甘.职场生存课：高效提升职场新人软技能［M］.贾晓萌，左俐俐，张玲，译.北京：电子工业出版社，2016.

［35］邓淑英，麦淑华.青少年团体心理活动培训手册：从体验到收获［M］.上海：华东师范大学出版社，2021.

［36］徐俊祥，黄欢，余卉.幸福密码：生涯建构与发展体验式教程［M］.天津：天津人民出版社，2021.

［37］孙逊，韩华.初入职场ABC：毕业生如何迈好职业生涯第一步［M］.北京：化学工业出版社，2018.

［38］伯尼森.从求职到入职：光辉国际CEO手把手教你［M］.王青梅，译.北京：清华大学出版社，2020.

［39］王森，李吉乾.企业员工职业道德修养读本［M］.北京：人民日报出版社，2018.

［40］范恩，梅里尔.潜力量：GROW教练模型帮你激发潜能［M］.王明伟，译.北京：机械工业出版社，2015.

［41］本书编写组.党的二十大报告学习辅导百问［M］.北京：学习出版社，2022.

［42］卢埃林，霍尔特.适合比成功更重要［M］.古典，译.北京：中信出版社，2013.

［43］里夫金.第三次工业革命:新经济模式如何改变世界［M］.张体伟,孙豫宁,译.北

京：中信出版社，2012.
［44］金树人. 生涯咨询与辅导［M］. 北京：高等教育出版社，2007.
［45］员宁波，王婷. 企业创新的维度：过程创新、产品创新与商业模式创新［J］. 山西大同大学学报（社会科学版），2016，30（4）：104-106.

郑重声明

高等教育出版社依法对本书享有专有出版权。任何未经许可的复制、销售行为均违反《中华人民共和国著作权法》，其行为人将承担相应的民事责任和行政责任；构成犯罪的，将被依法追究刑事责任。为了维护市场秩序，保护读者的合法权益，避免读者误用盗版书造成不良后果，我社将配合行政执法部门和司法机关对违法犯罪的单位和个人进行严厉打击。社会各界人士如发现上述侵权行为，希望及时举报，我社将奖励举报有功人员。

反盗版举报电话　　（010）58581999　58582371
反盗版举报邮箱　　dd@hep.com.cn
通信地址　　北京市西城区德外大街4号　高等教育出版社法律事务部
邮政编码　　100120

读者意见反馈

为收集对教材的意见建议，进一步完善教材编写并做好服务工作，读者可将对本教材的意见建议通过如下渠道反馈至我社。

咨询电话　　400-810-0598
反馈邮箱　　gjdzfwb@pub.hep.cn
通信地址　　北京市朝阳区惠新东街4号富盛大厦1座
　　　　　　高等教育出版社总编辑办公室
邮政编码　　100029